读毛泽东札记

二集

陈晋 著

Copyright © 2020 by SDX Joint Publishing Company.
All Rights Reserved.

本作品版权由生活·读书·新知三联书店所有。
未经许可，不得翻印。

图书在版编目（CIP）数据

读毛泽东札记二集/陈晋著．—北京：生活·读书·新知三联书店，2020.6（2024.6 重印）
ISBN 978 – 7 – 108 – 06721 – 0

Ⅰ.①读… Ⅱ.①陈… Ⅲ.①毛泽东思想研究 – 文集
Ⅳ.① A84-53

中国版本图书馆 CIP 数据核字（2019）第 277116 号

责任编辑	唐明星　肖洁茹
装帧设计	刘　洋
责任校对	张　睿
责任印制	董　欢
出版发行	生活·讀書·新知 三联书店
	（北京市东城区美术馆东街 22 号 100010）
网　　址	www.sdxjpc.com
经　　销	新华书店
印　　刷	北京隆昌伟业印刷有限公司
版　　次	2020 年 6 月北京第 1 版
	2024 年 6 月北京第 5 次印刷
开　　本	635 毫米 × 965 毫米　1/16　印张 18.25
字　　数	210 千字
印　　数	26,001 – 29,000 册
定　　价	49.00 元

（印装查询：01064002715；邮购查询：01084010542）

目 录

毛泽东和他的时代（代序） 1

走向成熟的"阵痛" 15
要找路，先画图 27
"各去所偏，归于一是" 33
"强制地省察自己的弱点，方有出路" 40
"作一个政治家，必须练习忍耐" 48
"愚公移山"情结 55
推荐一部话剧，营造一代风气 61
从毛泽东支稿费看延安知识分子待遇 71
毛泽东和党内领导层的诗性之风 79
大秀才与小秀才 85
"我想搞这个事"
　　——准备骑马考察黄河、长江的来龙去脉 93
失之交臂的国情大考察 98
"两河"情结与西部梦想 103
"美化全中国" 108
毛泽东看少数民族文化 113
毛泽东和罗稷南"秘密对话"质疑 118
"鲁迅活着会怎样" 126

不在同一条河流两次失足
　　——毛泽东反思"大跃进"　133
文章千古事
　　——毛泽东建国后对自己著述的评价　149
有那么一场"文仗"　162
为何写起"读报诗"　171
"突围"路上的心声　177
"文革"几支笔,何以升沉
　　——晚年毛泽东眼里的"文革秀才"　186
后浪推前浪,希望到失望
　　——晚年毛泽东眼里的"新人"　197
"瓦釜"既鸣,更待"黄钟"
　　——晚年毛泽东眼里的老干部　207
毛泽东的"语言地图"与话风文风　219
口头讲话为什么会成为经典文献　227
以谦虚之心学习历史的五句名言　236
毛泽东与"西学"　244
为什么喜谈拿破仑和法国近代史　253
读天下奇书,新胸中日月
　　——与毛泽东相关的"二十七个书目"　261
从《毛泽东年谱(1949—1976)》,看中国道路　273
读《毛泽东传》,读什么　283

后　记　287

毛泽东和他的时代（代序）

四声炮响与中国之命运

在中国近代历史上，有四声炮响，改变了国家的命运。

第一声炮响是英国人打响的。

1840年的中国，就像一个古老易碎的青瓷花瓶，看起来硕大精美，却经不起外部世界哪怕是轻轻的一击。这年，英国凭借坚船利炮，对中国发动了第一次鸦片战争。中国从此陷入被西方列强欺凌的屈辱境地，国运陡然下滑，在泥潭里越陷越深。

这声炮响，把沉睡的中国从东方老大帝国的迷梦中惊醒了。美国的毛泽东研究专家施拉姆说，这声炮响，"不仅激起了农民的排外反应，而且激起了几乎中国政治、知识等各界精英人士这样一种情绪，即现状必须彻底改变"。为寻找出路，中国人接连尝试了许多办法。从不乏传统色彩的太平天国农民起义，到学习吸收西方器物技术的洋务运动；从资产阶级维新派的变法改良，到大清王朝内部的政治体制改革，都因为没有成效而归于失败。

第二声炮响是中国资产阶级革命党人打响的。

1911年（辛亥年）10月10日深夜，立意推翻清王朝的武昌起义新军，炮轰清王朝的湖广总督署，不仅吓跑了总督瑞澂，也结束了延续几千年的封建专制王朝。这就是中国资产阶级领导的辛亥革命。这场革命的先行者和领导人是孙中山。

听到武昌起义的炮声,有一位刚从湖南农村来省城长沙读书的18岁中学生,立刻到长沙的起义新军里当了名列兵。半年后,孙中山建立起亚洲第一个共和国,这位青年以为革命成功了,便退出军队继续求学。这位学生当时默默无闻,后来人们都熟悉他的名字,他叫毛泽东。

中华民国建立后,没有了皇帝,但封建军阀们把持中央和各地政权。在中央,有人想当皇帝;在地方,则有许多大大小小的土皇帝。"城头变幻大王旗",都是靠枪杆子说话。所谓民主、共和徒有虚名;局势乱得一塌糊涂,看不到尽头。中国依然没有摆脱衰颓的命运。

中国的出路在哪里?连创建中华民国的孙中山和他领导的当时先进的政党国民党,也陷入了苦闷无计的窘境。这时候,传来了又一声炮响。

第三声炮响是俄国人打响的。

1917年俄国十月革命从"阿芙乐尔"号巡洋舰上发出的炮声,传到中国后,先进的国人从炮声中捕捉到新的文明曙光。率先看到这缕曙光并认它作方向的,是李大钊和陈独秀两位北京大学的教授。跟在他们身后下决心走俄国革命道路的年轻人中,就有来自湖南的小学教师毛泽东。"十月革命一声炮响,给我们送来了马克思列宁主义",这句名言,就是毛泽东后来说的。

要走俄国革命道路的这些人,首先想到的是建党结社。

1911年辛亥革命后的10年间,有两次建党结社的高潮。第一次是1911年到1913年,据统计,当时基本具备近代政党性质的团体便有312个,但这些政党和团体大多啸聚一时便烟消云散了。第二次是 1919 年爆发五四爱国运动前后，在新文化运动高扬的"民主"与"科学"的时代旗帜感召下，全国知识分子成立的政党社团多得数不过来。大家都在为拯救中国寻找出路，希望按自己的方案来改变中国，进而复兴中国。

1921 年 7 月成立的中国共产党，把社会主义和共产主义规定为自己的奋斗目标，并且明确要用革命的手段来实现这一目标。这个政党成立时的领头人是陈独秀和李大钊，28 岁的毛泽东是党的第一次全国代表大会 13 名代表之一。代表们的平均年龄，正好也是 28 岁。当时全国只有 58 个党员，在拥有 4 亿人口的中国，这无疑是沧海一粟。

但这个信仰马克思列宁主义的政党，硬是像原子裂变般爆发出惊人的能量。经过 28 年的起起伏伏、曲曲折折，终于夺取了全国政权，创建了一个新国家。

毛泽东就是在这个披沙沥金的悲壮历程中脱颖而出，被他所处的时代选择为领袖的。1949 年革命取得成功的时候，即将担任新国家政府总理的周恩来，发表了一篇题为《学习毛泽东》的讲话，开头就说："我们必须有一个大家共同承认的领袖，这样的领袖能够带着我们前进。三十年革命运动的实践使中国人民有了自己的领袖，就是毛泽东。"

第四声炮响是中国共产党打响的。

那是 1949 年 10 月 1 日在北京天安门广场举行的中华人民共和国开国大典上发出的礼炮声。为昭示中国共产党成立 28 年来的奋斗历程，开国大典一共放了 28 响礼炮。

礼炮和烟花消散后，发生在中国大地上的社会巨变，便属于毛泽东时代的中国故事了。

从"旧中国"到"新中国"

第四声炮响之前的中国近代历史,在内忧外患、风雨飘摇中动荡了足足一个世纪,弥漫着压迫和反抗、革命和战争、饥饿和死亡。这是毛泽东所处的时代,也是造就毛泽东的时代。这个时期的中国,人们称为旧中国。

第四声炮响之后,既是毛泽东所处的时代,也是毛泽东领导的时代。人们习惯称谓的"毛泽东时代",时间范畴是1949年到1976年。这个时期的中国,人们称为新中国。

旧中国是毛泽东时代的前序和产床。

新中国是毛泽东时代的正文和舞台。

新旧中国的时间分界点,恰恰是20世纪中叶(1949年)。毛泽东简单明了地概括说:"这个世纪,上半个世纪搞革命,下半个世纪搞建设。"

上半个世纪为什么要搞革命?旧中国被称为半殖民地半封建社会,也就是说,中国名义上是一个独立国家,但各个领域都受着帝国列强势力的控制,乃至领土侵略,从1900年八国联军打到北京,到1931年开始的长达14年的抗日战争就是明证。虽然没有了封建皇权的统治,但占人口绝大多数的农民仍然没有摆脱封建经济制度的剥削和封建意识形态的桎梏。在旧中国搞革命,为的是彻底清除帝国主义和封建主义,以实现民族独立和人民解放。

下半个世纪搞什么样的建设?早在革命年代,毛泽东就确定下来这样一条建设思路:通过建立社会主义制度,把中国从落后的农业国改变为先进的工业国。新中国成立头几年,搞新民主主义社会建设,经济目标是实现工业化。1956年构筑起社会主义经济基础和上层建筑后,进入全面建设社会主义时期。所谓全面建设,就包括经济、政治、文化等方方面面。经济建设方面的目标,则是逐步以现代化代替工业化,毛泽东的具体概括是建设现代化的工业、现代化的农业、现代化的科学技术和现代化的国防,最终实现国家富强和人民幸福。

革命是除旧,告别;建设是布新,迎取。但革命和建设从来不是刚性的断裂关系。革命中有建设,建设中有革命,建设中还有承续。建设中所要承续的,不光是旧中国留下的有益于新中国的遗产和资源,还有革命者自身在革命年代形成的传统。进入新中国,时代要求革命者与时俱进,拥有新的视野和思维,但不能要求革命者一夜之间换副脑筋,更不能要求他们淡忘过去。"一个人忘记过去,就意味着背叛",列宁的这句名言,流淌在毛泽东那一代共产党人的血液里。

革命是为救国,建设是为兴国。革命是为了解放社会生产力,建设是为了发展社会生产力。从旧中国到新中国,从革命到建设,历史演变的内在逻辑,就这么简单。

理解了这个历史逻辑,就能真切地理解毛泽东和他的时代。因为,毛泽东是穿越和推动两个时代向前发展的灵魂性人物。

何以成为时代的灵魂性人物?

每个时代都有它的灵魂性人物。

从远处讲,资产阶级革命时代的灵魂性人物,在英国有克伦威尔,在法国有拿破仑,在中国有孙中山。从近处讲,七八十年前的第二次世界大战期间,人们津津乐道的是斯大林、罗斯福和丘吉尔几位"巨头"。关于中国的改革开放,哈佛大学的傅高义教授新近还写了一本题为《邓小平时代》的书。

这些灵魂性人物，大多为政治领袖。当然，也不是任何一个政治领袖都可能成为时代的灵魂性人物。灵魂性人物超越一般政治领袖的地方，在于他们有大信仰大执着，经受过时代的锤炼和塑造，有大判断大坚持，有号召力感染力，被历史选择出来，能够代表当时社会的普遍愿景，在大历史中担当领导责任。

有意思的是，毛泽东曾经和西方一个被他称为"军人和政治家"的客人，交流过对政治领袖的看法。

1960年5月和1961年9月，英国元帅蒙哥马利两度访问中国，毛泽东分别在上海和武汉同他深谈4次，一共谈了9个半小时。刚刚卸任北大西洋公约组织军队副司令的蒙哥马利，想亲自探寻一下受到西方不公正对待的新中国究竟是怎样一番景象，听一听被西方视为"红色瘟疫"[1]的毛泽东是怎样想的。

1960年5月27日，他和毛泽东之间有过下面这段对话：

> 蒙哥马利：我衡量一个政治领袖的标准是看他是否会为了地位牺牲他的原则。你同意不同意这样一种标准？如果一个领袖为了取得很高的地位而牺牲他的原则，他就不是一个好人。
>
> 毛泽东：我的意见是这样的，一个领袖应该是绝大多数人的代言人。
>
> 蒙哥马利：但是他也不能牺牲他的原则啊！

---

[1] 毛泽东1961年9月24日同蒙哥马利谈话时，蒙哥马利开玩笑地邀请毛泽东和他一道去美国，毛泽东说："他们不欢迎，你先去探听探听。他们把我看成是红色的瘟疫，怕我传染。"

毛泽东：这就是原则，他应该代表人民的愿望。

蒙哥马利：他必须带领人民去做最有利的事。

毛泽东：他必须是为了人民的利益。

蒙哥马利：但是人民并不经常知道什么对他们最有利，领袖必须带领他们去做对他们有利的事。

毛泽东：人民是懂事情的。终究还是人民决定问题。正因为克伦威尔代表人民，国王才被迫让步。

蒙哥马利：克伦威尔只代表少数人。

毛泽东：他是代表资产阶级反对封建主。

蒙哥马利：但是他失败了。克伦威尔去世并且埋葬以后，过了几年，人家又把他的尸体挖出来，砍掉他的脑袋，并且把他的头在议会大厦屋顶上挂了好几年。

毛泽东：但是在历史上克伦威尔是有威信的。

蒙哥马利：如果不是克伦威尔的话，英国就不是今天的英国了。

毛泽东：耶稣是在十字架上被钉死的，但是耶稣有威信。

蒙哥马利：那是在他死以后，在他活着的时候，他没有很多的跟随者。

毛泽东：华盛顿是代表美国人民的。

蒙哥马利：可是他被暗杀了。

毛泽东：印度的甘地也是被暗杀的，但是他是代表印度人民的。

毛泽东多次说过，他心目中的"上帝"是人民。在和蒙哥马利的谈话中，他又说"我的上帝是马克思"。"马克思"加"人民"，这两个"上帝",一个是改造世界的思想力量,一个是改造世界的物质力量。中国共产党是把这两个力量统一起来融为一体的政治力量,毛泽东是把这两个力量统一起来融为一体,进而创造历史的人格化象征。这或许是毛泽东能够成为时代灵魂性人物的根本原因。

以毛泽东的名字来命名中国的一个时代,还因为他是中国共产党、中华人民共和国、中国人民解放军的主要缔造者和主要领导者。所谓"主要",就是起关键和核心领导作用的意思,而不是说光凭他一个人就能够干成那样的大事。事实上,在毛泽东率领的领导团队中,周恩来还当过他的上级,朱德则始终是军队的总司令。但早在新中国成立前14年即1935年起,这些战友们便清楚地认识到,毛泽东的胆略、智慧、才能和见识,是他们所不能及的,因而他的地位和作用是党内别的领导人无法替代的。在毛泽东逝世后开创一个新时代的邓小平说得更透彻:"没有毛主席,至少我们中国人民还要在黑暗中摸索更长的时间。"正因为如此,毛泽东从新中国成立到1976年逝世,一直是这个新国家的掌舵人,是重大决策中最终拍板的"那一个"。把这期间的中国称为"毛泽东时代",大体是可以的。

在时代的使命面前

问题是时代的声音。回答和解决问题是时代灵魂性人物的使命。

从国际环境看,毛泽东时代的中国,面临的最大问题,是以苏联为首的东方社会主义阵营和以美国为首的西方资本主义阵营之间的"冷战"对峙局面。如何处理中苏和中美关系,始终摆在新中国国际战略的突出位置。尽管中国共产党和苏联在革命年代有过一些不那么愉快的事情,但毕竟意识形态相同。苏联在20世纪50年代又大力援助中国搞建设,那时社会主义阵营的发展也欣欣向荣,中苏结盟是可靠有效的。后来由于各种原因中苏关系破裂,也是不得已的事情。对美国,毛泽东在抗日战争时期抱有很大好感,和派驻延安的美军观察组相处甚好。由于美国在中国人民的解放战争中帮助国民党政权,中国共产党对美国的印象急剧恶化,再加上意识形态的对立,特别是美国在1950年派第七舰队侵入台湾海峡,阻止新中国解放台湾,中美关系从此彻底对立。一直到1970年,由于中苏关系紧张,美苏争霸加剧,中美关系才开始解冻。

任何时代的灵魂性人物,都不可能跳出历史条件的限制来做决策。在"冷战"格局中,下面这些国际因素对毛泽东时代的中国内外政策,产生了直接影响:一是不少国家利用第二次世界大战后相对稳定的环境,经济社会迅速发展;二是亚洲、非洲和拉丁美洲不少国家反对帝国主义殖民侵略的民族解放运动高涨;三是美国带头对中国实行经济封锁和政治包围,甚至在中国周边国家进行战争,对中国形成直接威胁;四是中苏从结盟友好到关系破裂,甚至发展为边境武装冲突。

毛泽东那代人是带着过去惨痛的经历和教训进入新中国的。毛泽东刻骨铭心地告诉人们,在此前一个世纪的时间里,"全世界几乎一切大中小帝国主义国家都侵略过我国,都打过我们",除了最后一次抗日战争外,"没有一次战争不是以我国失败、签订丧权辱国条约而告终"。这就使毛泽东时代的治国理政,始终把独立、自主、安全、尊严摆在突出位置,并且有着挥之不去的"落后就要挨打"的危机意识和紧迫感。

明了上面说的这些背景，今天的人们才容易理解，毛泽东时代的不少重大决策，为什么是"那样"，而不是今天人们认为顺理成章的"这样"。

新中国面临的主要课题或者说肩负的历史使命，大体有这样几个。一是巩固新政权，刷新旧国风，通俗地讲，就是通过社会改造让新中国"立"起来，在世界民族之林中站得住。二是按既定目标，让新中国过渡到社会主义社会，也就是说，要为中华民族赶上时代潮流，为国家的未来发展，构筑基本制度，提供政治前提，开出新的航道。三是促进中国的工业化进程，提高社会生产力，改变长期以来"一穷二白"[1]的落后面貌。四是为全面建设社会主义社会，寻找一条可行有效的道路。

这四大课题，也是四大任务，环环相扣，相互交织在一起，主题词就是两个字："建设"。所以，今天的人们把毛泽东时代称为"建设时期"。对毛泽东和中国共产党来说，这是全新的时代要求。由于没有经验，在当时的条件下，只能摸索着尽最大努力去做、去问、去学。

在1961年9月24日同蒙哥马利谈话时，毛泽东是这样表达的："搞社会主义还要积累经验，苏联、英国、美国、法国、日本的经验，我们都愿意接受。"但在同西方国家交往很少的情况下，接受它们的建设经验，显然缺少渠道，很不现实。但毛泽东还是心向往之，对蒙哥马利说了一个实例："办工业，我们也很愿意问你们。我看过一份报告，是我们的一个贸易代表团到你们

---

[1] 毛泽东经常用"一穷二白"来概括中国的经济文化国情。按毛泽东的解释，"穷"指生活水平低，生产力水平低，具体表现为粮食少，钢铁少，机器少；"白"指人民接受教育的程度低，存在大量的文盲，全社会科学文化水平不高。

那里去以后回来写的,很有趣味。他们说,看到你们的一些工厂,并不富丽堂皇,房子也不整齐,但是做出来的东西,质量好。"蒙哥马利问:"主席遇到难题的时候,是不是同马克思联系?"毛泽东回答:"他只有理论,他没有办过社会主义。社会主义,列宁办过。所以遇到实际问题,要问自己,问苏联。"

问苏联固然好,可不久又发现了苏联社会主义建设模式的弊端,最后只能是问自己。问自己,实际上就是在实践中摸索着去做。

这样一来,自然是有的做得好,在理论和实践上都富有创造性,成效令人称奇;有的在理论和实践上都开了个好头,但后来没有很好地继续做下去;有的在理论认识上是正确的,可惜在实践中没有能够坚持和落实;也有的在理论认识上发生偏差,做起来自然就错了。

做这些事情的时候,毛泽东说过,"建设比革命更困难"。这平淡如水的感慨,正是"如鱼饮水,冷暖自知",似乎不需要着意渲染。

虽然不着意渲染,但后来的中国人还是理解毛泽东时代的。从建设时期进入改革时期以后,人们并没有把两个历史时期对立起来,而是把毛泽东时代做得对的坚持下来,做得不够的完善起来,做错了的改正过来。

道路、梦想和传奇

任何时代都有自己的梦想,时代的灵魂性人物就是要带领人民寻找到一条实现梦想的正确道路。

毛泽东时代的梦想,是通过实现"现代化的工业、现代化的农业、现代化的科学文化和现代化的国防",建立强大的社会主义国家,实现中华民族的伟大复兴。与此相应,毛泽东时代的实践探索,从根本上说,是要为实现这个梦想找到一条社会主义建设的正确道路。

毛泽东在1961年9月23日和蒙哥马利的对话中,便牵出"道路"和"梦想"这个话题。

关于道路,蒙哥马利问毛泽东:"在摸索前进的过程中,你们什么时候才感到走上了正确的道路?"对此,毛泽东没有作答,只是说,"大局是光明的,但是摆在面前的困难很多,遇到许多过去没有遇到的事情","对于搞社会主义,我们已积累了十二年的经验。我们搞经济的经验还不很充分"。看来,他觉得当时的中国共产党人还没有完全摸清社会主义建设规律,真正走上一条正确的道路不是那么容易的事情。

关于梦想,蒙哥马利说,你们做了很多工作,做得很不错,"再过五十年,你们就应该了不起了"。毛泽东的回答是:"做了一点,还不多,要有几十年到一百年的时间,譬如五十年到一百年。一个世纪不算长,你们英国的发展用了两三个世纪。"正是受到这次对话的启发,毛泽东稍后把实现梦想的历史进程概括为:"建设起强大的社会主义经济,我估计要花一百多年。"[1]

从1949年新中国成立时的"第四声炮响"算起,一百年后就是21世纪中叶。今天的中国,已经找到中国特色社会主义这

---

[1] 毛泽东1962年1月31日在扩大的中央工作会议上讲道:蒙哥马利1960年和1961年都对我说,"再过五十年,你们就了不起了"。我说:"建设强大的社会主义经济,在中国,五十年不行,会要一百年,或者更多的时间。在你们国家,资本主义的发展经过了好几百年。……在我国,要建设起强大的社会主义经济,我估计要花一百多年。"

条实现中华民族伟大复兴的必由之路,并在这条路上实现了从站起来到富起来、强起来的历史性飞跃。在人们的感觉中,中国比历史上任何时期都更接近中华民族伟大复兴的梦想。

在这种情况下回望毛泽东时代和今天的关系,中国共产党人认为,毛泽东时代完成了中华民族有史以来最为广泛而深刻的社会变革,为当代中国一切发展进步奠定了根本政治前提和制度基础,为中国发展富强、中国人民生活富裕奠定了坚实基础,实现了中华民族由不断衰落到根本扭转命运、持续走向繁荣富强的历史性飞跃。同时,在探索社会主义建设道路的过程中,毛泽东时代虽然经历了严重曲折,但为新的历史时期开创中国特色社会主义道路,提供了宝贵经验、理论准备和物质基础。

每个时代的前面,都是新的时代。传奇却永远是传奇。

1961年9月24日,毛泽东和蒙哥马利在中国长江边上的武汉最后一次见面时,送给他一幅亲自书写的《水调歌头·游泳》,算是头天见面时接受蒙哥马利一盒三五牌香烟后回赠的礼物。这首词是毛泽东1956年在武汉游长江时写的,抒发了对中国未来发展的畅想。当时的武汉,正在中国的母亲河长江上修建第一座大桥,毛泽东在词里畅想:"一桥飞架南北,天堑变通途。"当时的中国,还酝酿在武汉西边长江上游一个叫三峡的地方,修建一座巨型大坝,毛泽东在词里畅想:"神女应无恙,当惊世界殊。"意思是,等到三峡大坝建成后,那个从地老天荒起就在三峡巫山之巅上矗立的传说中的"巫山神女",如果还健在的话,一定会惊讶称奇,感慨世界变了模样。

毛泽东心里明白,他生前不会有"巫山神女"那样的幸运,亲眼看到完全变了模样的新世界,只好对一位当时不到40岁的干部说:等将来三峡大坝建成了,别忘了写篇祭文告诉我。

回到眼前，毛泽东又要下水游泳，并开始抒发他的畅想了。

他邀请年轻时担任过游泳队长的蒙哥马利和他一道下水游长江。蒙哥马利说：现在老了，不游了。毛泽东游泳上岸后，蒙哥马利问：主席为什么不在游泳池里游？毛泽东回答说：长江就等于几万个游泳池。多游几次胆子就放大了。然后问蒙哥马利：英吉利海峡有多少公里宽？水有没有长江这么急？是不是七八月间去游泳最好？还说：密西西比河是北美洲第一大河，我想去游一次，还有亚马孙河，不过恐怕不好游，太热。

想游遍大江大河大海的毛泽东，怀揣着很多憧憬。对这些憧憬，有的他描绘过，有的他努力过；有的实现了，有的成为永远的遗憾。于是，他和他的时代所做的努力，便成为了永远的传奇。

走向成熟的"阵痛"

毛泽东成为领袖人物,经历了好几道难过的坎。每跨过一道坎,都意味着他和他的团队经历了一场难熬的"阵痛",随后向成熟迈近一步。

1929年春天到秋季,红四军内部爆发的那场大争论,是毛泽东遭遇的数得上的一道大坎。和渡过的其他难关不同,这次碰到的不是来自外部或上级的压力,而是来自内部、来自下级的信任危机。还原这场风波中的人和事,有助于体会毛泽东走向成熟前经历的不可避免的"阵痛",理解他被历史选择前的累积过程。

红四军内部发生了什么风波?

毛泽东和朱德1929年1月率红四军主力离开井冈山后,失去根据地的依托,军情紧急,陷于被动。以毛泽东为书记的前敌委员会(简称前委)决定,以朱德为书记的红四军军事委员会(简称军委)停止办公,将其权力集中到前委。这个举措是为便于机断决策,却也埋下红四军内部争论的种子。

糟糕的是,红四军离开井冈山后屡遭挫折,官兵对领导层生出不少议论。4月初,又收到上海中央的"二月来信",该信对形势做出悲观估计,提出红四军应该分散活动,要朱、毛离开部队。毛泽东没有同意,但来信动摇了他和朱德在部队的凝聚力,队伍不好带了。5月初，从苏联回国的刘安恭受中央委派来红四军工作，提出红四军有两派，一派拥护中央，一派反对中央，官兵们的思想由此更加混乱。随后，前委又决定成立临时军委，以刘安恭为军委书记兼政治部主任。他随即主持军委会议，决定前委只讨论行动，不要管其他事，这等于是下级决定上级的权力范围，限制前委的领导权。这又引起包括毛泽东在内的一些人的强烈不满。

红四军成立以来的一场大争论不可避免地爆发了。

争论的问题很多，归结起来主要是：前委和军委如何分权？在前委领导下各级党组织的作用如何发挥？个人领导和党的领导如何区别？党的领导是否只能管政治工作，不能一切都管？红军的任务是否只是单纯打仗，流动游击？建立根据地是否只是地方的任务？红军内部实行民主集中制还是长官说了算？

毛泽东的态度很鲜明：军委和前委分权后，"前委不好放手工作，但责任又要担负，陷于不生不死的状态"；有人"反对党管一切，反对一切归支部，反对党员的自由受限制"，这些都是错误的。

6月8日，前委召开扩大会议，想解决这些争论。毛泽东写给会议的书面意见表示，"我不能担负这种不生不死的责任，请求马上调换书记，让我离开前委"。这次会议决定取消临时军委，照顾了毛泽东的意见，但引起刘安恭强烈反弹；毛泽东关注的一些原则问题，却又在争论中不了了之。由于毛泽东执意离开前委，朱德、刘安恭又是争论的当事一方，会议便委托陈毅主持前委工作，筹备红四军第七次党代会。临危受命的陈毅随即让毛泽东、朱德、刘安恭各写一篇文章申明自己的观点，以供党代会讨论。

6月8日的前委扩大会议不仅没有解决问题,反而把争论激烈化和复杂化了。林彪在会前三个小时给毛泽东写信,劝其不要离开前委,还含沙射影地非议朱德"领袖欲望非常高涨,虚荣心极端发展",喜欢"拉拢下层""放空炮",朱德讲话爱提裤子,也被他说成是"游击气息"。林彪的这个表态,有意无意地把领导层的争论引向人际关系和个性作风。刘安恭在会后则四处游说,坚持设立军委,说毛泽东不愿分散红军,还取消军委,是"自创原则"的"反对中央派"。毛泽东在给林彪的回信中表示,"党内有争论问题发生是党的进步,不是退步",自己请求离开前委是为改变环境以"得到相当的进步"。朱德的意见是,一切工作集中于前委的做法,影响下面各级党组织作用的发挥,他坚决拥护"一切工作归支部"这个原则,但不同意毛泽东主张的"党管理一切"这个说法。

以上四人意见不同,事实上毛和林相同,朱和刘接近。这让主持前委工作的陈毅左右为难,只好把他们的意见原文印发给各党支部,号召"同志们努力来争论吧"。

6月22日召开的红四军七大会上,毛泽东、朱德、刘安恭各自讲明观点,也对别人的质疑做些解释,党代表们则自由讨论,对几位领导人提的意见很多。最后,陈毅代表前委对毛泽东和朱德各打五十大板。他对毛泽东提出四条口头批评:对马列主义的信仰不够,因为毛泽东常讲马列主义只规定世界革命和中国革命的原则,具体做法要靠自己来创造;有个人英雄主义,因为毛泽东总讲党管一切,实际上是说没有你这个前委书记来领导红四军就不行;有家长制作风,朱毛两个人吵架,我们这些人不好办;毛泽东说"没有调查就没有发言权"是不对的,共产党员在党内怎么会没有发言权呢?说错话可以改嘛。

有了陈毅的表态，会议给朱德"警告"处分，认为毛泽东对这场争论应负更多责任，给予"严重警告"处分。改选前委时，陈毅当选书记。这实际上采纳了刘安恭提出的"党内负责同志轮流更换来解决纠纷"的主张。

毛泽东最后表示：陈毅对我的批评，我现在不辩，如果对我有好处，我会考虑，不正确的，将来自然会证明他这个不正确。这个表态，确有政治家风度。但毛泽东毕竟骑虎难下，不好再留在红四军领导岗位，便带着几个人到闽西指导地方工作。毛泽东后来说，这是遭到内部同志不理解，把我赶出红军，去当老百姓。其心之憋屈，可想而知。果然积郁成疾，大病一场，一度化名"杨先生"住进山洞。国民党报纸造谣说毛泽东因病去世，远在莫斯科的共产国际不明实情，还发了讣告。

那段时间，毛泽东心里实在不好受。9月9日重阳节那天写诗说，"但看黄花不用伤"。因为有真伤感，才说不用伤感。只是后来事过境迁，才改为"战地黄花分外香"。

毛泽东处于走向成熟的路上

红四军内部这场争论，反映了中国共产党当时的整体认识水平。大革命失败后的起义高潮过后，初创的红军实行什么样的领导体制，如何处理党组织和军队的关系，怎样在农村创建根据地，各地都没有一套成熟的做法，无论是党中央还是红四军，都处于探索、观察和选择之中。红四军离开井冈山后的实际遭遇比预想的要困难，远在上海的中央对红四军的命运估计一度倾于悲观。红四军内部自然滋生出种种不好的倾向，诸如不愿做艰苦的根据地创建工作，希望"走州过府"；不习惯于党对军队的绝对领导，强调军事主官的权威；拒绝"自上而下的民主"，要求"自下而上的民主"。

面临这种情况，无论是谁领导红四军，都必然会爆发众声喧哗的争论。

毛泽东在争论中站位确实要高一些。他敏锐地注意到，表面上是要不要恢复红四军军委之争，实际上是党组织和红军的关系之争。他把争论上升到反对流寇思想，反对悲观主义，反对单纯军事观点，反对极端民主化（自由主义）等倾向上面，确实抓住了要害。他鼓励争论，是觉得争论不彻底，也不利于这些原则问题得到根本解决。毛泽东后来常讲，挤破脓包才好治愈，让各种意见充分暴露出来才能从根本上解决问题，不知是不是从这场争论受到的启发。他高人一等的主张，虽然没有得到多数人理解，却促使他深入思考，决心争论下去，直到问题解决。

正是在如何解决问题上，毛泽东凸显了正在走向成熟的政治性格。

毛泽东固然有军事天赋，但他的职位毕竟是红四军党代表和前委书记，具体的军事指挥按理是由军长兼军委书记朱德负责，在官兵们的印象中，朱德的军事经验也比毛泽东多些。那时的中心工作是打仗，在毛泽东的军事权威没有完全树立起来前，红四军官兵习惯由军事首长直接指挥，多数人由此觉得，毛泽东停止军委办公，把权力集中到前委，是"书记专政""管事太多"和"家长制"。这说明党指挥枪的原则在部队里还没有被普遍接受。

毛泽东的正确主张没有被多数人接受，和他当时的领导作风也不无关系。陈毅在红四军七大会上批评毛泽东的四条意见中，说毛泽东对马列主义信仰不够，是讲错了；但有的批评却并非空穴来风，如个人英雄主义和家长制领导作风问题。红四军在前委之下设立一个军委，确实显得重叠，毛泽东决定停止军委办公，虽属适应实际之举，但事起仓促，未顾及朱德感受，不能算周到。毛泽东屡屡不满军委和前委分权，还说他这个前委书记"不能担负这种不生不死的责任"，这多少也给人"要么听我的，要么我不干"的负面印象。离开红四军后，红四军开第八次党代会，朱德等人请他回来参会，毛泽东回信说：我平生精密行事，被陈毅主义视为眼中钉。陈毅让我当八面美人四面讨好，我办不到，红四军党内是非不解决，我不能随便回来。朱德等人自然不高兴，命令毛泽东必须赶回来开会，同时又给他送去一个"警告"处分。陈毅从上海回来，写信给毛泽东说，中央对争论已有正确表态，请他回来主持大局。毛泽东仍难解开心结，回答说先要弄清是非，然后再考虑复职。陈毅后来回忆说，毛泽东的这个答复，"是事先我没有完全想到的"。

毛泽东的这些做法，与年轻时便养成的强悍性格有关。他在1921年给彭璜的一封信中，就坦承"论理执极端，论人喜苛评"，"不愿牺牲真我，不愿自己以自己做傀儡"，"我觉得吾人惟有主义之争，而无私人之争，主义之争，出于不得不争，所争者主义，非私人也"。这些自我解剖之语，很能反映毛泽东为人处世的个性，对他后来在党内的沉浮不能说没有影响。正面的影响是原则性强，敢于担当，在逆境中不随便低头，拒斥"乡愿"之俗，不做违心之举。负面的影响是，既然是不为私计的"主义之争"，一旦觉得真理在自己手里，就乾纲独断，要干就听我的，否则宁肯辞职也不迁就，确实有些家长制领导作风。尽管毛泽东的才干能力是能够胜任前委书记的，但还是在红四军七大落选，被部下"造了反"，不能不说与他当时的性格局限有关。在这方面，毛泽东真正成熟是在遵义会议之后。

这是一群年轻气盛的革命精英

大背景导致会有这场争论,但这场争论是否必然发生呢?比如,如果红四军前委先在领导层内部议出相应共识再拿出来讨论,而不是一竿子把分歧捅到基层,更不是号召大家来"努力争论",思想混乱程度会不会小一些?如果有成熟的领导机制和领导艺术,做到这样是可能的。

可惜红四军并不具备这样的条件。那时,党内政治生活如何运用民主集中制还在探索过程中,围绕某个决策公开争论是常事,甚至被当作同旧式军队的区别所在。参与者萧克回忆:"那时党内不忌讳争论,党的文件、党章都规定党内实行民主集中制,党员对问题有看法,在未作出决定之前,可以自由讨论……还说'可以举行争论'。所以,大多数人从关心党、爱护党的角度出发,发表自己的看法,展开争论。"

发生这场风波,还与红四军领导层整体上年轻气盛有关。年龄最大的朱德40岁出头,毛泽东35岁,刘安恭刚刚30岁,陈毅只有28岁,林彪才20岁出头,基层党代表们则大多同林彪的年龄相仿。毛泽东尚且还在向成熟迈进,要求这群既年轻气盛,更心高气傲的革命者客观冷静地看待分歧,未免苛刻;让他们有话憋住不说,更难。换个角度说,这或许正是红四军以及那一代共产党人的创造活力所在,如果相互之间总是礼敬备至,一遇矛盾便打着哈哈绕着走,红四军恐怕也难成气候。

还有,尽管大家都知道只有合力团结,红四军才有发展前途,可是,人处在争执之中往往并不容易相互服气,个人因素难免会推波助澜。比如,让军委停止办公,事实上等于弄掉了朱德的军委书记职权，如果再有人把这个问题上升到组织原则（如刘安恭认为不设军委就是不按中央要求办），或下沉到个人品质（如林彪指称朱德"好讲大话""拉拢下层"），又没有特殊的权威来集中意见，争论势必会漫无边际，成为缠绕复杂的一团乱麻。

总体上说，这是一群有理想、有朝气、有闯劲，却难免自以为是的革命精英。设身处地从几个主要当事人的角度来看，这场争论虽然夹杂着个人意气因素，大体也是事出有因。

先说朱德。

他对革命前途的认识和毛泽东高度一致，具有坚定信念和乐观精神。作为红四军军长，又是军委书记，理所当然地认为指挥打仗是自己的责任，而且他也不是不重视党对红军的领导作用，只是觉得应该克服前委包办下级党组织事务的倾向。而且，既然是一个军，按中央规定就应该有一个军委，怎么能说撤就撤呢？不能说朱德有这个想法全然没有道理。朱德为人忠厚，在争论中也光明磊落，一旦中央认为应该恢复毛泽东的前委书记，立刻表示，"过去的那些话我收回，我们请他回来"。毛泽东在延安时说朱德"肚量大如海，意志坚如钢"，或许就积累有对朱德在这场争论中的表现的认识。

说说陈毅。

他本是毛、朱之后红四军第三号人物，在刘安恭来后降为第四号。陈毅在争论中试图调和折中，这样做，主观上是为维护党内团结，结果是没有支持正确主张，甚至是压抑了正确主张，陷入毛泽东非常不满意的"八面美人四面讨好"的尴尬境地。被大家推举出来代替毛泽东主持前委工作，自然希望把意见集中起来，却又不得不模棱两可，各打五十大板，对毛泽东的批评又略重一些。有他的表态，毛泽东落选也顺理成章。陈毅是爽快人，他到上海如实汇报争论情况，周恩来认为在大原则上毛泽东是对的，选掉他的前委书记不妥，陈毅立刻意识到自己有错，并代中央起草"九月来信"。回到红四军后，他又写信给上海中央，表示要"化除一些同志的成见（朱、毛在内），用布尔塞维克党的态度扫除一切敷衍调和模棱两可的陈毅主义（如毛同志所说）"。

说说林彪。

作为红四军第一纵队司令，在官兵中很有影响力。他旗帜鲜明地支持毛泽东，让毛泽东倍感温暖，在给林彪的回信中说，"你的信给我很大的感动，因为你的勇敢的前进，我的勇气也起来了"。林彪支持毛泽东的理由虽然谈不上很深刻，但也是出于真诚，不能说当时就在投机。当然，其中确实也夹杂着对朱德的成见，表达意见的时候还使用了一些贬损朱德形象的词汇，这反映了他当时的政治水平和胸怀格局。林彪会打仗，战功大，即使后来他坠机身亡，这也是党内领导层的共识。要命的是他当时的胸怀格局确实不宽。1959年庐山会议后的军委扩大会，本来是批彭德怀，他异乎寻常地大批朱德，说朱德不承认毛泽东是领袖，名义上是总司令，实际上没有当过一天总司令，名声大功劳不很大，等等，这些话让在场的许多高级将领震惊。在1929年的这场争论中，毛泽东给林彪的回信中并没有陷入来信的成见，而是认为"现在的争论问题，不是个人的和一时的问题，是整个四军党的和一年以来长期斗争的问题"。

最后说说刘安恭。

他上过云南讲武堂，又在苏联学习军事，在军事上很懂行，到红四军工作确实很想有一番作为。他同朱德早就相识，又都是军事干部，有共同语言，两人更接近一些属情理之中。但他机械地执行中央"二月来信"要求，又深受苏联红军"一长制"的影响，属于典型的教条主义。特别是初到红四军，没有把情况了解清楚便立即"偏于一面"：一当上军委书记，就要求前委少管事，有些"一朝权在手，便把令来行"的味道；取消临时军委，他最想不通，不服气，有牢骚，把争论扩大化和复杂化。这些也都是事实。他后来担任红四军第二纵队司令，是很尽职的，打仗也有一套，不久在战斗中牺牲，殊为可惜。朱德很怀念他，在延安对人说起刘安恭，称他为优秀将领。

危机中的领袖选择有一个比较过程

毛泽东后来复任前委书记，既与中央支持有关，也与红四军七大后的实际遭遇有关。

毛泽东离开红四军后，红四军的日子并不好过。先是陈毅主持大局，但他很快感到前委工作之难，后来回忆，"我挂了几天帅，感到自己不行。事情就是这样，你不在那个位子上干不知道，一干前后一比较，就察觉出问题来了"。于是，他借赴上海开会之机向中央汇报。在上海，周恩来问陈毅，你可以代替毛泽东吗？陈毅明确回答说"不行"。他代中央起草给红四军的"九月来信"，核心内容就是要把毛泽东请回来重新挂帅。

陈毅到上海后，红四军这个摊子便留给朱德一个人来支撑。他既要管军事，又要管政治，还要管地方，而部队极端民主化的倾向日益严重，实在是应付不过来。10月间，他在上杭主持召开红四军第八次党代会，还是像此前召开的七大那样搞自下而上的民主讨论，两天会议什么都定不下来，甚至讨论程序问题就花了很长时间。代表们各说各的，谁都做不了主，最后还是要请示中央再定。会后，朱德又被迫执行中央不切实际的命令，率红四军去打广东，结果得不偿失，损失了几百人。如果毛泽东当时在，按其性格或许会硬着头皮顶回中央的错误命令。朱德体会到做"大当家"的难处，越发觉得红四军离不开毛泽东。

陈毅不久从上海回来，传达中央的"九月来信"，对毛泽东和朱德的争论各有肯定，也各有批评，总体上是支持毛泽东的主张，要求部队维护毛泽东和朱德在部队中的威信。陈毅11月23日还给毛泽东写信说："我俩之间的争论已经得到正确的解决。七次大会我犯了错误，八次大会的插曲更是错误。见信请即归队，我们派人来接。"红四军内部的争论由此将迎刃而解。

毛泽东是1929年11月26日回到红四军的。陈毅向毛泽东当面做了检讨，毛泽东则向朱德、陈毅等表示诚恳接受中央来信中对他的批评，还说红四军开八大时因为身体不好，情绪不佳，写了一些伤感情的话（指打倒"陈毅主义"）。11月28日，毛泽东分别给中共中央和李立三写信说，"四军党内的团结，在中央正确指导之下，完全不成问题"，"我大病三月，现全好了"。

毛、朱、陈三人坦然释怀，隔阂消失，使这场争论风波犹如分娩前的"阵痛"，终究迎来瓜熟蒂落的时刻。1929年12月，他们三人齐心合力，在福建上杭召开红四军第九次党代表大会（古田会议），通过了毛泽东起草的《古田会议决议案》，批评了各种错误思想，坚持党对军队的绝对领导，从而在党和军队建设史上树立起一座至今闪着光芒的丰碑。这场争论的理论总结，就是《决议案》的第一部分《关于纠正党内的错误思想》，收入后来出版的《毛泽东选集》，成为马克思主义中国化的经典名篇。

解读这场风波，让人感慨良多。

一般来说，工作上不同的意见，在工作和事业顺利、不会出现严重责任和后果时，激化为个人意气和对立的可能小一些，也不会影响相互间的信任和友谊。如果发生在危机中，发生在领导核心还没有形成的时候，就可能演变为尖锐分歧和隔阂。在危急时刻，在众声喧哗而又难以定于一计的情况下，毛泽东那样的主张，那样的性格，那样的才干，很难掩隐，自会大放光彩。反过来说，一个团队越遭遇困难，越面临危机，越是需要能够果断而正确行事的权威领导。在这种情况下脱颖而出被人们选择的人，就可能成为核心的领导。当然，要做出正确选择，难免会有比较、有争论、有"阵痛"。

毛泽东在红四军不可动摇的地位，在经历这场成熟前的"阵痛"后，完全树立起来；毛泽东经历这场"阵痛"后，也在政治艺术、军事指挥和理论认识各方面跃升到一个新的台阶。所谓领袖来自实践，为历史选择，大抵就是这个意思。

要找路，先画图

1930年5月，毛泽东在江西寻乌县进行了被他称为"最大规模"的社会调查，写出近八万字的《寻乌调查》报告。我曾在一篇文章中说，这个调查报告像是一幅《清明上河图》的现代文本，让人读出那时的社会关系详情和各阶级的生存面貌，算得上20世纪30年代初中国社会学或文化人类学的调查范本。

毛泽东是观察和描绘社会现象的高手。他找了破产小地主出身、当过小学老师的县苏维埃主席，当过县商会会长的杂货店老板，铁匠出身在军阀部队当过排长的县苏维埃委员，小地主出身并且开过赌场的区苏维埃委员，在旧县署做过钱粮兼征柜办事员的乡苏维埃主席……各色人等一共11位，开了十多天时间的调查会，把寻乌县的交通、商业、经济、政治和文化状况，搞得一清二楚。

清楚到什么程度？连县城有几家卖豆腐的、打铁的、理发的，各业人员的数量、比例，各自的经营情况，都细细道来。十六七家杂货店卖的131种"洋货"的名字，也一一写出。关于地主对农民的剥削的形式，毛泽东也做了内行人才能明了的区分，诸如，靠地租来剥削的，就有量租制、谷纳钱纳、劳役等10种；用高利来剥削的，有钱利、谷利和打会等5种；税捐方面的剥削，有烟酒印花税、屠宰税、护商捐等8种，加起来不平等的经济关系达到23种。

明了经济关系后，毛泽东的笔墨落在了政治态度上。关于大中地主的政治态度，他区分出新的、半新不旧、全旧三种，户数分别占10%、70%和20%。具体描述，也是绘声绘色。

关于"新的"，毛泽东说他们"生活比较奢华。他们看钱看得松，他们什么洋货也要买，衣服穿的是破胸装，头也要挥一个洋装。派遣子弟进学校也颇热心，或者自己就是中学等类学校毕业的"。关于"半新不旧的"，政治态度是"赞成一点'新'，但随即就批评'新'的坏处。他们也办学校，也做教育局长，但他们办的学校是专制腐败的。做教育局长是为了拿到一种权，可得到一些钱，……历来的教育局长多半是他们做，第一种人太新了是做不到手的。他们的生活介于节俭与奢华之间"。关于"全旧的"，则"欲以帝制主义来打倒民权主义，恢复他们的政治领导，挽回那江河日下的封建经济的崩溃形势。他们的生活很节制。他们至多挥个光头"。

《寻乌调查》的种种描述，生动揭示了20世纪二三十年代中国农村真实的社会关系，实际上为中国农村社会画了一张图。

在此前后，毛泽东还在井冈山、赣南、闽西进行了十几个社会调查，从不同角度为中国社会画了十来幅精致别样的图。

画图是为了找"路"。

道路问题至关重要。近代以来，为中华民族的救亡图存和发展强大，应该走什么路、怎么走，一直是无数仁人志士孜孜探求的基本问题，更是中国共产党成立以来的一个核心问题。毛泽东以《寻乌调查》为代表的社会调查告诉人们，正确的道路，从来都深埋在国情的土壤之中，要把它找出来，总是要拿起调查研究这把锄头。挖着挖着，国情土壤的酸碱度如何，沙子和石块的结构如何，把这些情状描绘出来，反复寻看思量，沿着什么方向才能开出一条路，心里便逐渐有底了。

所以，找路必先画图。

毛泽东为中国社会画图的时候，中国革命道路"是什么"，应当"怎么走"，正困扰着党内决策层。当时党内决策层的主流看法，仍然是"城市中心论"。1930年夏天，李立三主持中央工作，便做出各地红军分别去打长沙、南昌这些大城市，最后"饮马长江，会师武汉"这样的战略调度。毛泽东这期间的社会调查，和"城市中心论"显然背道而行。

中国革命道路"是什么"？毛泽东的认识有一个发展变化的过程。1928年六大召开时，他虽然已经提出"工农武装割据"的思想，但还是认为要以城市工作为中心。从"工农武装割据"到"以农村为中心"的转变，再到"农村包围城市，武装夺取政权"这条道路的孕育、设计和成熟，根本上缘自革命实践的探索。所谓探索，就是四条：一是坚持土地革命、武装割据；二是建立起了赣南、闽西这样的根据地，并成为影响全国革命局势的"中心工作区域"；三是自觉地、不断地调查了解中国社会的历史和现状，进而画出准确的"国情图"；四是把"国情图"上升为理论形态，不断进行总结和概括。这样一来，中国革命道路"是什么"便逐渐清晰起来了。

中国革命道路"怎么走"？这个问题比"是什么"的争论显得更为迫切与紧要。它直接决定着党和红军能否生存发展，并最终决定着农村包围城市这条道路能否走得通。为弄清"怎么走"，毛泽东的办法依然是"向下看"，搞调查研究，然后画图。在《寻乌调查》中，他深入研究了当地商业资本的兴衰过程和原因，中国农村的土地关系和剥削状况，各个阶级和阶层的生存状况及政治态度，特别是细致入微地分析和总结了寻乌进行土地斗争的经验教训，由此，对为什么要走和怎样走农村包围城市这条道路，在认识上有了飞跃；对这条道路为什么能够走得通，也有了实践依据。

毛泽东说过，"社会经济调查是为了得到正确的阶级估量，接着定出正确的斗争策略"。他在延安时，集中回顾了在土地革命时期所做的十多个社会调查，颇有感慨地说：

> 我作了寻乌调查，才弄清了富农与地主的问题，提出解决富农问题的办法，不仅要抽多补少，而且要抽肥补瘦，这样才能使富农、中农、贫农、雇农都过活下去。假若对地主一点土地也不分，叫他们去喝西北风，对富农也只给一些坏田，使他们半饥半饱，逼得富农造反，贫农、雇农一定陷于孤立。当时有人骂我是富农路线，我看在当时只有我这办法是正确的。

毛泽东通过社会调查画出的中国社会图样，不止为确立正确的土地政策提供了正确的阶级依据，还为根据地政权建设内容和工作方法，为把以农民为主要成分的党，逐步改造成无产阶级的政党，进而在正确处理马克思主义与中国革命实际的关系问题上，提供了一系列的国情依据，奠定了认识基础。他在做寻乌调查的同时写作的《关于调查工作》一文中，明确提出"马克思主义的'本本'是要学习的，但是必须同我国的实际情况相结合"，"中国革命斗争的胜利要靠中国同志了解中国情况"，就不是偶然的了。

毛泽东的社会调查和他画出的图样，赋予他对中国社会各个阶级细微洞察和生动描述的能力。这种能力，在当时的党内领导层，可以说是无人可及。

比如，1945年在延安召开的中共七大会议上，毛泽东做了一个长篇口头报告。在解释党的路线和纲领，就是无产阶级领导人民大众去反帝反封建的时候，他说：我们的同志有时候会忘记反封建，为什么会忘记呢？是因为忘记了农民。中国民主革命的主要力量是农民。中国五个人里面，有四个是农民，忘记了农民，就没有中国的民主革命，也就没有一切革命，因为你没有力量。接着，毛泽东运用他对中国社会各阶级的洞察，做了下面这段描述：

> 你没有农民，你看小资产阶级还来不来？他跑到你屋子一看，没有几个人，就吓得不来了。小资产阶级最容易变，有时他神气十足，把胸膛一拍，"老子天下第一"；有时就屁滚尿流。你屋子里一个兵也没有，又没有饭吃，他老先生望一望就开了小差。这怪不怪人家？不怪，怪我们总司令，因为你不招兵。小资产阶级的脾气就是这样，他看力量，看政策，你力量大，他就积极，"我来一个怎么样？要不要我去打先锋？"他看见你屋子里没有几个大人，就说："下一回来吧！我今天还有事，家里老婆生病。"只有无产阶级招兵买马，积草屯粮，五个指头中间有了四个指头，另一个指头无产阶级占了一半，大地主大资产阶级成了指甲，那半个指头是小资产阶级、自由资产阶级，这时如果你再说："来不来？同志，来开会吧！"他就是老婆有病，也不说了。他看见你有那样大的力量，就说："我家没有事，饭有得吃，老婆很好。"

这又是一张形象而深刻的图。

也是我们今天强调的讲好"中国故事"的范本。

毛泽东讲这些故事，最终还是想提醒人们，要理解中国革命道路，必须要对中国社会各阶级有充分细致的了解，特别是不能忘记农民，要充分地了解动员他们。毛泽东还专门提到，土地革命时期党内"左"倾领导人之所以对搞大城市很积极，结果却把革命的力量搞得越来越小，原因就是"不注意去研究农民，研究他的面貌，他的眼睛，他的个子大小，研究他姓张姓李，心里想些什么，有些什么吃的。参加土地革命多少年，可是出一个题目给他：'什么叫富农？'他说对不起，没有研究。问他'什么叫中农'，也没有研究"。

毛泽东有底气说这个话。

在20世纪二三十年代的党内领导层，确实没有哪个像毛泽东那样做过如此深入和多样的社会调查，并从调查中总结出各种各样的中国革命的道理。可见，能不能够时时握着调查研究这把锄头，善不善于画出中国社会的真实图景，不是一件小事。毛泽东之所以能够在党内领导层脱颖而出，被领导团队选择为领导核心，固然有许多因素，但其中一个根本的原因，就是他善于画图，从而使他观察和描述中国社会的能力，制定正确的战略决策的能力，以及寻找中国革命道路的能力，高了不少尺寸。

"各去所偏，归于一是"

1941年夏天，毛泽东遇到一件难事，不得不投入很大精力去解决。

6月中旬，他在陕甘宁边区政府主席林伯渠送来的财政预算报告中，发现所列各项开支，缺少军队和中央一些单位的预算，便写信给林伯渠提出两点建议："凡必不可免之钱，予以慨允"；凡中央、军队和地方的预决算，"一概包揽，为之统筹"。

边区政府负责"掏钱"，在财政安排上自然要精打细算，量入为出；毛泽东着眼全局，要支持中央、地方和军队各方开拓局面，则希望保障供给。"掏钱"和"用钱"，所处位置不同，对预算的要求难免各异。如果资源充足，消除分歧很容易，而问题恰恰发生在抗日战争期间边区经济最为困难的时候，要统一认识，必须想别的办法。除了边区政府主张的"节流"外，还需设法"开源"。

正是在如何开源的问题上，以高岗为书记的边区党的中央局，和以林伯渠为主席、谢觉哉为秘书长的边区政府之间，出现了分歧和争论，毛泽东难以置身事外。

争论的一个焦点是盐运政策。边区北部盛产食盐，其外销占边区对外出口的90%，如何把边区北部的盐运往南部外销，成为开源的关键举措。高岗等人坚持实行"官督民运"政策，还成立以高岗为主任的运销委员会，各县、区、乡、村四级分别成立运盐总队、大队、小队、组，实行带有军事化的半强制性的管理。此法增加财政收入见效明显，却难免增加边区群众负担，操作上也存在一些缺点。林伯渠、谢觉哉主张盐的运销应由政府管理，实行自由贸易，才能减轻民赋，体现施仁政的方针，即使有强制，也应以政治动员和群众压力为限，而不应该把运盐变成军事性质的行动。

双方争执不下。原则上，高岗和边区党的中央局是最高决策机构，而高岗又是陕甘红军和革命根据地的创始人之一，是本地干部的代表，加上年轻气盛，又自恃政策见效快，也就没有设法同两位革命老人很好沟通。林老、谢老则毕竟代表边区政府，且年高德劭，均是革命前辈，提不同意见，多少显得有点居高临下，认为他们说的话，高岗应该尊重。感觉高岗等人不为他们的异议所动，两位老人便有了些肝火，径直把官司打到了毛泽东那里。

党政之间的矛盾，不是小事。毛泽东处理此事的难处也显而易见。为缓解边区财政困局，他支持高岗等人的做法，不同意改变官督民运的运盐政策，但又不能无视林、谢二老提出的其中若干弊端和减轻税负的初衷，更何况，二老在毛泽东心目中的地位非同小可。想来想去，他选择从做二老思想工作入手，来化解这场政策争论。

从1941年7月24日至8月22日不到一个月的时间，毛泽东给谢觉哉以及林伯渠写了10封信，还数次长谈，谢觉哉这期间则向毛泽东报送相关材料数万言。

毛泽东化解这场争论的方法和步骤，大致可概括如下：

——控制事态，以防扩大蔓延。毛泽东叮嘱林、谢二老，"除对中央政治局同志及西北局主要同志可说自己的不同意见外，勿对他人尤其下级人员说不同意见,以免影响执行与造成更深的分歧"。显然,毛泽东首先想到的是控制争论范围,以防扩大矛盾,影响大局,动摇现行政策。

——劝二老全面客观搜集材料。"勿只注意现行政策的缺点或错误方面","要注意现行政策的成绩与正确方面,我觉得二兄在这点态度上是不足的"。这是从判断事物的方法论上指出二老的不足,希望他们不要以先入为主的成见来看待盐运政策。此后,谢觉哉确实也从历史和现实、正面和反面搜集了不少盐运政策材料,报给了毛泽东。

——亮明态度。毛泽东表示,现行政策固然有毛病,但"我现在还不能同意停止现行政策,采用另一政策,因为另一政策也许要失败的,或失败得更大"。也就是说,在现行政策失败前,要允许高岗他们去试,"勿只从绝对性设想(只设想现行政策完全是错的,另一政策完全是对的)"。事实上,在现行政策还没有明显失败之前,谁也无法证明另外的选择就一定走得通。

——敦促高岗等人换位思考。林、谢二老反应激烈,高岗这边也不是没有责任,比如是不是充分了解和尊重政府那边的意见,有没有及时发现和解决盐运政策执行当中的不足。为此,毛泽东督促高岗他们及时同二老沟通,"把事情把关系弄得好些",还把谢觉哉反映盐运政策弊端的材料转给高岗等人,提醒他们,材料反映的"情形是很坏的,是否属实?你们有此类调查否?是否你们所得的仅偏于好的一面,而事情之实际则基本是坏的,即是说运盐是行不通的"。根据毛泽东的要求,高岗等人立即组织调查,并向毛泽东做了汇报,承认运盐工作确实存在三个方面的缺点。

——自己调查研究,掌握财政经济的运行规律。毛泽东这段时间花了不少精力研究边区和国统区两方面的经济材料。中央政治局或书记处开会，几乎每次都要讨论边区财政经济和盐运政策，还正式委托毛泽东召集林伯渠、谢觉哉、高岗、陈正人、王明、任弼时、朱德商谈边区经济工作。这些做法，为统一思想提供了认识基础，准备了决策条件。

——向林、谢二老表达研究边区财经的心得和观点。毛泽东告诉二老，要打破边区财经困局，一是发展经济，二是平衡出入口，"只要此两点解决，一切问题都解决了。而此两点的关键，即粮盐二业的经营"。"据此以观今年盐的官督民运政策，不但是未可厚非的，而且是完全正当的"。当然，毛泽东也说自己的见解或许还不深刻，二老"觉得有错误，即毫不客气，一一指正，以归一是"。

——在认识渐趋一致的时候，再从思想方法上开导林、谢二老。毛泽东担心二老碍于面子或心情，难从心底里接受自己的观点，在给谢觉哉的信中，写了下面这些话："事情确需多交换意见，多谈多吹，才能周通，否则极易偏于一面。对下情搜集亦然，须故意（强所不愿）收集反面材料。我的经验，用此方法，很多时候，前所认为对的，后觉不对了，改取了新的观点。""此次争论，对边区，对个人，皆有助益。各去所偏，就会归于一是。"又说："事情只求其'是'，闲气都是浮云。过去的一些'气'，许多也是激起来的，实在不相宜。我因听得多了，故愿与闻一番，求达'和为贵'之目的。现在问题的了解日益接近，事情好办。"这些话，词意恳切，跳出盐运政策的是非，态度也谦恭有礼，对林、谢二老的触动不难想见。

最后，毛泽东在8月13日中共中央政治局会议上，就陕甘宁边区财政经济等问题做了系统发言，涉及盐运政策的争论，他正式表态："平衡出入口，要使盐大量出口，现在采用组织人民运盐的官督民运办法，是平衡出入口的好办法。运盐要不违农时，进行政治动员，组织劳动力。"后面这两句话显然听取了林、谢二老的意见。毛泽东还说，增加群众负担，主要反映在"劳役"问题上，"由于陕甘宁边区有革命的民众，劳役是可能的；由于战争，劳役是必需的"。会议同意毛泽东的意见，争论就此结束。

毛泽东平息这场争论的逻辑很清楚，其领导艺术尤其值得体会。

第一，在评判和制定政策上，从实际需要与可能出发。在毛泽东看来，官督民运的盐运政策尽管带有半军事化管理性质，工作中也有缺点，但边区的现实有此需要与可能，不能因政策有缺陷而改弦更张；再说，政府没有一点半点的强制是维持不下去的，任何政权都要有相应的权威。林老、谢老的意见忽略了现实的需要与可能，没有考虑全局，毛泽东没有采纳。但是，毛泽东也意识到，考虑全局也不能不考虑群众负担的轻重。负担的轻重是否适当，怎样调整，却是需要在实践的推进中逐步完善和解决的。不仅如此，随着实践的发展，还需要提出新的政策来补充和调整。比如，到了1942年，群众的负担越来越重了，由此出现了"雷公为什么不打死毛泽东？"这样的话。毛泽东及时提出新的政策，精兵简政，自己动手，搞大生产运动，最终从根本上解决了边区经济困难问题。可见，正确的政策总是在有了实践经验后，逐步调整、创新和提炼出来的，并且是由问题倒逼出来的。

第二，在人事关系上，毛泽东既不因林、谢是革命老人就对他们的意见加以迁就，也不因他们的某些偏颇就对他们的看法一概否定。对高岗他们实施的现行政策，既肯定其在当时环境下的正当性和必要性，又指出其缺点与问题。确实站在了领袖人物的高度。在边区党政双方逐步统一思想后，毛泽东继续重用林、谢二老，又先后派懂得经济工作的南汉宸担任边区政府财政厅厅长，调李维汉去担任边区政府秘书长。李维汉有组织能力，会处理党政关系，此后的事情办起来就顺利多了。

第三，在思想方法和工作方法上，毛泽东明确提出"各去所偏，归于一是"，和"事情只求其'是'，闲气都是浮云"。

这两句话，堪称对待工作分歧、化解思想情绪的法宝，最值得一说。

世界上没有绝对正确、万无一失的事，有的只是根据现实的情况，做出最合理的选择。很多方针政策都是从大局出发的优化结果，往往只有在着眼全局、掌握全部信息的位置上才可以做出正确研判。不谋全局者有所偏废很自然。解决分歧的关键和标准是"各去所偏，归于一是"。毛泽东殷殷期望林、谢二老不固执己见，以和为贵，是去其所偏；让高岗等查实盐运政策执行中的弊端，完善官督民运办法，也是去其所偏。"各去所偏"，双方便有往中间之"是"靠拢的可能。

实现"各去所偏，归于一是"，还需要具体的过程和方法。有时候，虽然说"真理越辩越明"，但大家都心知肚明，辩论常常会让人们强化原有的成见，真理最终不会通过辩论产生，更不易通过辩论形成共识。根子在于人皆有成见。有的成见是囿于立场，把先入为主的看法当作了客观事物的真实情况，如果为坚持成见争吵起来，会动肝火，形成意气，在意气挟持下的成见难免成为偏见。去其所偏，就必须改变认识角度，站在成见的反面去思考，因为智者千虑，也可能有一疏，当人们提出驳疑的时候，大可想想，别人为什么不同意。随着思想方法的进步和胸怀境界的提升，随着实践的真实面目呈现出来摆在自己的面前，以前认为没有问题的，今天就可能认为有问题了。如此一来，"归于一是"便有了可能。

毛泽东深知，哪怕是担负领导职务的老同志，也都是常人、凡人，都有自己的喜怒哀乐和性情，遇到工作上的磕碰分歧，也会激出一"气"来。有的分歧之所以难以泯灭，恰恰碍于各种"闲气"的阻挡和遮蔽。古人虽说"万流争赴虚如海，一镜高悬净不尘"，但胸镜之尘总是有的，修养之法在于自觉拂拭。所谓拂拭，便是让"闲气"如浮云飘过，代之以求"是"之心，这样一来，"各去所偏，归于一是"之手，便可来叩动心扉了。

"强制地省察自己的弱点，方有出路"

延安时期，毛泽东与作家萧军接触不浅。萧军不是党员，其特立独行的个性，又远非一般作家可比，再加上他对延安的一些现象深为不满，如何与之相处，确属棘手之事。

毛、萧两人第一次见面，就有点特别。1938年3月22日，毛泽东听说萧军到了延安，想见又担心造次，就派秘书和培元先行到招待所探望，并向萧军询问：愿不愿去见毛泽东？萧军回答：我打算去五台山打小鬼子，只是路过，住不了几天，毛主席公务很忙，我就不去打扰他了。这个回答似也在理，但透出的傲气容易给试探者带来心理波折。毛泽东毕竟是大政治家，你不来我就去。他专程到延安招待所拜访，还邀上丁玲、聂绀弩等萧军旧识相陪，一起吃了顿饭。席间话题主要谈论鲁迅。在毛泽东心目中，鲁迅是现代中国的第一"圣人"，以如此礼节待萧军，自然是注重其"鲁迅弟子"的身份和影响。

萧军1940年正式到延安，对延安的氛围逐渐感到不适应，生出不少意见。一是不认同鲁迅艺术学院周扬等人的文艺观点，对周扬在文章中不指名地批评他和罗烽、舒群等延安文艺界抗敌协会的作家尤为不满。二是认为延安存在着用人不公，对党外知识分子有排斥，一些末流作家挟党自重，一些文化机构的领导不懂文化。为此，他当面对中组部部长陈云说："你是负责组织工作的人，希望你对那些不被理解的人要让他们有被理解的机会，究竟成问题到什么程度？要抽查，下面才不敢舞弊。"陈云表示萧军反映的一些事，"是他所没想到的"（萧军1941年8月12日日记）。三是在个人生活方面，萧军也遇到一些不顺，反应很激烈，比如在医院为妻子看病时甚至动刀子打架。总的看来，他认为，"党内：个性被消磨，文章被机械批评，自动不写了，投机分子以文章做工具。党外：生活琐碎，精神受压抑"（萧军1941年7月20日日记）。

有这诸多烦心事，萧军萌生去意，决定离开延安到重庆。1941年7月15日，他给张闻天写信提出借一万元路费，又给毛泽东写信，要求当面谈一次。萧军在日记中说，这样做是为了"把一些事实反映上去，这对中国革命是有利的"，由此还可"认识中国共产党的真面目，以决定我将来的态度和去留"。

毛泽东7月18日下午约谈了萧军，自然是挽留。谈话中，萧军先是表达了对周扬最近连载于《解放日报》的《文学与生活漫谈》不满，还说他和罗烽、舒群、白朗、艾青诸人，联名写了一篇反批评文章寄给《解放日报》，结果被退了回来。毛泽东表示，《解放日报》不给登，你们就在自己办的《文艺月报》上登。同时嘱咐萧军把发表周扬文章的报纸和他们的反批评文章都寄给他。

据萧军日记所述，这次谈话的范围更广，说到张作霖、张学良、瞿秋白、冯雪峰等人和事，说到鲁迅时，毛泽东的"眼睛似乎有感动的泪！这是个人性充足的人！"。萧军讲，"我看你如果不是从事政治，倒很可以成为一个文艺作家"，毛泽东笑着回答，"我是很喜欢文学的"。谈到正题，萧军反映了他个人到延安后的一些经历和感受，包括和别人动刀子打架的事，还说到延安一些作家精神不安，不能工作的状态，诸如艾青的孩子死了，等等。

他提出的比较尖锐的意见有：党组织的纪律与边区政府的法令抵触时，应该谁服从谁？对党内的一些事，党外人士可否批评？许多作家在延安写不出东西的原因是什么？毛泽东的倾听，让萧军"起了好感"，在日记中说毛泽东"诚朴，人性纯厚，客观"。

这次谈话后，萧军又两次给毛泽东写信，反映一些情况。8月2日，毛泽东给萧军写了封信，直率地表达了对他的一些看法：

> 我因过去同你少接触，缺乏了解，有些意见想同你说，又怕交浅言深，无益于你，反引起隔阂，故没有即说。延安有无数的坏现象，你对我说的，都值得注意，都应改正。但我劝你同时注意自己方面的某些毛病，不要绝对地看问题，要有耐心，要注意调理人我关系，要故意地强制地省察自己的弱点，方有出路，方能"安心立命"。否则天天不安心，痛苦甚大。你是极坦白豪爽的人，我觉得同你谈得来，故提议如上。如得你同意，愿同你再谈一回。

这封信颇为讲究。

面对萧军总说别人不是，毛泽东没有陷入具体评论，而是把化解其牢骚的钥匙，伸向为人处世之道。文辞表达既不隐晦，也不躲闪，指出毛病又甚为得体。信的开头解释没有当面劝说的原因，是担心"交浅言深"，徒生拘束、尴尬乃至隔阂，这是符合常情的理由。对萧军提出的意见，则整体上做一回应，承认延安确实存在需要改正的不尽如人意的坏现象，表明重视他反映的情况。接下来指明萧军不善调理人我关系的性格毛病，才是该信的重点。毛泽东直告，要"安心立命"，必须"强制地省察自己的弱点"，否则没有"出路"。话不在多，却很有分量，且也是事实，切中萧军主观上陷入痛苦的要害所在。接着评价萧军是"极坦白豪爽"之人，把萧军的弱点同他的正面性格联系在一起，由此拉近双方的距离。事实上，毛泽东早年也属于坦白豪爽之人，他坦陈自己"论理执极端，论人喜苛评"，和此时的萧军并无大异，故对萧军的一些做法是能够体会的。最后话锋一转，说正因为同你"谈得来"，才做上述"提议"。

这封信的实际效果如何呢？

萧军当天回信毛泽东："承您诚恳地指出我的病根，这是值得郑重感谢的！'缺乏耐心'、'走极端'、不善于调理'人我关系'等，这怕是我半生来在家庭在社会……碰钉子原因的大部分。因为钉子碰多了，就有了硬壳，因为被误解被伤害太多了，就容易神经过敏，甚至总要提防着每个人，很少敢于放下格斗的剑！'是朋友就伸出手来，是仇敌就拔出你的剑来罢'，这几乎成了我生活的信条。""我是很羡慕你那样从容宽阔的，但这一时是不容易学习的。"尽管没有表示马上改正自己的弱点，但毕竟意识到自己的性格弱点和常"碰钉子"的原因。有这个态度，纠结于延安文艺界是非的心情，或许会稍稍释然些吧。

毛泽东当然知道，做萧军这类文化人的工作，不能靠一封信便画上句号。8月10日晚上，他又约萧军谈话，很自然地把沟通内容聚焦到萧军的性格上。萧军当天日记记载，毛泽东谈到人是应该有个性的，不经过锻炼人的纯洁不可靠，还说自己不喜欢运动，《茶花女》这部小说可贵，等等。萧军提到张闻天批评他是"虚无主义者"，属于"不对等"和"有失身份"的指责，心里很不服气。毛泽东未做评判，反过来就所谓"战斗"的问题给萧军提了两条建议：一是针对敌人，保护革命者；一是针对自己的缺点和错误，目的是爱惜自己。意思是真正爱惜自己，就要克服自身的弱点，这也是一场"战斗"。萧军在日记中说，"我们这次谈话比第一次更透彻和随便一些"。

由于萧军常为延安"文协"的作家们鸣不平，第二天傍晚，毛泽东特意到杨家沟半山腰"文协"驻地看望他们，实际上是想深入了解萧军代表的这群作家的真实情况。当时萧军、艾青、韦荧、白朗、李又然在场，具体谈了什么没见记载，倒是萧军的日记再一次反映他喜欢臧否人物："我把艾青对毛泽东约略介绍了一下，同时用几句话打开这空气，才开始谈起来。艾总是想博得别人的同情，他讲了一些外面孔祥熙的故事。还好，今天他还没有过度表扬他自己，也没提到他的诗。我知道，毛对于他是一无所知的。为了'知识分子作叛徒'的问题我几乎和他辩论起来，因为我看不惯他那讨好缺乏正义感的样子。"

由于此行没有见到罗烽和舒群这两位与萧军关系更近的作家，8月12日上午，毛泽东又邀约萧军夫妇，艾青夫妇，罗烽、白朗夫妇，以及舒群谈文艺界的情况，还请来中组部部长陈云一道听取反映。萧军在日记中说，"毛一直很兴奋"，"耐心地听，间或记上一笔"，大家"忘了隔阂"。中午毛泽东还留大家一起吃了顿饭。这次聚谈，表明毛泽东下决心要解决文艺界存在的争论，并且让这些对延安文坛有些牢骚的人代他搜集相关材料。8月29日毛泽东和胡乔木又找萧军谈话，萧军日记说，毛泽东明确表示，"对于延安作风要作一番改变，党已经作好了决定，对于过去的不正的党风要给以教育和纠正，如：'关门主义''主观主义'等"。

到此，萧军大体已经服气，感到中国共产党对待党外文化人是真心的，有诚意解决他们反映的问题。萧军此后不再提离开延安到重庆的事情,留下后也确实做到知无不言,言无不尽,为后来延安文艺座谈会的召开出了力气。当然,他的有些过激观点,招致不少批评,算是人生经验和教训的积累吧。

回顾这段往事,在领导干部如何化解纷争,做好当事人思想工作方面,有些经验值得体会。

第一,诚意交流,取得信任。

通过做人的思想工作来化解纷争,是领导干部经常碰到的事。如果立意不诚,虚以应付,甚至着意掩盖,矛盾终究会积累起来,小问题可能变成大问题。毛泽东化解萧军人我关系冲突以及对延安一些现象的意见,起意很诚,决心不小,因而有不厌其烦的交流之举。

毛泽东的交流之法,也颇为有道。一是设身处地,换位思考,哪怕对萧军不无偏颇或激烈的诉说,也耐心倾听,凸显包容。比如说到萧军动刀子打架一事,毛泽东给他下台阶:"你这动刀子,恐怕也是没得办法了吧?"还表示,"我觉得同你谈得来",于是让萧军几番称赞毛泽东"从容宽阔""人性纯厚,客观",是可以亲近的。二是交流中不是就事论事,而是无所不谈。如果专门就事论事地谈,目的性太强,对方或在情绪上会有抵触,不易说得通。因为随便谈,比如谈张作霖、张学良、鲁迅、瞿秋白、冯雪峰,甚至谈到法国小说《茶花女》,谈自己喜欢文学,不爱运动,等等。无所不谈的交流很容易转化为彼此间接触的兴味,甚至是意气相投的信任,适时提出某些批评,萧军也容易听得进去。

第二,直面个性,指明弱点。

萧军为人处世,说起来确有些"刺头"。他的不满和牢骚,对一些人和事的看法,不能说没有偏激的地方。但人的性格大都有积极和消极两面。萧军自我解剖是"容易神经过敏,甚至总要提防着每个人,很少敢于放下格斗的剑",由此,常常自视甚高,言行卓尔不群,遇事不忍耐反应激烈;从积极面看,他有正义感,有理想,求进步,侠气豪爽,敢作敢当。人生的胡同总是从某一个点上开始通达或阻塞的,化解萧军和别人的纷争以及他的心结牢骚,不找到这个点不行。毛泽东不做好好先生,不顺从迁就,而是直面其性格弱点,抑制其消极面的点(看问题绝对、不擅调理人我关系等),希望他"故意地强制地省察自己的弱点",否则不会走出阻塞的人生胡同,不能"安心立命"。把性格和命运的关系,说得这样直白,自会撞击当事人的心扉。若是听得进、能消化,就不至于把纷争看成天大的事,还可终身受用。

第三,化解牢骚,分类处理。

做萧军这类人的思想工作,最终要拿出说法和办法以解决实际问题,否则,他不会罢休,更不会转化认识。对此,毛泽东一开始就很明确,而且是颇有章法地分类处理。对萧军个人生活的诉求,能解决的当即表态,如借一万元路费之事。对萧军反映的一些组织人事工作上的不妥,则把中组部部长陈云请来一道倾听,陈云也当面表示,有些事过去疏忽了,要认真处理。最难办的是萧军等人有关文艺观点上的争论和对延安一些现象的不满,这种事涉及面广,毛泽东处理起来比较谨慎。他不是就事论事,而是由此及彼从更大范围、更高角度来调查处理。他先是鼓励萧军把反批评文章公开发表出来,又找其他作家听取意见,还多次委托他们帮助搜集更多材料,以便于自己深入了解延安文艺界的实际情况。

这些事情做足后,毛泽东向萧军表示,"对于延安作风要作一番改变,党已经作好了决定"。这应该是指1941年9月开始的延安高级干部的整风运动。毛泽东在9月10日政治局扩大会议上，批评"关门主义"和"宗派主义"现象时，专门举了"延安的学校中、文化人中"的现象，显然与他在萧军等人那里听到的反映有关。1942年3月中旬，《解放日报》发表多篇社论，提倡发扬民主，反对党员的孤立主义倾向，毛泽东甚至还为萧军写的《论同志之"爱"与"耐"》润笔修改。1942年5月毛泽东发表《在延安文艺座谈会上的讲话》，使延安文艺界普遍存在的问题和分歧得到根本解决。

"作一个政治家，必须练习忍耐"

1943年新四军党内整风期间发生的"黄花塘事件"，是党史上一段不太起眼的插曲，对当事人陈毅来说，用"火中涅槃"的党性锻炼来形容，实不为过；对调解者毛泽东来说，则是一次劝人察人的成功范例。

1943年6月新四军整风审干时，陈毅与饶漱石，一个是新四军代军长兼军分会主席，一个是华中局代书记、新四军代政委兼政治部主任。两位主官，一个领军，一个管党。陈毅豪放洒脱，不拘小节，坦诚大度。饶漱石严肃严厉，好从大的政治原则上看事情，让人畏惧。若心无间隙，这样的配备可以互补，还算理想格局。

偏偏两人有些搞不来。饶漱石对陈毅的作风有成见，曾对人说，陈毅经常吟诗作词，资产阶级的作风不改，迟早要跌跟头的。反过来，饶漱石在皖南事变发生后一段时间和党组织没有联系，陈毅有过怀疑；饶在会上批判项英有过分之词，而陈毅因和项英在三年游击战争时期共过患难而感情复杂。整风审干开始后，陈毅因为在中央苏区时期经历过严酷党内斗争，提醒大家注意把握原则，主抓整风审干的饶漱石却不认同。饶漱石一度离开军部到各师巡视，陈毅主持会议对他提了不少意见；饶漱石则反过来找更多人谈话，搜集对陈毅的意见。

由于个性差异，工作分歧，为人处世又有不同看法，两人关系越来越紧张。1943年10月，饶漱石在安徽盱眙（今属江苏）黄花塘主持整风会议，公开点名批判陈毅，头一条错误就是反对毛泽东，根据是陈毅1929年主持红四军七大选掉了毛泽东的前委书记，并取而代之。不明真相的干部一听，这还得了？结果，除了粟裕、黄克诚等少数人外，大部分都表态支持饶漱石的发言，纷纷起来批判陈毅。

事后，饶漱石给毛泽东、刘少奇发去一份长达1500字的电报，列出陈毅的"十大错误"，诸如"一贯反对毛泽东同志""反对政治委员制""破坏党的团结""个人主义"等，电报结尾明确要求中央"速决定物色才德兼全的军事政治负责干部来帮助我们"。看来是非把陈毅挤走不可。新四军有的领导干部也联名致电中央，指明陈毅的错误。按说，新四军干部是项英、陈毅领导三年游击战时期的班底，跟陈毅的关系不可谓不深，但在整风审干的背景下，大势却不在他这一边。不少人以为陈毅犯了大错误，不敢同他来往，连平时的棋友也不上门了。

两位主官生出矛盾，势必影响华中抗战大局，只能先调走一个。11月8日，毛泽东回电陈毅和饶漱石，让陈毅赴延安参加党的七大，以便"明了党的新作风及应该重新估计的许多党内历史上重大问题"，并明确陈毅来延安期间，暂由副军长张云逸代理军长。

陈毅是带着诸般委屈上路的。他在留别诗中说："知我二三子，情深更何言。去去莫复道，松柏耐岁寒。"理解自己的人也就两三个，心理包袱之重，可想而知。以残菊傲霜、松柏耐寒自喻，已经是很克制的了。当然，他期盼到延安后可以向毛泽东澄清一些事情。

果然，1944年3月上旬一到延安，陈毅就提出要在中央会议上谈谈自己与饶漱石的矛盾。毛泽东的回答却出乎意料："如果你谈三年游击战争的经验，谈华中抗战的经验，那很好，我可以召集一个会议，请你谈三天三夜。至于与小饶的问题，我看还是不要提，一句话也不要提。关于这件事，华中曾经有个电报发到中央来。这电报在，如果你要看，我可以给你看，但是我看还是暂时不要看为好。"陈毅只好说："那我就不看，华中的事也就不谈。"话虽如此，心里似乎更没有底了。

毛泽东也不是不重视化解陈、饶矛盾，但如果陈毅一到就急着谈，反倒不利，让陈毅沉一沉，调整心态再说会更好些。3月中旬，毛泽东约谈陈毅，问了些他与饶漱石关系的情况，同时指出陈毅的若干毛病，希望他能做自我批评。陈毅初步了解到毛泽东的观点和初衷，接受了批评，并向饶漱石和华中局发了一份含有自我批评内容的电报。其中说自己在"某些认识上和处理方式常有不正确的地方。由于自己有遇事揣测，自己又常重感情，重细节，不正面解决问题，对人对事不够严正等陈腐作风，这样于彼此协作工作以大的妨碍"，"我自惭最近一年来在华中的工作尚未能尽我最大的努力"。

陈毅这个表态，毛泽东是满意的。他随即致电饶漱石并转华中局和新四军军分会："陈、饶二同志间的争论问题，仅属于工作关系性质"；陈毅在红四军七大前后同毛泽东的争论，"并非总路线的争论，而且早已正确地解决了"；抗战初期"陈毅同志是执行中央路线的，不能与项英同志一概而论"。总之，"陈毅同志都是有功劳的，未犯路线错误的。如有同志对以上两点不明了时，请漱石同志加以解释"。把陈毅的问题与路线错误摘开，是一种定性的评断；让饶漱石出面向其他领导干部解释，的确也是很高明的一招。

本来以为事情就此画上句号，但饶漱石那边却有了情绪。3月下旬，他以个人名义给毛泽东回电，表示"陈和我的争论，既非属于重大路线，也非简单属于工作关系性质，而是由于陈同志在思想意识、组织观念上仍有个别毛病。他对统一战线、对文化干部、对某些组织原则，仍存有个别右的观点。对过去历史问题，存有若干成见，且有时运用很坏的旧作风"，陈毅来电隐约说到这些错误，"但似乎尚欠清明，故详告与你，以便你给他帮助"。显然，饶漱石觉得毛泽东对陈毅问题的定性太轻，言下之意，不属"重大路线"问题，也非简单"工作关系"，应该还是有路线性质，况且，陈毅承认错误也还不够，有些不依不饶的意思。饶漱石倒也光明正大，同时也给陈毅发了封类似的电报。

接到饶漱石的电报后，陈毅不干了，顿时起了火，一腔愤懑地写信给毛泽东倾吐委屈。毛泽东似乎也不好再致电饶漱石重新申明或改变自己的态度，毕竟饶目前是华中局和新四军唯一主官，在他没完没了时，再激起他更大情绪，或迁就顺从他的意见，都于工作不利。最好的办法，还是转过来再做陈毅的思想工作。

毛泽东于4月9日给陈毅写了这样一封回信：

> 凡事忍耐，多想自己缺点，增益其所不能，照顾大局，只要不妨大的原则，多多原谅人家。忍耐最难，但作一个政治家，必须练习忍耐，这点意见，请你考虑。感冒宜多睡，少动多食。余容面叙。

毛泽东恐陈毅火气难消，第二天又找他当面开导：你现在延安，又不能回去，横直搞不清楚。将来你回去是可以解决的。主要是人家对你有误会,你有什么办法?越解释,误会越大。这番话略略舒散了陈毅心头愤懑,他回答说:本来我的气很大,你这样一讲,我也没有什么意见了。

此后,陈毅按毛泽东提出的"作一个政治家,必须练习忍耐"的要求,将诸般委屈放下,投入延安的整风学习之中。不久,他读了毛泽东的《学习与时局》,看到文中提出党内领导干部在整风后要"放下包袱",随即给毛泽东写信说,自己"今后多从打开脑筋重新认识自己去着手,由己及人,变更过去及人而不由己的办法"。看来是明确承认自己过去对人严对己宽的缺点,决心放下这个思想包袱。1944 年 12 月 1 日,他再次致信毛泽东,陈述在自我修养方面的感受和收获:"弄清路线原则之分歧后,作大度的自我批评,讲团结对外,这足以教育一切人","回想几年华中工作,被我打击屈服的高级干部,至少也在一打以上,只有自己批评去打通思想而团结对外才是于党于己的有益办法。去冬在华中,我不了解这点,所以满腔愤愤不平之气"。"近来与许多人谈话,广泛阅读文件,似乎更感觉以前所见不免皮相,才知道处理许多问题,疏虞之处甚多,别人的批评反对,其中事出有因,查无实据者有之,而自己过与不及两种毛病则所在多有",自己过去的态度,"实在要不得"。

这很像是陈毅到延安参加整风学习后的自我鉴定。毛泽东越看越高兴,看完便回信,鼓励之情溢于言表:"陈毅同志:你的思想一通百通,无挂无碍,从此到处是坦途了。随时准备坚持真理,又随时准备修正错误,没有什么行不通的。每一个根据地及他处,只要有几十个领导骨干打通了这个关节,一切问题就可以迎刃而解。整个党在政治上现在是日渐成熟了,看各地电报就可以明了。"

在毛泽东看来，能够坚持真理，修正错误，打通思想情绪堵塞的关节，实现党内团结，是领导干部在政治上成熟的标志。中国共产党在延安时期日渐成熟，很重要的一点，便是通过整风拥有了陈毅这样一批能够打通关节的成熟的政治家。

回过头来看，陈毅"打通关节"的过程，经历了一年左右的时间。其中最有普遍意义的经验，大概要算是毛泽东告诉他的两句话，"凡事忍耐，多想自己缺点"，"作一个政治家，必须练习忍耐"。

这或许也是毛泽东自己的经验。15年前在红四军七大前后的那场争论中，毛泽东和朱德、刘安恭、陈毅之间确实是硬碰硬，几方都谈不上"忍耐"，由此影响了党内团结，毛泽东的前委书记之职被选掉。显然，毛泽东也是经过"练习忍耐"才成长为党的主要领袖的。陈毅在党的七大后回到新四军，有人问及他对毛泽东的印象，他说，"毛泽东进步太大了，我是望尘莫及"。这大体反映出陈毅在这方面的观察和感受。

事实上，陈毅"练习忍耐"拥有足够的党性锻炼基础。在延安，他同薄一波谈到自己的经历，谈到红四军七大前后的争论，谈到打"AB团"的事，谈到林彪对朱德有意见等，结论是，"不要把我们党内的生活看得尽善尽美，矛盾和问题多得很，我们走过的路并不平坦"。这是经历过严格党性锻炼和政治风浪考验的政治家才可能有的体会。陈毅打通关节之语，能够实事求是地分析工作作风上的毛病，对人对己也不乱上纲上线，政治分寸的拿捏水平，的确也是上了台阶的。

政治家为什么必须练习忍耐？因为你干的事业不是个人的，是众人之事，个人意气总是不好上台面的。在冲突中，双方都会认为自己是对的而对方是错的，但有时候越是强调自己对，越会引起对方的反感。哪怕你真的全对，也会激起别人的偏见，导致容易说得通的事，久说不通。冷静处理，练习忍耐，是为了把事情说通，办好。世界上毕竟少有长久想不通和做不好的事，少有不真相大白的事。拿"黄花塘事件"来说，冲突的另一方饶漱石在1954年的检讨中便承认，他1943年借全党整风审干之机，制造所谓陈毅反对毛泽东并一向反对政治委员等"罪名"，煽动一些不明真相的干部批斗、挤走了陈毅。

忍耐之法，当然不单是冷静处理，更非束之高阁，而是退一步多想想自己的不足，想想别人为什么认为自己不对。陈毅便是在忍耐中，逐步认识到"自己过与不及两种毛病则所在多有"，过去"被我打击屈服的高级干部，至少也在一打以上"，这才打通了关节，一通百通。心情开了，胸怀宽了，境界高了，也能够容得下过去看不顺眼的人，听得进不顺耳的话，装得下不顺心的事，其中就包括某些可能错误的事和有错误的人。包容他们，也就有了比较，埋下了坚持真理、修正错误的种子。

"愚公移山"情结

愚公移山故事的流传，得益于毛泽东1945年在中共七大闭幕会上题为《愚公移山》的讲话。新中国成立后，这篇文章作为"老三篇"之一在社会上普及，甚至曾进入中学语文课本。

这则寓言的本意，是告诉人们，无论什么困难的事情，只要有恒心有毅力地做下去，就有可能办到。它同后羿射日、精卫填海等神话有着相似的悲壮和崇高，但现实主义和理性的味道更浓一些。在目标与奋斗、现实与未来、愚昧与智慧、一人与众人等问题上，给后人留下不乏哲学意味的启发。

早在1913年读师范时，毛泽东在其《讲堂录》里，便记有《列子·汤问》中纪昌学射，视虱如车轮之事。他大概这时即已读过载于同书同篇的愚公移山本事。1919年1月，北大学生傅斯年在《新潮》杂志创刊号上发表《人生问题发端》，讲了愚公移山的故事，随后提出，"我们想象人生，总应当遵从愚公的精神。我的人生观念就是'愚公移山论'。简洁说罢，人类的进化，恰合了愚公的办法。人类所以能据有现在的文化和福利，都因为从古以来的人类，不知不觉地慢慢移山上的石头土块"。当时，毛泽东正在北大图书馆做报刊借阅登记工作，很可能读过此文。

和傅斯年不同的是，毛泽东推崇愚公移山，不仅是看重其在人类进化和人生观方面的启迪，更多地是往现实奋斗方面去引申，说到底，是提倡一种干到底的精神，即面对困难无所畏惧、勇往直前、义无反顾、坚持不懈的进取奋斗精神。这种精神，反映了毛泽东作为革命家的鲜明性格，也是中华民族文化土壤里长出的一种珍贵的人生观和价值观，还多少与毛泽东那几乎与生俱来的湖湘文化性格有关。遇事做到底，坚韧执着，是湘学士风的一个显著特点。湖南人常说的"霸蛮"一词，就有这个意思。青年毛泽东"独服"的曾国藩，讲求的"忠义血性"，常说的"打脱牙，和血吞"，以及"志之所向，金石为开"，就是执着地将理念付诸行动的刚毅。

据保存下来的讲话记录稿，毛泽东最晚从1938年开始，就不断在各种场合讲愚公移山的故事了。这年12月1日和次年1月28日，他两次在延安"抗大"讲要学习愚公挖山的精神。当时，抗日战争进入相持阶段，毛泽东很担心单凭一时热情加入抗战队伍的人，没有持久抗战的心理准备，经受不了长期艰苦和挫折的考验。于是在演讲中着重讲到，我们是长期战争，总归要打下去，一直到胡子白了，于是把枪交给儿子，儿子的胡子又白了，再把枪交给孙子，孙子再交给孙子的儿子，再交给孙子的孙子，日本帝国主义倒不倒？不倒也差不多了。讲到这里，他说，"这条道理是中国古时一个老头儿发明的"，接着引出一大段愚公移山故事，还总结说："现在我们就订一个条约：不开小差，坚持长期斗争，长期学习，不怕艰苦。""抗战一定要胜利，这是坚定的政治方向，不怕任何艰苦困难要坚持着，不要半途而废。"这是毛泽东对愚公移山精神第一次做比较集中的现实引申。

1945年党的七大期间，毛泽东在口头政治报告（4月24日）、结论（5月31日）和闭幕词（6月11日）中，至少三次谈到愚公移山。特别是6月11日的《愚公移山》闭幕词，可谓为七大会议主题添了画龙点睛的一笔。

召开七大时，抗战胜利在即，中国共产党已经有了一百多万人的正式军队，上亿人口的根据地，全党的思想空前统一，领导层人事格局也已大定，困难的日子已经过去。毛泽东这时反复讲愚公移山，显然是着眼于永远奋斗的精神准备和作风建设。他在讲话中提出"下定决心，不怕牺牲，排除万难，去争取胜利"，可视作愚公精神的核心内容，为愚公移山这则寓言，注入了以奋斗为主题词的时代新元素。

联系毛泽东当时和后来有关愚公移山的论述，对他以奋斗为主题词的浓郁的"愚公移山情结"，似可做如下理解。

一是珍惜奋斗历史。对一个人或一个政党来说，珍惜奋斗历史，往往是保持奋斗精神的开始。毛泽东4月21日在七大预备会议上，充满感情地对大家说：中国共产党成立以来，"尝尽了艰难困苦"，"从古以来，中国没有一个集团，像共产党一样，不惜牺牲一切，牺牲多少人，干这样的大事"。我们好不容易取得今天这样的局面，必须对历史负责，而且"历史的教训就是要我们谦虚谨慎"，"所以，我们要无穷尽无止境地努力"。总之，越是胜利在望，越不能松懈，更不能半途而废。

二是咬定奋斗目标。真正的奋斗者，干到底的人，善于为自己设定新的目标。不断前行的人或政党，目标感总是很强。召开七大时，共产党的"愚公们"要挖的山，已经不单是日本帝国主义了。在毛泽东心目中，要搬移的山，始终是随着形势和任务的变化而变化的。他在《愚公移山》中明确讲要挖帝国主义和封建主义两座大山，以后又加上官僚资本主义这座大山。新中国成立后，他多次讲愚公移山，也是着眼于新的奋斗目标。比如，1957年10月，他读到山东厉家寨治理穷山恶水，建设新山区的材料，明确提出，"愚公移山，改造中国"。1958年12月，他写诗说，

"愚公尽扫饕蚊日，公祭无忘告马翁"。1964年1月，他和斯特朗等人谈话时又说，"中国古时候有个愚公移山的故事。我们大家现在都是挖山的人，挖的是帝国主义、修正主义这几座山，用几代人的时间，总会把它们挖掉的"。1964年3月，他听取陕西、河南、安徽三省负责人汇报工作时提出，搞绿化不是一两年的事，"先做十年、十五年规划，'愚公移山'，这一代人死了，下一代人再搞"。总之，大到反对帝国主义和改变贫穷落后的中国面貌，小到植树造林，但凡明确了目标，都仿佛是毛泽东心目中要去挖的山。

三是正视奋斗困难。愚公移山做的是件看起来几乎不可能做到的事情，无休止的艰难困苦可想而知。愚公之所以不愚，在于他不是盲目乐观，他深知挖山之艰难，且非一代之功。毛泽东当时提倡愚公精神，一个重要原因是要领导干部对一切可能的困难和曲折，有充分的心理准备。延安召开七大的同一时刻，国民党在重庆召开六大。两个大会，构想着完全不同的目标任务，代表着不同的中国前途和命运，意味着抗战胜利后两大阵营的斗争将更加复杂。对这一点，毛泽东在七大上几次讲到。他当时习惯说的话是，前途是光明的，道路是曲折的，因此，要主动设想一切困难。在5月31日的讲话中，他列举了今后可能出现的十七种困难，比如外国大骂、国内大骂、内战爆发、延安被国民党占领、党内意见分歧、党员散掉三分之一等等，意在提醒全党高级干部要"准备吃亏"，应付非常不利之局面。最后归结为："我多次讲愚公移山的故事，就是要大家学习愚公的精神。"

四是坚信奋斗胜利。对未来没有信心，对信念缺少执着，自然谈不上奋斗。毛泽东阐发愚公精神，不是抽象地讲要坚定信念和信心，而是揭示"愚公们"的信念和信心，来自充分发动群众，团结群众，依靠群众。在6月11日《愚公移山》的讲话中，他说：愚公"毫不动摇，每天挖山不止。这件事感动了上帝，他就派了两个神仙下凡，把两座山背走了"。"我们一定要坚持下去，一定要不断地工作，我们也会感动上帝的。这个上帝不是别人，就是全中国的人民大众。全国人民大众一起来和我们一道挖这两座山，有什么挖不平呢？"这个比喻，可以说是对愚公精神最深刻的阐发。

胡乔木回忆毛泽东在七大的讲话时，有个突出印象。他说："毛泽东有多次讲话。不记得是哪一次讲话了，他拿洪秀全的太平天国作例子，表示宁可失败，绝不投降。太平天国那么多人最后死在南京。讲到这里时，他非常激动。讲这个话是表示一种决心，一方面认为必然会胜利，同时带有一种誓师的味道。"

胡乔木说的此事，发生在6月17日。那天，七大全体代表和延安各界代表举行中国革命死难烈士追悼大会，毛泽东在演说中说：

> 太平天国有几十万军队、成百万的农民，打了十三年，最后南京城被清兵攻破的时候，一个也不投降，统统放起火烧死了，太平天国就这样结束的。他们失败了，但他们是不屈服的失败，什么人要想屈服他们，那是不行的。
>
> ....
>
> 我曾和国民党的联络参谋讲过：我们有一百支枪，你们有本领缴我们九十九支，我佩服你们，因为你们会打，我们不会打。一百支枪被你们缴去了九十九支，我们还剩下一支，用这一支枪，我们也要打下去。剩下一支枪了，你们说投降吧！我们说那不行，"投降"这个词在我们的字典里是

没有的，在你们的字典里可能有。

这些话的情感和个性色彩很浓厚，胡乔木回忆毛泽东当时讲得"很激动"。其所讲内容，同愚公移山的寓意如出一辙。在七大代表就要散回各地为新的目标奋斗时，毛泽东和他们专门去公祭死难烈士，何尝不带有一种誓师的味道呢？

推荐一部话剧,营造一代风气

毛泽东是怎样推荐《前线》的

苏联剧作家考涅楚克1942年9月发表的三幕五场话剧《前线》,在苏联反法西斯战争中产生过重要影响。《前线》最早的中文译者是从苏联回到延安的诗人萧三。1944年春,他把中译本送给毛泽东看,毛泽东读后立即推荐给《解放日报》连载,时间是1944年5月19日到26日。

这部话剧,今天的人们已经不大熟悉。剧中给人印象最深的是两个人物。

一个是前线总指挥戈尔洛夫将军。作为老资格的布尔什维克,他有功劳,对党忠诚,打仗勇敢,但却故步自封,骄傲自大。年轻的欧格厄夫军长提出,"今天没有真正的无线电联络,就不能指挥作战,这不是内战"。戈尔洛夫讲了一段经典台词:"胡说,他懂得什么国内战争?我们打败十四个国家的时候,他还在桌子底下爬哪。战胜任何敌人,不是靠无线电通信联络,而是凭英勇、果敢。'不能指挥作战'?好吧,我们来教训教训他。"剧本结尾,这位总指挥没能经受住反法西斯战争的考验而被撤职。

另一个是脱离实际,靠捕风捉影甚至编造事实来写报道的记者客里空。他听说戈尔洛夫的儿子在前线牺牲了,没有采访便在报道中写道:"老将军知道他的爱子阵亡了,垂下头来,久坐不动。然后抬起头来,他眼睛里没有眼泪。没有,我没有看见!他的眼泪被神圣的复仇的火焰烧干了。他坚决地说:'我的孩子,安眠吧,放心吧。我会报仇的。我用老军人的荣誉发誓。'"在把报道发往莫斯科的时候,客里空才提出要"在电话里和总指挥商量商量"。有人质疑:"在电话里你怎么能看得见总指挥的眼睛呢?你却描写得那样逼真。"客里空辩解说:"我的天呀,假如我只写我所看见的,那我就不能每天写文章了。我就一辈子也休想这样出名了。"

把剧本推荐给《解放日报》发表后,毛泽东仍感不如人意,又让人写了一篇题为《我们从考涅楚克的〈前线〉里可以学到什么》的社论,发表在6月1日的《解放日报》上面,全文约3600字,为毛泽东修改定稿。毛泽东的改稿保存了下来,满篇都是他重新写的文字,说是毛泽东的文稿,也不为过。

中国共产党应该从《前线》里学到些什么呢?社论说:"我们所处的环境,是长期农村分割的游击战争环境,在这种客观环境中,容易产生戈尔洛夫这样的人。"我们应该"紧紧地同着时代一起走,这就是说,不做超时代的梦,也不落后于时代的发展"。以戈尔洛夫为戒,将帮助我们提高在已经到来和将要到来的新情况下"胜任愉快地运用新条件来工作的能力","将帮助我们教育出很多才德兼备、智勇双全的干部"。社论还说:"有价值的批评,像《前线》这样的批评,乃是每个革命者应有的责任。学会赞扬好的,这是很重要的,学会批评不好的,这也同样重要。像《前线》中的新闻记者客里空那样,倒是不好的。"

发表剧本和社论后,毛泽东又提出把《前线》和郭沫若的《甲申三百年祭》一道作为全党的整风学习文件。1944年6月7日,中共中央宣传部和总政治部联合发出通知，要求各地将两书翻印，在干部中散发，并开展评论，在有条件的根据地可排演话剧《前线》。通知还说，《甲申三百年祭》和《前线》"都是反对骄傲的"。"这两篇作品对我们的重大意义，就是要我们全党，首先是高级领导同志无论遇到何种有利形势与实际胜利，无论自己如何功在党国、德高望重，必须永远保持清醒与学习态度，万万不可冲昏头脑，忘其所以，重蹈李自成与戈尔洛夫的覆辙。"

1944年7月28日，毛泽东在为中宣部起草的给各地各级党委电报中，又郑重地要求把《解放日报》发表的一篇文章，"连同《前线》剧本一道，均作为各地党校、军校、训练班、整风班及普通中学以上学校的教材"。

党内高层干部如何响应

毛泽东推荐《前线》之初，当时担任中央社会部副部长的李克农，就召集社会部文娱科所属枣园文工团十几个骨干开会说：毛主席决定在中央党报上发表《前线》剧本，作为全党的重要学习材料，是一件罕见的事情。如果把剧本搬上舞台，意义更大。

1944年9月，中共中央副秘书长李富春看了枣园文工团排演的《前线》，当即决定在杨家岭中央大礼堂为中央机关工作人员安排四场正式演出。中央领导人中，第一个来看演出的是周恩来，第二天，还把导演和主要演员请到自己的窑洞进行座谈。周恩来说：毛主席把《前线》提到全党认真研究的地位，是他的战略思想的体现，是要求党员干部提高政治和思想素质，做好充分准备去夺取抗日战争的最后胜利。9月29日晚上，毛泽东和刘少奇、朱德、任弼时集体观看此剧。据在场的人回忆，毛泽东不时与坐在身边的刘少奇议论着剧中的人物。演出结束后，毛泽东提出这部话剧要"到处演"。随后，枣园文工团在中央党校、陕甘宁边区政府等机关做了巡回演出。

中央社会部的文工团首演《前线》不到两个月，中央党校和鲁迅艺术学院又联合公演了《前线》。1944年深秋，主持中央党校工作的彭真看后对人说：这部话剧对中央党校来说更加重要。这里集中了各个时期的干部，各方面军的干部，各根据地和国统区的干部，还集中了在延安学习的七大代表。毛主席推荐话剧《前线》，是让大家思考一个问题，新生事物总是要代替旧的东西，这是历史发展的规律，也是我们革命事业取得胜利的规律。随后，彭真还提出，集中延安的优秀戏剧人才再排《前线》。

根据彭真的要求，由萧三、沙可夫、李伯钊、沙蒙、王滨等组成导演团，演员有凌枫、王大化、舒强、田方、陈强等，许珂、钟敬之负责舞台设计。排演过程中，彭真和大家一起讨论剧情，还请来在党校学习的宋时轮将军给演员们讲解剧本中的军事问题，请来在苏联学过军事，不久即担任东北野战军炮兵司令员的朱瑞讲苏联的军队与炮兵。排演时遇到一个困难，满台都是苏联红军，但找不到那么多呢子军服。359旅旅长王震听说后，从南泥湾送来他们自己生产的20套黄呢子军服，稍加装饰便成了苏联红军军装。这台《前线》公演后，中央党校六个大部的学员及公务员五六千人，全都观看了，一些人还看了两遍。1945年5月召开党的七大期间，还给全体代表专场演出，毛泽东和其他中央领导人又一次看了这出话剧。

延安带了头，不少抗日根据地和抗战胜利后的解放区，也相继排演《前线》。华中局党校排演这部话剧就明确说是为了配合已进入尾声的整风学习。秦之风在题为《新四军的整风运动》的回忆文章中说:"整风中,大家都以这两个典型人物为镜子,对照自己的不良作风,都以不要做'戈尔洛夫'和'客里空'而互相勉励,掀起了深入实际,调查研究的热潮。上上下下,歪风邪气普遍没有了市场,正派作风发扬光大,各单位呈现一派新的气象。"巧合的是,1945年8月10日晚上,新四军苏浙军区司令兼政委粟裕,就是在观看话剧《前线》的晚会上,得知日本政府乞降并当场向观众们宣布这个消息的。

《前线》和一代风气

在新中国成立前后的一段时间里,"戈尔洛夫"和"客里空"这两个《前线》中的人物名字,经常出现在各级领导干部的讲话和文章当中。人们常常联系身边的情形,把那些脱离实际、不求进取、骄傲自大的人称为"戈尔洛夫";把那些不顾实际情况,吹牛拍马、说空话假话的人称为"客里空"。而《前线》中的另一个人物欧格厄夫军长,则成为勤于学习使自己适应新形势的典型。

毛泽东和党内高层,是怎样借用《前线》来倡导新的一代时风的呢?

1945年2月15日,毛泽东在中央党校的讲话中说:"苏联十月革命后二十多年了,……但是他们还出了戈尔洛夫式的人物。所以要有思想准备。"这年4月25日,在七大会议上的讲话中谈到知识分子干部要和工农群众交朋友时,毛泽东又强调不要和"打胭脂水粉"的《前线》里的客里空"这类爱吹爱拍的人交朋友。据《杨尚昆日记》记载,在1949年3月5日七届二中全会上的讲话中,毛泽东再次说道:"要提出新任务,使全党同志来不及骄傲！不要出戈尔洛夫。"

在其他高级领导干部中，比较早地在正式场合谈论《前线》人物的是彭真。1944年7月，他在中央党校整风大会的总结报告中，针对新老干部之间常有互不服气的现象，提出："新老干部应该互相帮助，互相学习，取长补短，这样就容易搞好团结。""说老干部是戈尔洛夫，新干部是吴部长（话剧《同志，你走错了路》中能说会道的具有教条主义倾向的知识分子干部。——引者注），这些都是片面的。"

1947年6月，在解放战争最艰苦的时候，朱德视察了晋察冀解放区。他担心当地的老干部砸掉自己的"金字招牌"，特意提醒："现在我们老干部中，有一些戈尔洛夫，认为自己有二十多年的革命历史，打开了很多地方，发展了党和军队，就摆老资格，骄傲自满。他们忘记了马克思主义者是学一辈子也不会够的，做到老就得学到老。社会是在不停地进步的。"

刘少奇谈论《前线》人物，并明确把戈尔洛夫和客里空联系起来。1948年10月，他在西柏坡对华北记者团发表谈话说："搞'客里空'是会受处罚的。有些资产阶级的记者是靠拍马屁吃饭的。在我们党内，有没有喜欢别人吹拍的戈尔洛夫呢？有的。你批评他，他不高兴，你给他吹吹拍拍，他高兴了。因此，'客里空'还有点地位，因为党内还有资产阶级影响，'客里空'还能靠这点残余吃饭。不过这不可靠，哪一天一说整党，就糟糕了，靠资产阶级影响得彩的'客里空'一下子就不行了，这是他们应该有的前途。不靠广大人民吃饭，不靠真理吃饭，你的事业就靠不住。"

刘伯承喜欢《前线》，在解放军高级将领中最为有名。在解放战争时期，他经常借"戈尔洛夫"告诫领导干部不要故步自封，犯经验主义错误；借"客里空"教育各级参谋人员在处理军务时不要凭想当然办事，要杜绝粗枝大叶的"差不多"现象。邓小平在《悼伯承》一文中，写了这样一段话："1946年下半年，正是晋冀鲁豫解放区战事频繁的时候，平均二十天就要打一仗。在那种情况下，他还抓紧一切空隙时间补译、校订《合同战术》一书。他很欣赏苏联著名话剧《前线》，多次强调不要做戈尔洛夫式的保守人物，而要像欧格厄夫那样勇于接受新鲜事物。伯承自己就是面对新形势下的作战特点，最早重视汲取各国现代军事科学成果，最早把教育训练提到我军建设战略位置的领导人之一。"新中国成立初期，作为南京军事学院的院长，为推进军队建设正规化，刘伯承还向学员们提出了这样一个公式："杨得志＋罗哈里斯基＋麦克阿瑟－戈尔洛夫＝X？"。《前线》虚构的"戈尔洛夫"同现实中的中外将领一道，成为他总结军事指挥经验的形象素材。

在其他元帅当中，徐向前和陈毅也经常谈论《前线》人物。徐向前1947年12月26日在晋冀鲁豫军区训练教育会议上说："我们要反对戈尔洛夫思想，摆老资格不学习就是戈尔洛夫，大干部摆老资格是大戈尔洛夫，小干部摆老资格是小戈尔洛夫。谁不愿当戈尔洛夫，谁就应该好好学习。"这段话当时曾被广为报道。陈毅在战争年代曾引用《前线》人物告诫部下，要"继续学习新技术，千万不要做戈尔洛夫式的人物"。1961年7月，他在写给孩子的诗中还叮嘱："汝要学技术，专业应精通。勿学纨绔儿，变成百痴聋。少年当切戒，阿飞客里空。"

1947年6月，《晋绥日报》编辑部与新华社晋绥总分社在该报上专门开辟了《不真实新闻与"客里空"之揭露》专栏。晋绥分局书记兼晋绥军区政治委员李井泉总结这次活动时，要求党政军各部门推广新闻界反"客里空"活动的经验，并认为客里空与戈尔洛夫是分不开的，这两种人在其他工作部门也有，"自满的戈尔洛夫加上一个说谎话的客里空"将使我们打败仗。

党的高级领导干部如此重视《前线》的教育作用，一般党员干部中的情形又如何？这方面的回忆更多。例如，钱之光在《回忆在第十八集团军重庆办事处的战斗岁月》中说，当时在八路军办事处工作的一位老同志因为一件个人的事情发了脾气，影响不太好，在党的生活会上，一些同志对他进行批评帮助时，就联系到《前线》里的戈尔洛夫摆老资格的做法。胡开明在《在晋察冀的日子里》一文中回忆，1945年在《晋察冀日报》工作时，社长邓拓就领导开展了一场"反对客里空"的活动，原因是编辑记者多是从平、津等城市来到解放区的，不熟悉农村生活，曾编发过不真实的报道。晋冀鲁豫军区第六纵队在1946年年底还把《前线》人物写进了工作总结当中，里面说，"半年来经验证明：一切的进步只能从克服戈尔洛夫的观点和教条主义中才能产生"。

从推荐《前线》看领导方法

新中国成立前后，人们借用、引申戈尔洛夫和客里空这两个戏剧人物，有力地推动和体现了一种奋发进取、实事求是的时代风尚。仅此而论，毛泽东推荐《前线》的初衷实现了。这里面，很可以看出一些领导规律和工作方法。

第一，毛泽东十分注意从观察和分析形势入手来把握客观实际的发展趋势，进而抓住要害，引导人们适应新形势。他在1944年抗日战争即将取得胜利的时候和1949年新中国成立前夕，两度宣传和推荐话剧《前线》及其人物，绝非偶然。在事业顺利发展的时候，人们在主观上往往容易滋长的便是戈尔洛夫那样的骄傲自满、不求进取的情绪，缺乏在新的历史条件下尽快胜任工作的能力，容易滋生说假话、空话和套话的不良风气。毛泽东在党的七届二中全会上说的"党内的骄傲情绪，以功臣自居的情绪，停顿起来不求进步的情绪，贪图享乐不愿再过艰苦生活的情绪，可能生长"这段话，也是对推荐话剧《前线》的一个注解。

第二，一种好的时代风尚的形成和发扬，需要在各级领导干部中形成共识，并且带头去倡导、去实行。毛泽东推荐《前线》，得到各级领导干部的广泛响应和理解。仅就前面所述，当时在中央工作的周恩来、刘少奇、朱德、任弼时、彭真、李富春、李克农，以及在部队和地方工作的刘伯承、邓小平、徐向前、陈毅、粟裕、王震、宋时轮、朱瑞、李井泉、邓拓等，都非常清楚和看重《前线》的教育警示作用，或大力支持这部话剧的演出，或带头宣讲，由此才可能实现时代风尚的塑造。否则，毛泽东的期望也只能停留在文件上、口头上，或只在文艺界热闹一下。

第三，适时推介文艺作品和典型材料，能够为领导意图插上形象生动的翅膀，带来鲜明的感染力。毛泽东一贯重视和密切关注文艺作品和典型材料与时代趋势、社会生活之间的内在联系，因而推介起来总是驾轻就熟。在延安，他还先后推荐了京剧《逼上梁山》，倡导演出了京剧《三打祝家庄》。前者是为了在党员干部中普及人民群众创造历史和压迫引起反抗这样一些历史唯物主义观点，后者是为了在党员干部中普及解决问题从分析矛盾的特殊性入手的唯物辩证的思想方法。1944年5月，在推荐《前线》的同时，毛泽东还推荐了郭沫若的《甲申三百年祭》。一部外国戏剧作品，一篇中国历史文章，讲的道理相得益彰，给人的印象鲜明生动，很容易普及。新中国成立前后，"绝不当李自成"、"不要出戈尔洛夫"、反对"客里空"这几句口号，抵得上许多书中讲的大道理,而且其感染效果也非理论书籍和文件比得上的。

《前线》中的"戈尔洛夫"和"客里空",一个看不到形势发展的客观要求,凭主观经验办事,靠吃老本过日子;一个干脆就不接触不研究实际,凭想当然办事。这种自以为是的主观主义作风,在不同的历史时期都会出现,无非是表现形式和具体内容会有不同。防止和克服"戈尔洛夫"和"客里空"现象,自然不会过时。

从毛泽东支稿费看延安知识分子待遇

一

1939年年初,毛泽东办公室的秘书长李六如、秘书和培元,根据毛泽东的意见,写了本《陕甘宁边区实录》。初稿出来后,毛泽东感觉不甚理想,决定另请人修改。1月22日,他给陕甘宁边区政府教育厅厅长周扬写信,"现请你全权负责修正此书,如你觉须全般改造,则全般改造之。虽甚劳你,意义是大的"。信的末尾,又专门告之:"备有稿费(每千字一元五角),当分致你与李、和三同志,借表酬劳之意。"

周扬是否动笔对此书做了修改,不得而知。《陕甘宁边区实录》于1939年12月由延安解放社出版时,版权页上只署有总编"齐礼"一人。值得注意的是,毛泽东给周扬的信中,提到每千字1.5元的稿费,全书10万字左右,算下来150元不是一个小数目。据当时在延安的作家陈学昭写的《延安访问记》,以及徐懋庸的《回忆录》记载,1938年至1939年,延安物价为小米每斤0.13元,猪肉每斤0.2元,鸡蛋每个0.01元。150元可以分别购买1153斤小米、750斤猪肉或15000个鸡蛋。

在1939年的延安每人每天的吃饭标准是多少呢?据当时在延安访问的舒湮写的《战斗中的陕北》中记述:"一般工作人员的粮食是每人日发小米一斤四两,每天菜钱分派方法是:

1. 机关普通是三分钱；2. 延安边区政府是四分钱；3. 武装队伍是五分钱；4. 陕公、抗大是七分钱；5. 医院是一角。"由此比照，大约每人每天花费在 0.25 元左右。

这样算下来，《陕甘宁边区实录》的 150 元稿费，抵得上一个人 600 天左右的生活费。

给《陕甘宁边区实录》发稿费，不是个例。红军长征刚到陕北时就实行稿酬制了。1936 年 8 月，毛泽东、杨尚昆为编辑出版《长征记》联名发出征稿信，便申明"备有薄酬"。10 月，红军总政治部发布的《〈红军故事〉征文启事》里也说，"酌致现金或物质报酬"。1937 年 5 月，毛泽东、朱德联名发出的《中央军委关于征集红军历史材料的通知》还明确讲，"一切创作稿件和纪念品，送来经采用后，均给以五角至二十元的现金酬报"。

1938 年以后，延安知识分子办了许多刊物，不论是铅印的，还是油印的；不论是内部出版，还是公开发行，征稿时基本上都讲明有稿酬，有的还标出具体标准。如 1940 年 8 月陕甘宁边区大众读物社创办的《大众习作》，登出的"约稿"里说："寄来的稿子，凡是登载出来的，每一千字送稿费一元。"《大众习作》属基层刊物，影响力自然比不上中央机关办的《解放日报》《中国文化》，因此，其每千字 1 元的标准，不会是高的。

毛泽东对《陕甘宁边区实录》开出每千字 1.5 元的稿酬，显然与该书的内容和可以预期的影响有关。该书很有些像我们今天发表的一些"白皮书"，具体介绍了陕甘宁边区的政制和组织、统一战线、抗战动员、群众团体等情况，能在国统区发挥的作用，不难想见。毛泽东为该书的题词，点破写作宗旨："边区是民主的抗日根据地，是实施三民主义最彻底的地方。"

1941 年 9 月 10 日，毛泽东在中央政治局扩大会议上作《反对主观主义和宗派主义》讲话,谈到稿酬问题时便强调要按质按需来定标准,认为,"对研究实际问题的文章,要多给稿费。能使马克思主义中国化的教员,才算好教员,要多给津贴"。

二

由此想到知识分子在延安获得的特殊生活待遇。

抗战时期,大批知识分子奔赴延安,被当下一些学者称为"特殊的文化移动现象"。据《延安自然科学院史料》记载,"1938年夏秋之间奔向延安的有志之士可以说是摩肩接踵,络绎不绝的。每天都有百八十人到达延安"。到抗战后期,陕甘宁边区的知识分子总共4万余人。这当中,除各地党组织派来的以外,大多是向往进步和光明的普通知识分子。延安吸引他们的,当然不是物质生活。但作为东道主的边区执政者,中国共产党对知识分子的尊重,最终却要落实到两个方面,一是要让他们有事可干,二是要有相当的物质待遇。在这两个问题上,延安在政策上一点儿也不含糊。

关于有事可干。知识分子大多被安排在边区先后创办的30余所专门院校工作或学习,有的则在机关和一些专业部门工作。此外,他们还成立了各种各样的社团和学会,诸如自然科学研究会、土木工程学会、中国农业学会、生物学会、医药学会、卫生学会、地质矿冶会等等。文化艺术方面的团体、剧社、俱乐部、协会和自办刊物,就搞得更为热闹了。

关于待遇。虽然物资匮乏,生活异常艰苦,但延安对精神劳动的尊重,绝不是停留在口头的赞美,而是通过有差别的供给制,外加专门针对知识分子的稿酬制,给予了切实照顾。战争年代的供给制是一种尽可能平等而非绝对平均主义的分配体制。自抗战时期供给制逐渐制度化开始，供给标准一般按级别不同，在每天伙食标准、每月津贴补助、日常生活实物分配、办公杂费支出方面体现相应差别。

例如，就在毛泽东给周扬写信谈到每千字1.5元稿费标准的1939年1月，八路军总部开始实施《各级津贴之规定》。这个规定将全军除供给制外的津贴补助粗略地划分为六等，其中属第一等的包括正副师长、政委和正副旅长、政委，每月5元，属第六等的有战士、通信员、警卫员、号兵、炊事员、运输员、勤务员、卫生员，每月1元。这是前方作战部队的标准。

全国抗战初期，国民政府给八路军和新四军发些军饷。毛泽东1938年2月3日同苏联军队代表安德利亚诺夫谈道，目前八路军共有8万至10万名战士、指挥员和政工干部（不包括游击队和在边区的后方部队），但蒋介石每月只发50万元，仅能养活4.5万人，平均每月每个士兵只有4元至5元。由于经费严重不足，国共两军兵员待遇相差很多。当时，国民党军队师长每月一般发薪800元，连长发100多元，而八路军师长每月只发薪5元，连长发3元。

在陕甘宁边区的后方机关，1939年颁布了《各机关津贴标准》，共划分为五级，一级5元，发给中央领导及各部门局长以上干部；五级1元，发给勤杂人员、战士等。这样的标准，使八路军总司令朱德，不得不向国统区的老朋友写信借钱，以救济四川家乡的老母。

1939年前后，延安知识分子又享受怎样的待遇呢？

著名学者何干之是1937年8月全民抗日战争爆发后第一批到延安的大知识分子之一。他的待遇是"每月20元津贴费，还派给他一名警卫员"(《何干之文集》第 2 卷，北京出版社 1994 年第 1 页)。

音乐家冼星海 1938 年 11 月到延安，起初生活不习惯。曾负气地对人说："保证我吃鸡，否则一行旋律也写不出。"但很快他习惯了，在 1940 年 3 月 21 日给友人的长信中，他提到当时受到优待，每月津贴 15 元(含"女大"兼课津贴 3 元)。"鲁艺"的其他艺术教员一律 12 元，助教 6 元。这很让人惊讶，"鲁艺"助教的津贴比中央领导人还高 1 元。

此外，1938 年至 1939 年，"抗大"的主任教员艾思奇、何思敬、任白戈、徐懋庸每月津贴 10 元(《徐懋庸回忆录》，人民文学出版社 1982 年第 121 页)。王实味、陈伯达每月津贴 4.5 元(《亲历与见闻——黄华回忆录》，世界知识出版社 2007 年第 43 页)。作家陈学昭的丈夫担任边区医院肺科主任，每月拿到 15 元津贴(陈学昭：《延安访问记》，广东人民出版社 2001 年第 372 页)。1940 年 1 月，印度尼西亚籍华人医生毕道文来到延安，给他的生活待遇是，每月大米 20 斤、肉 10 斤、白糖 2 斤、津贴 20 元。另外，还为他配勤务员 1 名、翻译 1 名、马 1 匹。

以上都是当事人的回忆，应该是可靠的。

三

1941 年 1 月，皖南事变后，国民政府全部停发了八路军、新四军的军饷，并对抗日根据地实行经济封锁，陕甘宁边区财政经济陷入极度困难。用毛泽东的话来说，当时"弄到几乎没有衣穿，没有油吃，没有纸，没有菜，战士没有鞋袜，工作人员在冬天没有被盖"的地步。延安开展的大生产运动，便是为了渡过这个难关。1941年2月，边区银行正式发行边币，发行之初，边币与法币的比价是1元当1元的。不久，边币的比价便开始下降，到1942年6月达到边币3.2元换此前使用的法币1元，到10月间，终于稳定到了边币2.1元换法币1元。

在这种情况下，为规范和确保知识分子的待遇，中共中央书记处于1942年5月颁布《文化技术干部待遇条例》。

这个条例把文化技术干部分为三类。甲类技术干部，每月津贴15元至30元，伙食以小厨房为原则，窑洞一人独住，衣服每年特制棉、单衣各一套，其妻儿因故不能参加工作或学习者，其生活待遇与本人相同。同时期，八路军卫生部各类技术员，按其学历经历工作成绩而增加补贴，其中规定，医药卫生技术干部也分甲、乙、丙三类。甲类医生凡在国内外医科专校毕业并有3年实际工作经验者，每月津贴60元至80元，护士凡专门护校毕业者每月20元至40元，司药以上者一律吃小灶，甲类医生及其家属与本人待遇相同。

1942年，中共中央政治局委员的津贴是多少呢？每月10元，比文化技术干部中护校毕业的护士最低档收入还要低10元。此外，文化人如果发表文字作品，还有稿酬收入；做技术工作的如果有突出成就，也有奖励。里外里一算，党政机关干部的待遇和文化技术人才相比，差距实在是不可以道里计。

延安对著名文化人和知识分子的优待，在萧军身上算是一个典例。1941年7月，萧军想离开延安，给张闻天写信，提出借1万元路费，张闻天回信，答应可以想办法。据萧军7月20日日记，7月18日毛泽东和他谈话时，萧军表示，想过了10月鲁迅纪念会以后再走，并把向张闻天借1万元路费的事说了，毛泽东的回答是："何必说借呢？这里可以想办法的。"

答应给萧军1万元路费不久，8月13日，中央政治局会议讨论成立由凯丰、艾思奇、陈伯达、范文澜、周扬等十来个人组成的中央文化工作委员会，毛泽东亲自批准的工作费用，也只有1万元。就是说，当时中央准备给萧军一家离开延安的路费，便相当于一个中央工作机构的开办费。

最近读到李耀宇口述、李东平整理的《一个中国革命亲历者的私人记录》。口述者随红四方面军长征到陕北后，一直在领导身边或中央机关做后勤工作，1940年春至1941年春曾到延河边上一家名为胜利食堂的饭馆学厨，有时也跑堂。他说：萧三夫妇、萧军夫妇、马海德夫妇、苏联的阿洛夫医生是胜利食堂的常客，他们来吃饭，都引进里屋的"雅间"。萧军那时有钱，点菜花样多，酱牛肉、卤鸡、卤肝、叉烧肉样样都点一些，喝了白酒，剩下的菜，统统打包兜走。在延安，萧军首先要求吃甲鱼，食堂管理员买的甲鱼，一只五六斤重，大概边币一元多一只。江青一两个月来吃一顿饭，看来那时她没有多少钱，每次来只吃两碗馄饨，要不就喝一碗片儿汤。不久，组织上又派李耀宇到离延安较远的一家纺织厂门前开一个小饭馆，当时的菜价是：肉丝面边币两元一碗，炒肉丝、炒肉片每盘边币五元。有天晚上，一个知识分子带女友来吃面，点了两个炒菜，斟了二两高粱酒，要了两碗汤面，临走结账，花了25元。

考述延安这段往事，不觉唏嘘。历史学家钱穆有一句名言："在现实中发现问题，到历史中寻求答案。"的确，人们追根溯源地思考问题以至列举曾经发生的事例，经常都是寻找理由的过程，所反映的其实是对历史的评判，对现实的认识。既然是找理由，就应该找最好的。

中国共产党在延安时期对知识分子的特殊照顾，出发点当然是为争取更多的知识分子投入革命事业当中来，但事情似乎也不只这样简单。它至少还说明：一、中国共产党作为一个马克思主义政党，从来都是向往、追寻、融入，进而最终去代表先进文化的政党。二、尊重知识、尊重人才是中国共产党从延安时期开始就奠定的优良传统。三、在经济收入和物质待遇上，党从来反对自己的干部去攀比其他高收入者。四、知识分子投入为人民和民族的大事业中去，并作出贡献，就会得到理所当然的尊重。

毛泽东和党内领导层的诗性之风

1946年,有一个叫罗伯特·佩恩的美国人到延安采访,听说毛泽东编过一本自作诗词集《风尘集》,遂四处寻访,但直到离开延安也未见到。翌年,他在纽约出版的《中国的觉醒》一书中记述说:"据了解,他(毛泽东)有自己的诗词选集,甚至有可能已经发表——关于其诗词方面的信息很难得到,但名为《风尘集》的选集是一定存在的。《风尘集》的意思是'风沙诗词',可能是表达它们稍纵即逝、动荡不定的特征。但选集,如果有印制的话也是私下印制。"

这个记述留下一个悬念。最近,有人忽然在《林伯渠同志诗选》中发现1936年2月写的两首《读〈风尘集〉有赠》。诗中称赞《风尘集》作者,"吟鞭东指阵云横,要挽银河洗甲兵。入画清词惊四座,划时伟略定三晋。十年辛苦破孤立,举世仓皇仰北辰"。主人公这些文韬武略、纵横捭阖的情状,很像是毛泽东。诗前还有一小序,"正雄师渡河,冲破防共阵线时也",似指毛泽东1936年2月率红军东渡黄河,突破阎锡山晋绥军的防线。由此推论,林伯渠读赞的《风尘集》,正是罗伯特·佩恩当年寻访的那本,看来,毛泽东编出后送给了林伯渠这样的诗友。

以上虽是聊备一说的推论,但共产党里诗人多,领导层内拥有一个以毛泽东为首的时相切磋的诗人群体,确属不争的事实。

中国共产党是一个充满诗性的革命政党。早期著名的共产党人，诗性彰著，大多有比较浓厚的文化人底色。党的两位主要创始人陈独秀、李大钊是新文化运动的先驱，均写旧体诗词。毛泽东、周恩来这批后起之秀，建党前也写了些旧体诗，周恩来还写过新诗。记者出身的瞿秋白，本身就是文艺行家，精通诗、书、文、印。张闻天、陈毅在20世纪20年代初还做过文学梦，写过白话小说。更老一点的董必武、林伯渠、吴玉章、何叔衡、谢觉哉、徐特立，旧军人出身的朱德、叶剑英，均是旧体诗老手、高手。甚至连思维方式"理性"得有些钻牛角尖的王明，也曾用大白话写了不少五言和七言。

捡拾共产党人的历史，有一种景观让人唏嘘感慨。那些成为烈士的著名人物，不少都留有诗作。在他们告别生命时，许多人尚正青春，他们大多习惯以诗明志。其中，李大钊、蔡和森、何叔衡、袁国平、李少石、续范亭、许晓轩、贺锦斋、杨匏安、吉鸿昌和宣侠父留下的是旧体，刘伯坚、恽代英、周文雍、罗世文、车耀先、夏明瀚等一大批人写的狱中诗、绝命诗、就义诗，也属旧体。方志敏、关向应、彭湃、柔石、殷夫、林路基，以及叶挺、赵博生、杨靖宇、李兆麟这类战将的遗作，则属新诗。有的烈士，如邓中夏和瞿秋白，既写新诗，又善旧体。

无论新诗还是旧体，都是共产党人在独特文化土壤上开出的理想之花。因为他们选择的社会主义、共产主义信仰，特别吸引人，特别能够激发出诗的激情和想象，所以才会有那么多的人"砍头不要紧，只要主义真"。他们干事业拼理想，拼人格，拼智慧，拼力气，这若干的拼劲，有时候便"拼"出一片诗性的天地来。比如，三年南方游击战时期，陈毅在一个叫梅岭的地方被敌人包围，"虑不得脱"，自以为今日必死，死前做的一件事，竟是写诗。写了什么诗呢？"此去泉台招旧部，旌旗十万斩阎罗"，就是说，到了阴间，还要率领那些先死的旧部们扯旗造反。写诗和革命都到了不要命的程度，进而让诗性文化和人生实践实现了无缝对接，一体融合。

共产党人在那个年代写诗是件寻常事，在领导层形成了一个诗人群体，也属必然。毛泽东的诗性才华，正是在这样的文化土壤上得以张扬宣达，进而成为这个诗人群体的领袖的。

共产党人的政治影响，在相当程度上也包括诗性文化的影响。1945年，毛泽东把共产党人的诗性之风带到了重庆，这不仅指他的一首《沁园春·雪》，让各色人等见识了共产党人的"文采""风骚"，还指他同国民党大员交往时，把诗词作为上佳的沟通方式。1945年9月6日，毛泽东赴陈立夫、于右任、叶楚伧等人的午宴，席间称道于右任1941年拜谒成吉思汗陵后写就的小令《谒成陵》，还随口念起："兴隆山畔高歌，曾瞻无数金戈。遗诏焚香读过，大王问我，几时收复山河？"这就自然洒脱地向对方传达了共产党人对诗人佳作的欣赏，对佳作背后的民族立场和爱国情怀的称赞。

毛泽东与柳亚子的交往，则直接展露出共产党人的诗性之风和党外民主人士在文化上的共鸣。两人诗心互动，唱和不少，交往特别。一个典型的例子是，1949年进北平之初，毛泽东到颐和园柳亚子住处拜访，柳正在午睡，毛泽东便站在院内太阳底下静静等候。此番情态，与"作秀"无干，根本上是精神文化上的一种默契和尊重。柳亚子是词坛泰斗，是近代以来精神文化界的狂狷奇士。毛泽东1937年给何香凝的信中曾评价柳亚子："像这样有骨气的旧文人，可惜太少，得一二个拿句老话说叫作人中麟凤。"他拜访柳亚子时所尊敬的，当是"人中麟凤"的文化人格。而毛泽东自身的文化人格，也跃然而出。

现在不少人，包括一些拥有诗性的领导干部，比较容易被各种利益异化。柳亚子一生不被异化，虽然不太像一个掌握政治艺术的成熟革命家，但他一生执着率直，诗性真切，在今天的正面价值不小。当然，特立独行的率真，也造成了他的历史局限。但是，率直真切的诗性，是不能否定的，它常常能够逼近文化底蕴，靠近理想人格。从这个角度看毛泽东的尊柳之举，可知并非全然是从统战工作角度出发的。

回到党内领导层的诗人群体。他们的诗性之风和创作状态，大都保持到了晚年。

1973年冬天，80岁的毛泽东以老病之躯整理自己的诗词定稿，说明他内心对其诗人定位还是在乎的。也是在这一年，他写了最后一首作品《七律·读〈封建论〉呈郭老》。笔者前些年曾看到朱德亲属向四川仪陇朱德纪念馆捐献的一批朱德遗物，其中有本1976年2、3月号的大字合订本《诗刊》，是为当时的一批老同志特印的，朱德在上面亲笔写有"1976年4月30日读完"字样。新编本《朱德诗词集》收入最晚的一首诗写于1976年2月，那时他已经整整90岁，离去世不到半年。董必武、林伯渠、吴玉章、徐特立和谢觉哉早在延安时期便成立了"怀安诗社"，新中国成立后仍时相唱和。董必武1975年3月5日创作《九十初度》，称"五朝弊政皆亲历，一代新规要渐磨"，不到一个月后即逝世。异常忙碌的周恩来，诗作不多，但1958年11月17日给邓颖超的信中却提到："有一夜激于志愿军的感人战绩，又临纪念郑振铎、蔡树藩等遇难烈士大会前夕，思潮起伏，不能成寐，因成歪诗一首，送给陈总校正，仍感不能成诗，遂以告废。"周恩来写的这首诗本来已交《人民日报》排印，是在发表的前一天主动撤下来的。陈毅在新中国成立后，填表加入中国作家协会,在擅长何种文学样式那一栏,填的是"写诗",并在20世纪50年代和60年代创作了大量的五言、六言、七言的古风、律诗、绝句。改革开放后,叶剑英在80岁时,还写下"老夫喜作黄昏颂,满目青山夕照明"这样的名句。

可见,由早期革命家组成的诗人群体,没有呈"高开低走"之状,他们的诗性之风没有因为革命胜利而衰减,建设年代仍然有许多新的事物、新的问题激发着他们的诗情。

毛泽东对诗词的爱好和创作,对这个诗人群体的影响显而易见。新中国成立后,他们之间互动不少,诗性之风一派畅然。互动方式,包括相互改诗,相互唱和,相互探讨。

董必武1959年12月读到毛泽东的《读报诗》,在一月之内写了好几首和诗,并在诗前小序说,"前在广州读毛主席读报蛙字韵诗已奉和二律,近读其继作,语长心重,感慨万端,兴婉而微,发人深省。再为二长句和之"。或许是受到党内领导层诗性之风的感染,胡乔木在1964年开始学写旧体,先后创作了16首和27首作品,均送毛泽东修改,花去毛泽东不少工夫。叶剑英听说后,急切地托人找来改稿,连夜体会,连夜退回,对人说,毛泽东的修改是"一字千金"。胡乔木的《词十六首》于1965年元旦在《人民日报》发表,陈毅当天致信胡乔木:"那天在主席处,主席说,乔木词学苏辛,但稍晦涩。"至于陈毅请毛泽东改诗,因公开发表了毛泽东1965年7月21日给陈毅的那封专门论诗的信,已广为人知。毛泽东读到叶剑英发表在《光明日报》的《七律·望远》,颇为欣赏,于1965年生日那天靠记忆书写下来送给前来探望的亲属。

对这个诗人群体的创作特点,毛泽东也时有点评。他在给陈毅的信中说:"如同你会写自由诗一样,我则以对长短句的词学稍懂一点。剑英善七律,董老善五律,你要学律诗,可向他们请教。"1975年又对人讲:"董老的诗醇厚严谨。陈毅的诗豪放奔腾,有的地方像我,陈毅有侠气、爽直。叶剑英的诗酣醇劲爽,形象亲切,律对精严。他们都值得我学习。"

党内领导层的诗人群体,不是一般文人兴趣的投合,他们是革命家、政治家,诗作虽不乏闲适雅趣,更多的诗情共鸣则来自时事大势。是合时而著的理念、共同实践的基础和未来理想的一致,把他们聚在了一起。同时,他们也不简单把诗词作为政治表达工具来运用,更非晃着半瓶水出于其他什么目的来附庸风雅。他们讲究声韵格律,深研创作规律,真正把写诗当作了一件严肃而高雅的事情。

革命的胜利当然不是靠写诗写出来的,国家也不可能靠写诗就能建设好、发展好,这方面我们有1958年民歌运动和放各种"文艺卫星"的教训。但是,"莫言马上得天下,自古英雄尽解诗"。唐代有个叫陈陶的人,在沛县刘邦老家看到他唱《大风歌》的地方,油然吟出这两句诗。但凡是英雄,大概多少有些诗书胸臆。回头看中国共产党内的革命家和那些兼擅诗词的烈士,何尝不是如此?再回头寻觅党内领导层的诗性之风,似乎又添一层启发:政治家们在业余时间如果真正把读诗写诗当作一件严肃的事情来做,风雅是可以上升为高雅的,旧俗也会成为脱俗。高雅脱俗的诗性之风,固然不能够保证人们不去做低俗之事,但毕竟能言志明志,折射追求和境界;有时候,或许还可适当缓解去做低俗之事的冲动。

所谓"诗教""诗养",或此之谓也。

大秀才与小秀才

　　你们看过《三国演义》和《水浒传》,《三国演义》里有三个国家,每个国家都有知识分子,有高级的,有普通的,所谓穿八卦衣,拿鹅毛扇的就是知识分子,梁山泊没有吴用、公孙胜、萧让这些人就不行,当然没有别人也不行。无产阶级要翻身,劳苦大众要有知识分子,任何阶级都要有为他那个阶级服务的知识分子。……周公就是奴隶主的圣人,诸葛亮、刘伯温、《水浒传》上的吴用,都是封建社会的圣人。

　　这段话出自毛泽东1945年4月在中共七大上的讲话。在他关于知识分子的言论中,是比较生动也有味道的一段,从中可看出他对事业团队结构的某些期待。

　　任何事业要搞出大的局面,必须"有高级的,有普通的"两类知识分子参与其间。前者通变时势,有大局胸怀,能够从宏观上参与决策,制定战略,实际上已进入事业的领导层;后者是专业性的,即从事文化教育、科学技术和人文社会科学研究的知识分子。对党内知识分子,毛泽东常以"秀才"称之。秀才也有大小之别。毛泽东在前面提到的梁山英雄集团中的军师"智多星"吴用和善于模仿名人字体的"圣手书生"萧让,便分别是梁山上"高级的"大秀才和"普通的"小秀才的代表。

　　毛泽东对事业团队结构的这种认识,是从历史经验中得来的。所谓历史经验,一是中国传统经验,一是中共党史经验。

先说中国传统经验。

历史上成气候的政治军事集团,大多拥有谋大局的大秀才,帮助集团核心人物做出深谋远虑或当机立断的决策。战国时,魏、赵、楚、齐的"四君子",实际上就是各国君王的"首席顾问"。这些大秀才为了更好地给君王提供政策咨询,大兴养士之风,甚至有数以千计的门客,其中多是各有专长的小秀才。最有意思的是《说唐》和《隋唐演义》描写的瓦岗寨集团的那个徐茂公,其原型李勣,真名徐懋功,本为英勇善战的将领,不知怎么,在民间却变成了摇鹅毛扇的大秀才。大概是瓦岗寨故事传播过程中,人们感到缺乏一位军师,便把他拿来充任,以后就定了型。这说明传统文化对政治军事集团这种成员结构的期待和认同,何等深切。

这种期待和认同,也常常反映在毛泽东的读史体会中。他1975年同身边工作人员议论《资治通鉴》时说:"秀才读书多,见识广,可以出谋划策,帮助取天下,治理国家,历代的名君都离不开秀才。"这里说的,自然是大秀才。

三国时曹魏集团的大秀才刘晔,有两件事很为毛泽东欣赏。1966年3月,他在杭州一个小型会议上讲:"曹操打过张鲁之后,应该打四川。刘晔、司马懿建议他打。刘晔是个大军师,很能看出问题。说刘备刚到四川,立足未稳。曹操不肯去,隔了几个星期,后悔了。曹操也有缺点,有时也优柔寡断。"曹操的后悔,说明集团核心人物的决策并非事事皆善,需和大秀才的建议形成互补关系。毛泽东欣赏刘晔的另一件事,是裴松之在《刘晔传》注里说的,魏明帝想伐蜀,朝臣皆曰不可,唯刘晔私下里表示支持，但又公开对人讲"不可伐"。有人把刘晔的"两面派"做法告诉了魏明帝，魏明帝感到奇怪，就让刘晔来对质。刘晔看到有对质的人在，一言不发，等没有人时，便责备魏明帝：攻打敌国，是大谋略，怎么能随便对人讲呢？发兵之前，最要紧的是保密，陛下已泄露机密，恐怕敌国已经知道了。魏明帝明白这个道理后说了一段话："夫钓者中大鱼，则纵而随之，须可制而后牵，则无不得也。"读至此，毛泽东批注说，"放长线钓大鱼，出自刘晔"，还在《刘晔传》一书的天头批注："此传可以一阅。"

毛泽东读史，确也发过一些表面看来相反的议论。所谓"老粗办大事"，即是一例。他在1964年3月提出一个观点："历史上当皇帝，有许多是知识分子，是没有出息的。隋炀帝就是一个会做文章、诗词的人。陈后主、李后主，都是能诗能赋的人。宋徽宗既能写诗，又能绘画。一些老粗能办大事情，成吉思汗、刘邦、朱元璋。"读《明史》，他也有极而言之的感慨："《明史》我看了最生气。明朝除了明太祖、明成祖不识字的两个皇帝搞得比较好，明武宗、明英宗稍好些以外，其余的都不好。"发表这样的议论，与毛泽东当时对教育和文化界的状况不满有关，但也不是随意借古喻今，确实触及一个规律性问题，即要做具有统帅之才的集团核心人物，并非只有秀才才行，一些读书不多的"老粗"，也可能会比秀才干得好。但老粗能成大事，并不是因为排斥了秀才，恰恰是重视和重用秀才，并自觉地和秀才们形成互补关系。毛泽东当然没有忽视这一点，所以他对刘邦和张良、朱元璋和刘伯温的关系称赞有加，还说刘备与诸葛亮的遇合，就像是鱼儿得了水。新中国成立初期，主政大西南的邓小平也说过类似的话，他告诫西南干部：离开知识分子不行，知识分子爱当军师，汉高祖有张良、萧何，明太祖有刘伯温。我们不能小看这个问题,丢了他们是办不好事情的。毛泽东对隋炀帝、陈后主、李后主、宋徽宗等一干知识分子型帝王不感兴趣,主要是因为他们脱不掉小秀才的习性,虽肩负治理天下之责,但辨时势、习军政、治官吏,远没有比写诗绘画作文章来得更有兴趣,终不能成为大秀才。

秀才何以成其"大"?关键在大志向、大胸怀、大见识和大手段。他们重"本本",但不搞"本本主义",不把书本知识当"药罐子",而是紧扣时代的需要来发挥作用,并勇于体验政治风浪,经受得住大起大落、大悲大患的惊吓。知识分子绝不会因为地位高了,权力大了,就自然成为大秀才。毛泽东看不起历史上的"书生治国",在现实中也一再批评"书生办报",道理或许就在这里。

对于小秀才,如果把他们放在合适的位置,发挥他们有真才实学而又能够解决具体问题的特点,在毛泽东看来,则是多多益善。明朝冯梦龙纂辑的《智囊》里说到,宣德年间一个叫张恺的监生,做了江陵知县。有大军从江陵经过,要他当天送几百个火炉和炉架到军中。一时凑不齐,现做也来不及,怎么办呢?张恺就集中几百个方桌,让木匠把桌腿锯掉一半,桌面中央凿个洞,安上铁锅送了去。不久,军队又来领取一千多个马槽,他又叫来各家妇女,用棉布缝成马槽形,槽口缀上绳子,再用木桩把布马槽填撑开,喂过马后,又可收卷起来,不管军队前进到哪里,马槽都够用了。毛泽东读后批注:"小知识分子有用。"期赏之心,可以想见。

再说中共党史经验。

属于工人阶级先锋队的中国共产党,能够在以农民占绝大多数的国情土壤上干成事，是一件很了不起的事。共产党除了有好的理想追求和精神作风外，还有一个优点，就是最先起事的，是一批特殊的秀才。

大秀才总是从小秀才里成长起来的。站在党史起点上的有两代知识分子，一是陈独秀、李大钊这些当时的大知识分子，一是毛泽东、周恩来这些当时的小知识分子。毛泽东说，"我们是他们（陈独秀等）那一代人的学生，五四运动替中国共产党准备了干部"。的确，参加一大的12个代表，基本上都是五四运动中崭露头角的小知识分子。中国共产党领导的革命由秀才们最先起事，随后把一些小秀才变成了大秀才。

毛泽东师范毕业时的理想是当教师或记者；他当时确实也是干着这两件事走向革命的。周恩来赴日本留学写下诗句"面壁十年图破壁"，目的是修学储能以待将来。刘少奇、任弼时参加革命时还是上海外国语学社的学生，一心想着出国留学的事。张闻天、陈毅在五四时期则埋头写过白话小说。瞿秋白当时引起轰动的《饿乡纪程》，表明他的实际职业是记者。聂荣臻到欧洲勤工俭学想方设法上的是比利时一所大学的化学工程系。邓小平和陈云参加革命时，一个干的是刻蜡版、办报刊的活儿，一个是商务印书馆里酷爱读书、热心罢工的店员。可见，这些后来叱咤风云的大革命家、大政治家，当初都属于拥有专业志向的小秀才。有人统计过，参加井冈山斗争的人当中有218名知识分子，其中包括留学生、大学生、中专业生、中学生、军校生等，实际上都是默默无闻的小秀才。参加红军长征的知识分子中，曾赴国外留学的便有78位，其中包括红军的总司令朱德、总政委周恩来，以及党的两任总负责人博古和张闻天。毛泽东虽然没有留过洋，但依旧是一身文气，常说自己指挥打仗靠的是"文房四宝"。毛泽东说这句话的时候，离党史起点已经15年了，他们已经不是小秀才了。

筚路蓝缕的革命实践，把小秀才历练成了大秀才，但也没有把队伍里所有的小秀才都历练成大秀才。小秀才能成为大秀才，从党史经验看，无非是信仰成其大，走出书斋到实践中独当一面成其大，善于领导群众成其大，跳出自己的专业看问题做决策成其大。元代的郑介夫提出："儒不能吏，则为腐儒；吏不通儒，则为俗吏。必儒吏兼通，而后可以莅政临民。"毛泽东强调德才兼备，又红又专，能文能武，说的都是这样的意思。

怎样对待、培养和使用秀才，一直是毛泽东面临和重视的一个棘手问题。他和他那一代领导人，多为知识分子出身，注重发挥秀才作用，是很自然的事。但他们毕竟在特殊经历中脱胎换骨，超越了小秀才的境界和作为，也就习惯以自身的经验和体会来对待知识分子，既有高远的希冀，也有算得上严格的要求。对术业有专攻的小秀才，毛泽东经常讲的是要有正确的立场和感情，解决为谁服务问题，实现红与专的统一，等等。有时候虽然也发些文化低的人可以打败文化高的人这类极而言之的议论，甚至做些过头的事，但他从不否认秀才的作用。

革命年代，毛泽东的名言是，"笔杆子枪杆子结合起来，事情就好办了"，在写给到达陕北的作家丁玲的词中，甚至说"纤笔一枝谁与似？三千毛瑟精兵"。延安整风强调知识分子与工农兵相结合，出现知识分子不大吃香的苗头。毛泽东在七大上专门纠偏，强调要"看得起他们，把他们看成我们队伍中很有学问的人，有修养的人，要尊敬他们"。这才有了本文开头所引的那段话。

新中国成立后要治理国家,学习搞建设,更需要知识分子。有老干部想不通,革命那样艰难的事我们都干成了,搞建设还不行吗?为什么要那样重视知识分子呢?于是说"不要他们也行"。1956年1月,毛泽东在知识分子会议上就此反驳:这是"很不聪明的话","现在我们是革什么命呢?是革技术的命,是革文化的命,要搞科学,革愚蠢无知的命。技术革命,文化革命,没有你也行呀,没有他们就不行了"。

1957年反右派运动后,毛泽东一直在思考怎样看待旧社会成长起来的知识分子的问题,经常讲的一句话就是"离不开他们"。1959年1月会见德意志民主共和国政府代表团时说得比较透彻:没有他们,我们不能进行工作,就没有工程师、教授、教员、记者、医生、文学家、艺术家。1961年4月会见古巴文化代表团时又说:我们应该争取旧社会的知识分子,否则我们就无法继续我们的事业。1964年5月,听取国家计委汇报关于第三个五年计划初步设想时,他再次讲:要信任知识分子,如果只按出身,那么,马、恩、列、斯都不行。社会主义理论的产生,只能经过知识分子,工人自己产生不出马克思主义。"文化大革命"中,知识分子又不吃香了,甚至被称为"臭老九"。1975年,毛泽东借用样板戏《智取威虎山》中的台词,说出一句名言:"老九不能走。"

对于有理论修养的秀才,毛泽东一贯的想法是要专门培养,期望甚高。1958年1月在南宁会议上的讲话提纲中,他甚至提出要举办"秀才训练班",讲话中又叮嘱:"省委书记要研究理论,培养秀才。"他在随后起草的《工作方法六十条》里明确要求:"中央各部、省、专区、县三级,都要比培养'秀才'。没有知识分子不行,无产阶级一定要有自己的'秀才'。这些人要较多地懂得马克思主义,又有一定的文化水平、科学知识、词章修养。"

毛泽东自己带头这样做。1962年为物色一个帮助看国际资料的秘书，他给邓小平等人的信中提出的条件是："年龄不要太大，……聪明、诚实、有朝气、有造就为理论干部可能的。"所谓理论干部，就是懂理论、懂政策，善于总结现实经验，深刻分析时代问题，有比较高的政治素质和政策水平的干部。

毛泽东晚年重用陈伯达、张春桥、姚文元，自然是想把他们从小秀才变为大秀才。这些人参与中央决策，风光无限，确实有了大秀才的名头。无奈他们搞政治，走上了另外一路。看来，从小秀才变为大秀才，真正把握"大"的要义，端正"大"的方向，实非易事。

"我想搞这个事"
——准备骑马考察黄河、长江的来龙去脉

毛泽东生前多次同人谈起，他有三个愿望：第一个是下放到基层搞一年工业，搞一年农业，搞半年商业。第二个是骑马沿黄河而上到其源头，再从长江源头顺流而下进行考察。第三个是最后写一部书，把一生的事情包括错误和缺点也写进去，并说能够三七开就很满足了。

这三个愿望，最终都没有能够实现。唯骑马沿黄河、长江考察，几近实现，就要出发时被意外之事打断了。其间的来龙去脉，梳理起来，很有意思。

准备骑马考察黄河、长江，不是陡然起意。虽然至今没有看到确切材料说明这个念头是怎么来的，但有两件事值得一提。

一件是1952年10月毛泽东在新中国成立后第一次走出北京考察。当时他经徐州沿黄河故道西行到开封，黄河水利委员会主任王化云向他汇报工作时说，已经组织人去考察黄河源头，考察队已经爬过高山，到长江上游的通天河（在青海南部）测量了地形和水量。毛泽东听后很感兴趣，说那是唐僧、猪八戒去印度取经走过的地方。

另一件事，是1958年1月毛泽东在第十四次最高国务会议上的讲话中说道："明朝那个江苏人，写《徐霞客游记》的，那个人没有官气，他跑了那么多路，找出了金沙江是长江的发源。'岷山导江'，这是经书上讲的，他说这是错误的，他说是'金沙

江导江'。同时,我看《水经注》作者(郦道元。——引者注)也是一位了不起的人,他不到处跑怎么能够写得那么好?"这段谈话,对徐霞客、郦道元因为"到处跑"才有所发现和创见,称道有加,向往之意有所表露。同年3月,毛泽东在成都主持中央工作会议期间,曾专门到灌县看了都江堰水利工程,会后又从重庆乘船沿江而下到达武汉。大概就是在这段时间,他萌生了骑马考察黄河、长江的想法。

毛泽东第一次明确提出这个想法,是在1959年4月5日上海召开的中共八届七中全会上,原话是:

> 如有可能,我就游黄河、游长江,从黄河口子沿河而上,搞一班人,地质学家、生物学家、文学家,只准骑马,不准坐卡车,更不准坐火车,一天走60里,骑马30里,走路30里,骑骑走走,一直往昆仑山去,然后到猪八戒去过的那个通天河,翻过长江上游,然后沿江而下,从金沙江到崇明岛。我有这个志向,我现在开这个支票,但是哪一年兑现不晓得,我想搞这个事。国际国内的形势,我还可以搞,带个电台。开会还是可以搞,比如,从黄河入海口走到郑州,走了一个半月,要开会了,我就开会,或者郑州,或者武昌,或者长沙,或者上海,或者秦皇岛。开了会,我又从郑州出发。搞它四五年,就可以完成任务。

毛泽东在这次中央全会上正式提出骑马考察"两河"全流程,还有一个重要原因,即中央已经同意他提出的不再担任国家主席的建议,第二届全国人民代表大会也将在1959年4月召开,马上就会摆脱繁忙的国务活动,会有比较充裕的时间去调查研究了。从1956年提出不再担任下一届国家主席后,毛泽东多次谈过从一线退下来后的一些打算。1957年5月曾明确表示:"让我暂时摆脱此任务,以便集中精力研究一些重要问题(如在最高国务会议上,以中共主席或政治局委员资格,在必要时,我仍可以作主题报告)。这样,比较做主席对国家利益更大。现在杂事太多,极端妨碍研究问题。"考察黄河、长江,大体属于他想要研究的"重要问题"。在1959年4月中央全会上正式谈到这个愿望,也非兴之所至,显然是思考过的,包括考察的路线和方式,请什么人随行,完成计划所需要的时间,沿途还可以出席中央的会议,等等,都有具体设想。

此后,毛泽东又多次表达这个愿望。

1960年3月22日,他乘专列路过济南,请山东省委和济南军区负责人舒同、杨得志等人上车谈工作,告诉他们:"我就是想骑马沿着两条河走,一条黄河,一条长江。这个想法至今未能实现。你们是不是赞成?不一定一年走完,做调查研究。你们如赞成,帮我准备一匹马。黄河要走完,大概要两年。我还可以调查点地质情况。"

1961年3月23日,毛泽东在广州召开的中央工作会议上又说:"在下一次会议或者什么时候,我要做点典型调查,才能交账。我想恢复骑马的制度,不坐火车,不坐汽车,想跑两条江。从黄河的河口,沿河而上,到它的发源地,然后跨过山去,到扬子江的发源地,顺流而下。不要多少时间,有三年的时间就可以横过去,顶多五年计划,把这两条江,一个顺河而上,一个顺流而下,只准骑马走路,不准坐汽车、火车,身体也可以好一点了,安眠药也可以少吃一点。"

这两次都是正式场合谈话,有原始记录。此外,他在私下里同身边工作人员也多次议论此事。1962年4月,多年担任毛泽东机要秘书的高智调往陕西工作,临走时,毛泽东嘱他"先打个前站",了解一下情况,自己随后就去。这年夏天,他对护士长吴旭君说:1952年我去视察了黄河,可是工作忙,只走马观花地看了看,没干成什么事。一晃十年过去了。高智去西安工作时,我让他先打个前站,沿途做些调查研究,我随后就到。我告诉他我要骑马去,沿黄河走一趟。事情一忙就顾不上它了。

为了实现骑马考察"两河"的愿望,中央警卫局特意组建了一支护卫毛泽东考察的骑兵队,挑选了一批战士和马匹,开始训练。看来,中央大体同意了他的设想,或者在小范围内讨论过。

1964年夏天在北戴河开会和办公期间,毛泽东让身边工作人员做些准备,说去黄河的事可以如愿了,事情不那么忙了,再不搞,就来不及了。这次去黄河,带一个智囊团去,包括搞地理的、历史的、文学的、水利电力的专家,他们是大有用武之地的。大家都骑马,准备一些应付艰苦生活的东西,去找黄河的源头,把这条河从头了解起,让它更好地为民族造福。为此,毛泽东查阅了大量资料,定下出发日期,派出打前站的同志,还让当时担任中央办公厅副主任的汪东兴,把骑兵队的部分人马从北京调来北戴河,催促准备随他考察的工作人员练习骑马。这年71岁的毛泽东,在北戴河的运动就是两项:游泳和骑马。身边工作人员还抓拍了一张他骑在马上手提缰绳行走的照片。从照片上看,为他准备的坐骑是一匹不算高大的白马。这张照片后来曾挂在北戴河毛泽东住过的房间里。

所有的准备工作都在有条不紊地进行。不料天有不测风云。1964年8月5日,突然发生了"北部湾事件",美国军队扩大印支战争,连续轰炸了越南北方,还调集大批舰艇,云集在越南北方沿海一带，大有进攻之势。如果越南北方遭受攻击乃至被美国占领，中国自然受到威胁。于是，抗美援越势在必行。8月6日早晨，毛泽东在审阅谴责美国侵犯越南民主共和国的《中华人民共和国政府声明》稿时，写下一个批示："要打仗了，我的行动得重新考虑。"所谓"我的行动"，即指骑马考察"两河"之事。据身边工作人员周福明回忆，毛泽东取消考察计划时，曾明确告诉他们："黄河这次去不成了，要打仗了。"

此后，骑马考察"两河"的计划一直没有机会实施，但毛泽东并没有放弃这个想法，他对护士长吴旭君说：以后我还是要去的。那次没去成，太可惜了，一切都准备好了。一个人要办成一件事并不容易。1965年1月13日，他又向从陕西来北京出差的高智打听，从西安到郑州铁路沿线的路况，有多少涵洞，最长的涵洞行车需要多长时间，哪段路好走，哪段路不好走，然后说：我还要沿黄河走一趟。

1972年年初，毛泽东大病一场，在身体刚有所康复时，曾风趣地对护士长吴旭君说："前些时候我到马克思、列宁那儿走了一趟，他俩说，你那个国家的钢、粮食还太少，再说你还要去黄河，你就不用这么早来啦，你先回去吧。所以我又回来了。看来，我的一片真诚感动了马克思和列宁，去黄河还是有希望的。"

事实上，这时的毛泽东已近80岁，无论是身体，还是政治形势，抑或是他关注的焦点，都不再让他有去考察黄河、长江的机会。不用说骑马，哪怕是坐汽车、火车去，也不可能了。

失之交臂的国情大考察

对毛泽东来说，骑马考察黄河、长江的设想未能实现，等于是失去了一次国情大考察的机会。

骑马考察，本来就是要搞一次别开生面的调查研究。大体说来，是想把读"有字书"和读"无字书"结合起来。

毛泽东一生爱读"有字书"是众所周知的，但他同样爱读"无字书"。"有字书"是前人或别人从实践中得出来的经验总结，读"无字书"就是自己直接去经历、去体会、去总结实践经验。这两个方面是不可偏废和互相替代的。

新中国成立后，毛泽东亲自做过三次大规模调查研究。一次是1955年为农业合作化问题，集中阅读了176篇反映各地农业合作化情况的材料，并为其中的104篇写了按语；另一次是1956年年初围绕社会主义建设问题，用两个半月的时间，分别找34个部委负责人听取汇报；还有一次是1961年为调整农村政策，亲自组织和指导三个调查组分赴湖南、浙江和广东调查。

这三次调查，同战争岁月的调查研究比起来，毛泽东仍觉得有很大欠缺。1961年1月在北京召开的中央工作会议上，谈到新中国成立以来对实际情况不大摸底的原因时，他感慨地说："大概是官做大了。我这个人就是官做大了，我从前在江西那样的调查研究，现在就做得很少了。"骑马考察"两河"，似乎是想重现当年在中央苏区搞调查的情景。为此，他反复强调不准坐汽车、火车，只许骑马和走路，称道徐霞客的徒步考察"没有官气"，说"想恢复骑马的制度"，等等，这固然与两条河上游一些地方不通车有关，也有极而言之的意思，但确实反映出他想同坐车考察的形式做些区别。

从青年时期开始，毛泽东就推崇行万里路，读"无字书"。他在湖南第一师范读书时写的课堂笔记中，就有这样的话："闭门求学，其学无用。欲从天下国家万事万物而学之，则汗漫九垓，遍游四宇尚已。"笔记中还举了两个例子。一个是大历史学家司马迁，毛泽东说他"览潇湘，泛西湖，历昆仑，周览名山大川，而其襟怀乃益广"；一个是明末清初的大思想家顾炎武，毛泽东说他"事关民生国计者，必穷欲溯本，讨论其所以然。足迹半天下，所至交其贤豪长者，考其山川风俗，疾苦利病，如指诸掌"。有意思的是，青年毛泽东曾从报上看到一个学生徒步游历，走到了西昌一个叫打箭炉的地方，便起而效法，在1917年夏天自称"游学先生"，徒步考察了湖南五个县的城乡，写了几大本笔记。

"行万里路"途中的"读书"，无非两种。一是"看读"，看沿途所见之景物风俗和世相人事这些"无字书"，看沿途的方志书籍。二是"听读"，即打听、请教、和人交谈。在1961年3月的广州中央工作会议上，毛泽东曾回忆起30年前在江西寻乌同破了产的商会会长、县衙门管过钱粮的小官吏和穷秀才等"谈了好几天"的事情，还说，让他第一次晓得中国监狱全部腐败情形的，是湖南衡山县的一个狱吏，也是"跟他谈了一两天"。

这样的"听读"，和我们今天熟悉的听汇报、搞座谈有些区别，现场讲述者通常不会在事先做充分准备以过滤真情实感的材料，更不会形成书面发言。毛泽东在延安时期曾这样回忆1930年在江西兴国搞调查的情形：

> 我在兴国调查中，请了几个农民来谈话。开始时，他们很疑惧，不知我究竟要把他们怎么样。所以，第一天只是谈点家常事，他们脸上没有一点笑容，也不多讲。后来，请他们吃了饭，晚上又给他们宽大温暖的被子睡觉，这样使他们开始了解我的真意，慢慢有点笑容，说得也较多。到后来，我们简直毫无拘束，大家热烈地讨论，无话不谈，亲切得像自家人一样。

在毛泽东心目中，在考察中把"看读"和"听读"结合得好的，是北魏的郦道元和明朝的徐霞客。1959年4月在中共八届七中全会上第一次提出骑马考察"两河"设想时，他明确讲"我很想学明朝的徐霞客"。随后又向与会者推荐《徐霞客游记》，讲了一通徐霞客的事迹，称他是"地理学家"，说徐霞客一辈子就是走路，全国差不多都走遍了，而主要力量用在长江。此前还称赞郦道元如果不跑路调查，就不能写出《水经注》这样的书。

毛泽东一向认为，地理知识不限于地理课讲的地质形貌和资源分布。他在青年时代的一封信中提出："地理者，空间之问题也，历史及百科，莫不根此。""地理，采通识之最多者也。"所谓"通识"，包括教育、风俗、政治、军事、产业、交通、宗教等，"无一不在地理范围之内"。好的地理书就像各地的方志一样，属于特定区域的"百科全书"，既有"存史"之用，也具"资治"之益。毛泽东在1958年3月成都中央工作会议上曾明确提出全国各地都要编修地方志，用意在提醒各级干部，要了解和研究某个区域的问题，若不知道其各方面的历史和现状，就难以找到事物矛盾的特殊性，就不可能有针对性地解决问题。

新中国成立后，毛泽东到各地视察或开会时，总是找当地的志书来读，这是他把"看读"和"听读"结合起来进行调查研究的方式。历史上有一个"下轿伊始问志书"的典故，说的是南宋大儒朱熹到南康郡（今江西星子县）走马上任，当地属官们轿前迎接，他下轿开口就问《南康志》带来没有？搞得大家措手不及，面面相觑。毛泽东1959年6月30日到庐山时，曾对湖南省委书记周小舟等人讲了这个典故。毛泽东那年是第一次到庐山，到的当天清晨，略事休息便借阅了民国时期吴宗慈修的《庐山志》，随后又让人找来吴宗慈编的《庐山续志稿》。他在书里做了一些眉批，看后对周小舟等人说：这部《庐山续志稿》很好，对理解现代历史有参考价值，蒋介石的庐山谈话都记录下来了。

与黄河、长江流域相关的地理方志，除了《水经注》和《徐霞客游记》外，毛泽东还读了不少。如1952年10月那次黄河故道行，10月30日晚在开封便读了《河南通志》和《汴京志》。1958年3月4日下午，毛泽东一到成都，立即要来《四川省志》《蜀本志》《华阳国志》阅读，此后，又要了《都江堰水利述要》《灌县志》等书，就连《武侯祠志》也读了，还在书上批画圈点。

1958年3月在成都召开的中央工作会议期间，山西省委书记陶鲁笳向毛泽东汇报说："山西同北京商量，为了解决工农业和城市的缺水问题，我们有一个共同的雄心壮志，想从内蒙古的清水河县岔河口引黄河的水200个流量，100个流量经桑干河流入官厅水库，100个流量入汾河。科技人员经过勘查，已提出了初步设想。"毛泽东表示同意，说"黄河很有用，是一条天生的引水渠"，同时指出："你们的设想，算什么雄心壮志？不过是继承古人的遗志而已。你们查查班固《汉书·沟洫志》，汉武帝时就有一个人建议从包头附近引黄河水经过北京,'东注之海'。"这番谈话表明,毛泽东大量阅读地理方志,常常在不经意间化为了"资治"之用。可以设想,如果他骑马考察黄河、长江能够成行,沿途所读地理方志,当不知几何。

准备骑马考察"两河",毛泽东多次讲要请搞地质的、生物的、水电的、历史的和文学的专家一同前往,在他的设想中,这无疑将是一次采集"通识",把自然和社会、历史及现实结合起来的综合性考察。如果能够成行,带上各方面的专家,沿途又向当地的干部群众了解情况,将会是名副其实的国情大考察。

历史不能假设,与毛泽东失之交臂的国情大考察,给人们留下一个不小的遗憾。历史的遗憾也会留下启示。历史的进步,就包括后人在新的条件下捡拾、总结和弥补前人留下的遗憾。

"两河"情结与西部梦想

毛泽东设想骑马考察黄河、长江，与当时正在酝酿的三峡大坝建设和南水北调工程这两大战略规划直接相关。

新中国成立后，毛泽东很关注综合治理和开发利用黄河、长江这两大水系。他曾于1952年、1953年、1954年和1955年四次视察黄河，于1953年和1958年两次乘船考察长江。这几次考察，主要是酝酿两个战略工程：三峡大坝和南水北调。

从1952年到1958年，毛泽东分别同黄河与长江两个水利委员会主任王化云、林一山进行多次谈话，他向王化云了解从长江上游通天河引水到黄河的调查情况，同林一山商量南水北调的线路，还在地图上用铅笔先后指着长江上游的白龙江、嘉陵江干流的西汉水以及汉江等处，问行不行，要求林一山"立即开始查勘，一有资料，就给我写信"。1958年1月和3月在南宁、成都召开的两次中央工作会议，重要内容就是讨论三峡工程是否上马，在成都会议上形成了《中共中央关于三峡水利枢纽和长江流域规划的意见》。这个《意见》既包括三峡工程的规划，也体现了南水北调的设想。毛泽东在会议讲话中说道："打开通天河、白龙江与洮河，借长江济黄，丹江口引汉济黄，引黄济卫，同北京连起来。"这里所讲的就是今天拟议中的南水北调的西线和已经建成的中线。

在当时条件下，这些构想是否可行，自然要有科学依据，要经过充分调查。《中共中央关于三峡水利枢纽和长江流域规划的意见》说得很清楚，从长远的经济发展和技术条件考虑，三峡水利枢纽是需要修建和可能修建的，"但是最后下决心确定修建及何时修建，要待各个重要方面的准备工作基本完成之后，才能作出决定"。而实现南水北调的设想，就更需要长远的充分准备了。

长远准备，不是消极等待，总要有所作为。怎么作为？毛泽东讲过几次，说他在北京待久了，脑子里面就空了，一走出去，就有了东西。这当然是极而言之，却反映了他的一个鲜明主张：一定要走出去，到实践中，到实地去，才能有所发现，有所创见。更何况，三峡大坝和南水北调这两大战略规划，是事关全局的重大决策，前人的考察代替不了后人的考察，别人的考察有时也代替不了自己的考察。在这种情况下准备亲自骑马考察黄河与长江流域，其目的显而易见，就是为了调查两条河的地质和水利资源。毛泽东说要带地质学家和水利专家一同前往，盖因于此。

黄河、长江流域是中华民族的发祥地。中华文明的发生和发展，沿着长江、黄河流域展开，人们习惯上称它们为"母亲河"。说起来也还有一个并非偶然的情况，作为诗人的毛泽东，对这两条河的吟唱和赞美恰恰分别成为了他在革命和建设年代的代表作。他的千古绝唱《沁园春·雪》，是1936年率红军从陕北渡黄河东征时所写，描写的是黄河壮景；他的《水调歌头·游泳》则是1956年在长江游泳时写出来的，当时他正畅想着对长江的开发和治理。长江、黄河流域，事实上包括了中国的南方和北方，东部、中部和西部，在地理资源、民俗文化、经济产业、边疆民族等方面，展示着中华民族的历史和现状。进入全面开展社会主义建设的时期后，对典型而又集中体现国情的长江、黄河流域，亲自做一个比较全面的了解，在毛泽东提出一些战略性的国家经济社会发展构想过程中，似乎是必备之举。

按毛泽东的设想，他骑马考察黄河、长江，重点是两河的源头和上游。规划的具体行程是沿黄河往上一直走到昆仑山，到达通天河，再从那里翻过山到长江的发源地，然后沿金沙江而下到长江。两河上游流域是西部血脉和精粹，既是综合治理和开发利用两河的关键，也是开发和建设整个西部的关键。当事人林一山回忆，毛泽东重视南水北调，"主要目的是开发北方，开发西部"，"毛主席对周恩来总理说：我们除了考虑国家内政外交的大政方针外，还要亲自掌握像南水北调、大三峡和铁路通拉萨这样几个重大问题。西部问题很重要的是一个民族团结的问题。民族团结是投多大资、花多大钱都买不到的"（《毛泽东与南水北调工程——林一山同志访谈录》，《党的文献》2006年第1期）。

近代以来，不少仁人志士已经认识到，西部能否发展起来，发展得怎么样，对民族振兴举足轻重。经略西部，利用好西部的资源，进而解决东西部地区生产力和社会发展不平衡的难题，事实上已逐步凝结为一种"西部梦想"。

毛泽东有着深深的"西部梦想"。新中国一成立，西部交通建设便紧锣密鼓地铺排开来。1952年成渝铁路建成通车，毛泽东题词说，"继续努力修筑天成路"；天兰铁路随后通车，又题词，"继续修筑兰新路"。急于开发之意，豁然跃出。修建康藏公路，有两条线路之争，毛泽东果断拍板，"采取南线为适宜"；康藏公路开工，他的题词是，"为了帮助各兄弟民族，不怕困难，努力筑路"；1954年年底康藏、青藏公路通车，他又题词，"巩固各民族人民的团结，建设祖国"。帮扶西部之情，溢于言表。

西部地区在20世纪50年代前期建成的一批交通设施，是新中国成立后经略和开发西部的第一轮成果。毛泽东寄情西部开发的更大战略构想是三线建设。

何谓"三线"？按毛泽东的构想，简单地说，就是东部沿海边疆为一线，中部地区为二线，西部内地纵深地带为三线。何谓"三线建设"？就是加强三线地区的国防和经济建设，把东部沿海的一些工业转移到西部，改善沿海与内地工业布局不平衡的状况。对此，毛泽东1964年5月27日同刘少奇、周恩来、邓小平等中央主要领导人谈话时提出：前一个时期，我们忽视利用原来的沿海基地，后来经过提醒，我们注意了，最近几年，我们又忽视屁股和后方了。"三五计划"要考虑解决全国工业布局不平衡的问题，要搞一线、二线、三线的战略布局，加强三线建设。他强调的"后方"即是指西部，所说的"屁股"就是基础工业。"三线建设"的目的，是加强大西南和大西北的国防和工业基础，以解决东西部工业布局不平衡的问题。这两大块地区，正是长江和黄河的上游流域。

正式部署三线建设，是1964年五六月间的事情。这年夏天，毛泽东准备上路实施他的骑马考察计划，也不是偶然的了。事实上，在部署三线建设战略的时候，毛泽东即已透露出一些消息。在五六月间中央工作会议讨论第三个五年计划的时候，毛泽东就多次强调，应该在长江上游金沙江畔的四川攀枝花建立钢铁生产基地，甚至说：如果大家不同意，我就到成都、西昌开会，西昌不通汽车，我就骑毛驴下西康。搞攀枝花（钢铁基地）没有钱，我把工资拿出来。一个多月后，毛泽东即准备出行考察，显然与这个战略性的决策有关。

在身边工作人员的回忆中，毛泽东骑马考察长江、黄河流域的计划，常常被简化称为"到黄河去"。对于黄河，毛泽东始终有一种特殊的感情。1947年转战陕北，几番辗转于黄河西岸，还曾经指着黄河对陕西葭县（1964年改为佳县）县委书记说，山下的黄河，我们要综合利用它的资源，首先是大兴灌溉。据吴旭君回忆，从20世纪50年代到70年代初，毛泽东至少有9次同她谈起黄河。其中，她记得的话有："你们可以藐视一切，但是不能藐视黄河。""我是个到了黄河也不死心的人。""这条河与我共过患难。""每次看黄河回来心里就不好受。""我们欠了黄河的情。"如果毛泽东的"两河"考察之行能够实现，新中国成立后他没能去过的西部省份，如山西、陕西、内蒙古、宁夏、甘肃、青海、云南、贵州，便都能走到了。

毛泽东的一生，似乎像中国大地上一位没有终点的旅行者。地理意义上的游历，以考察社会历史和现实为依托，以国家的改造和发展为底蕴。有人做过这样的比喻，黄河犹如凸起的弓背，长江恰似拉满的弓弦，这两大母亲河把中华民族编织在了一支蓄势待发的箭上。云贵高原和青藏高原交会相撞的西部，仿佛是一具坚韧的骨骼，往东延伸的无数河流，则像是条条充盈的血脉，这西高东低的地貌走势，恰如一个民族准备腾飞崛起的身姿。按这个比喻，毛泽东骑马考察黄河、长江上游的计划，或许是要细细叩问西部的地理、资源、气象、人文、风俗，叩问西部如何得发展，西部梦想如何得实现。

"美化全中国"

围绕"美丽中国"这个目标，搞生态文明建设，已成为全社会的普遍共识。生态文明是个大概念，其核心是科学处理人与自然的关系，其中包含对自然美的认识、保护、塑造和追求。"美丽中国"这个提法，让人想起毛泽东说过的"美化全中国"，以及他有关保护、改善和美化自然环境的论述。

1919年春天，在五四新文化运动的大潮中，毛泽东开始构想未来新社会的模样。受日本作家武者小路实笃提出并实验的新村主义的影响，他当时曾经想邀请一些朋友到岳麓山建立一个新村。为此，他撰写了一份新村建设计划书，还在1919年12月的《湖南教育月刊》上，公开发表这份计划书中的《学生之工作》一章。

值得注意的是，该章各节始终贯穿着自然美、劳动美的美感教育和审美旨趣。比如，这个计划强调，新村里的学生要上手工课，认为它能"陶冶心思精细"，启发"审美之情"；要从事"种园""种林""花木"等项工作，进而把整个学校种成"植物园"；学生们不是单纯的劳动，必须要"以新精神经营之，则为新生活矣"；整个新村，还要设置剧院和公园这类欣赏艺术美和自然美的专门场所。把上面这些联系起来看，一个中心意思就是要创造一种新生活，而新生活的一个重要内容就是主体能够在一种新精神的指导下进入自然美、艺术美和劳动美的境界之中。

基于这个标准，在青年毛泽东看来，旧时那些"号称士大夫有知识者流，多营逐于市场官场，而农村新鲜空气之不吸，优美景色之不赏，吾人改而吸赏此新鲜之空气与优美之景色，则为新生活矣"。可见，要创造新生活，必须以新精神美化自然环境。这是毛泽东从青年时代就明确和追求的理想社会模样。

战争年代，毛泽东关注到植树造林，而且把这项工作制度化，不是把它看成可有可无，顾得上就做，顾不上就不做的事情。早在1930年10月，红军攻占吉安后，毛泽东写的《兴国调查》就注意到保护山林的问题，提出农民分了山林后，"树木只准砍树枝，不准砍树身，要砍树身须经政府批准"。

中国共产党关于植树造林的第一个正式文件，是毛泽东主持搞的。

中央苏区时期，他担任中华苏维埃共和国主席，同时还是临时中央人民政府委员会主席。1932年3月16日，中华苏维埃共和国临时中央人民政府委员会第10次常委会，通过毛泽东等人签署的《对于植树运动的决议案》。这个《决议案》不仅要求在空山荒地上种树造林，还提出"沿河两岸及大路两旁，均遍种各种树木"，"旷场空地都要种起树来"。此外，还对树木的栽种和保护，以及推进植树造林运动的方法，做了具体规定，比如，要用竞赛的方法来鼓励群众，"在每年春天来进行此种运动"。《决议案》还说，植树造林，"既有利于土地建设，又可增加群众之利益"。"土地建设"，就是改善和优化自然环境；所增加的"群众利益"，当然也包括群众在生活、生产环境方面的利益需求。

这个《决议案》公布后，中央苏区各级政府普遍行动起来，提出每人种10棵树，绿化荒山荒岭的号召。在乡级苏维埃政府，还成立了山林委员会。毛泽东1933年11月到江西兴国县的长冈乡调查，在报告中专门谈到这个乡级苏维埃政府的山林委员会，除主任外另有五个委员，每村一人，职责是"种植和保护"山林；属于私人的山林，如果要砍伐树木，必须征求山林委员会的意见。毛泽东还对长冈乡的植树造林工作提出建议，认为这里的山势土壤不好，应该把树"种在河旁、路近、屋边"。

中央苏区时期，成天打仗，毛泽东如此关注植树造林，显然是把美化自然环境作为了建设苏区新生活的重要组成部分。这个做法，在延安时期沿袭下来，并得以加强。1944年5月24日，毛泽东在延安大学开学典礼上，就感慨地说，陕北的山头都是光的，很不美，像个和尚头，"我们要种树，使它长出头发"。陕甘宁边区政府和参议会，通过了不少制度化的条例，诸如《陕甘宁边区森林保护条例》《陕甘宁边区植树造林条例》等。1946年4月，有关植树造林、发展果木的内容，还写进了《陕甘宁边区宪法原则》。

新中国成立后，毛泽东从植树造林切入，强调保护、改善和美化自然环境的论述就更多了。《毛泽东论林业》便收入了43篇文章、谈话、按语、批示等，时间从1954年到1967年。从中可以看出，在人和自然的关系上，毛泽东当时考虑得比较多的，是如何既促进粮农生产，又有效保护环境，由此落实到如何正确处理农业、牧业、林业关系上。

毛泽东的主张是，在促进农业发展的时候，必须保持水土，保护和培养林木植被。其中说到，开垦荒山荒地，"必须注意水土保持工作，决不可以因为开荒造成下游地区水灾"，"必须同保持水土的规划相结合，避免水土流失的危险"。发展农牧业，必须和发展各种类型的林业，包括防风防沙防潮林和风景林相结合，因为农业、牧业和林业，"三者互相依赖，缺一不可"。

毛泽东提出这种平衡发展、综合利用的要求，是基于这样一种认识："农林牧，一个动物，一个植物，是人类少不了的"，甚至说，"没有林，也不成其为世界"。总之，"天上的空气，地上的森林，地下的宝藏，都是建设社会主义所需要的重要因素"。这些认识表明，毛泽东把植树造林同农业、牧业等经济领域的发展联系起来考虑的同时，已经明确认识到了水土、动物、植物乃至空气这些自然物象对于人类生存的根本意义。

关于保护、改善和美化自然环境，毛泽东最重要的期待，有以下几个逐步递进的说法。

一是"绿化祖国"。这个人们熟悉的口号是他在1956年3月提出来的。其内涵包括："在一切可能的地方，均要按规格种起树来"；"要做出森林覆盖面积规划"；"真正绿化，要在飞机上看见一片绿"；实现绿化不是一蹴而就的事，"用二百年绿化了，就是马克思主义"。

二是"实行大地园林化"。这个口号，是1959年3月提出来的。在此之前，毛泽东1958年8月在北戴河中共中央政治局扩大会议上的讲话中，便集中谈到这个想法。他说：城市里的房子挤得要死，公园太少，人们没有休息的地方，要改变这种情况，"农村、城市统统要园林化，好像一个公园一样"。毛泽东还举了德国的例子，说德国的道路、房屋旁边都是森林和林荫道，"资本主义国家能搞，为什么我们不能搞？"，"我们现在这个国家刚刚开始建设，我看要用新的观点好好经营一下，有规划，搞得很美，是园林化"。

为了实现"大地园林化"，毛泽东还多次谈到"三三制"设想，即将来粮食增产了，可以将现在全部用于种植农作物的土地，拿出三分之一种农作物；三分之一休闲，"种牧草、肥田草和供人们观赏的各种美丽的千差万别的花和草";三分之一种树造林。另外,还要搞些大小水塘和水库,养些鱼、虾、蟹和各种水生植物。最终"使整个农村园林化","乡村就像花园一样"。

三是"美化全中国"。这个口号,是1958年11月提出来的。无论绿化还是园林化,都是为了美观、美丽、美化。所以,"美化全中国"可以视为毛泽东保护、改善自然环境最宏大也是最长远和终极的构想。1958年8月,他就谈道:"要使我们祖国的河山全部绿化起来,要达到园林化,到处都很美丽,自然面貌要改变过来。"

"美化全中国"的目的又是什么呢?问题又回到了人与自然的关系。毛泽东的答案非常明确:"美化全中国",就是"美化我国人民劳动、工作、学习和生活的环境"。这个结论,是他在1966年作出来的。

从青年时代的"新村"构想,到革命年代的植树造林,再到建设时期的"美化全中国",不难看出,毛泽东的社会改造理想,始终包含着人与自然的和谐相处甚至是"美化"相处的内容。毛泽东是诗人,他把自己对自然环境的审美追求融入社会理想,也属必然。

毛泽东提出"美化全中国"的内容和途径,带有那个时代的特点和局限,主要是为解决革命和建设年代所遇到的问题。今天提出的建设"美丽中国"和社会主义生态文明的内涵,要比那时的理解丰富和具体许多。但是,"美化我国人民劳动、工作、学习和生活的环境",却是永恒不变的主题。

毛泽东看少数民族文化

毛泽东比较早地接触少数民族文化，大概是1926年在广东农民运动讲习所当所长的时候。为了解不同地区的民俗风情，他曾发动来自各地的学员抄写故乡的民歌，其中就有少数民族居住区的民歌。1961年3月在广州中央工作会议上，他还颇有兴趣地说：其中包括内蒙古、黑龙江的，只是没有青海、新疆的，从这些民歌里面可以懂得许多东西。后来丢了，非常可惜。毛泽东没有说他从这些民歌中懂得些什么，称其为一种国情民俗的调查，大致是可以的。

后来在长征途中，经过不少少数民族居住区，毛泽东对少数民族的文化风俗有不少亲身见闻。比较集中地感受少数民族文化艺术，是新中国成立初期。1950年10月3日晚上，来京参加国庆典礼的150多名各族代表会集中南海，举行向毛泽东和中央政府献礼的大会。后来人们从电影电视上常常看到毛泽东从各个少数民族代表手里接过哈达、伞、帽子等礼物的镜头，拍的就是这天的场面，其中还有他笑着接过一顶少数民族的帽子往头上戴的画面。献礼结束后，各少数民族的文工团在怀仁堂演出歌舞。参加演出的有西南各民族文工团、新疆文工团、吉林省延边文工团、内蒙古文工团等。看节目的时候，毛泽东高兴地对坐在前排的柳亚子说，"这样的盛况，亚子先生为什么不填词以志盛呢？我来和"。

让人作词，主动唱和，这在毛泽东是罕见之事。柳亚子也很兴奋，自不怠慢，即席赋一首《浣溪沙》："火树银花不夜天。弟兄姊妹舞翩跹。歌声唱彻月儿圆。不是一人能领导，那容百族共骈阗？良宵盛会喜空前。"词中所说的"歌声唱彻月儿圆"，实指新疆哈萨克族民间歌舞《圆月》。柳亚子还在词前附一小序："毛主席命填是阕，用纪大团结之盛况云耳！"第二天，毛泽东便以《浣溪沙·和柳亚子先生》相答："长夜难明赤县天，百年魔怪舞翩跹，人民五亿不团圆。一唱雄鸡天下白，万方乐奏有于阗，诗人兴会更无前。"词中所说"万方乐奏有于阗"中的"于阗"，是指新疆西南部的一个县名，古时候是西域的一个国名，在新疆和田一带，西汉时归附中央王朝。毛泽东在词里提到它，实写新疆歌舞团表演的节目，言下之意，连古称"于阗"的偏远之地都献歌献舞，怎能不是"万方乐奏"的大团结景象呢？

有意思的是，在于阗（今称于田），还确实出现了一桩让毛泽东兴奋的奇事。有一个叫库尔班的老头，几次三番要骑着毛驴上北京见毛主席。后来，他到了北京，受到毛泽东的接见，并拍下一张很有名的《库尔班大叔见到毛主席》的照片。

对少数民族聚集地区的文化艺术，毛泽东一向主张保护和发展。1952年10月8日，他在接见西藏致敬团代表谈话时提出："经济和文化也需要发展。文化包括学校、报纸、电影等，宗教也在内。过去的反动统治，清朝皇帝、蒋介石，都是压迫剥削你们的，帝国主义也是一样，使得你们人口不得发展，经济削弱了，文化也没有发展。""如果共产党不能帮助你们（少数民族）发展人口，发展经济和文化，那共产党就没有什么用处。"此前，毛泽东还托人给达赖喇嘛带去了一部16毫米的电影放映机和两部电影胶片。

20世纪50年代中期，全面建设社会主义时期即将开始之际，毛泽东及时地提出了大批培养少数民族各方面专业人才的任务。他说，少数民族不仅要有行政干部，要出党的书记，要有军事干部、文化教育干部，还要有科学家、艺术家、工程师以及各方面的人才。

对古代历史，如何看待魏晋南北朝这段历史上的分裂局面，史家众说纷纭。毛泽东提出应该从促进中华民族实现更深刻统一的角度，来作辩证分析。他晚年读史，多次谈道：这期间许多少数民族，纷纷入主中原后，战乱频仍，南北对峙，这不好，但民族大融合，大家庭在新的组合中稳定了，文化也交流了，丰富了。魏晋南北朝时代是个思想解放的时代。

关于满族创建的清朝，毛泽东对其前期历史是充分肯定的。1960年4月人代会期间，他对老舍说，清朝开始的几个皇帝都是有本事的，尤其是康熙皇帝，有三大贡献，一是守住或收复了新疆、西藏、东北边境、台湾等地，我们今天继承的这大块版图，基本上是康熙皇帝时牢固确定了的；二是他的统一战线政策搞得好，先团结蒙古族和其他少数民族，后来又团结汉族的上层人士，全面学习和继承了当时比满族文化先进得多的汉族文化；三是有奖罚分明的用人制度。毛泽东还说，康熙是军事家、政治家，又是大文人，还编辑科技书籍，会几种外语。这番评价，让老舍很感意外。

在文学艺术上，毛泽东很强调民族风格和民族形式的特殊性。在1956年8月24日同中国音乐家协会负责人谈话时，他提出这样一个观点，"艺术的基本原理有其共同性，但表现形式要多样化，要有民族形式和民族风格"，"这是自然法则"。为什么说是一个"自然法则"？毛泽东说："艺术离不了人民的习惯"，

"离不了民族的历史发展。艺术的民族保守性比较强一些,甚至可以保持几千年。古代的艺术,后人还是喜欢它"。

基于这样的认识,毛泽东1955年3月8日同达赖喇嘛谈话时说:要保持本民族的特点。比如,我们中国文工团,到别的国家去演戏,演我们民族的歌舞、戏剧,大受别国人民的欢迎。如果我们全学外国的戏剧,到外国去演出,人家是不欢迎的。每个民族能在世界上在很长的时间内保存下来,是有理由的,就是因为有其长处和特点。

新中国成立后,上演一些反映历史题材的文艺作品,常常要碰到历史上的民族关系,主要是汉族同少数民族的关系问题,这就引起一些议论。1957年3月8日,毛泽东同文艺界人士座谈时,有人请他讲讲继承遗产的问题,毛泽东说:对过去的传统剧目我们禁演了几年,别人有些反感,现在开放了,演来看看有什么可怕?也可以批评,但批评要说理。接着毛泽东笑着对在场的周信芳说:《四郎探母》还演不演?剧中萧太后是少数民族,四郎是"汉奸",大概对汉族有些不好看?演演是可以的。看来,在这个问题上,只要不引发新的民族矛盾,毛泽东是支持的。

对历史题材的少数民族文艺,毛泽东始终是以历史唯物主义观点来评价的。1960年10月7日,他在中南海怀仁堂看了歌剧《刘三姐》后,曾评价说:刘三姐是反压迫的,是革命的。刘三姐是壮族民间传说人物,被称为"歌仙"。明清以来,有关她的传说与歌谣文献记载很多。其中有一种说法是财主莫怀仁欲娶她为妾,三姐坚决反抗,莫买通官府迫害三姐,三姐乘船飘然而去。歌剧《刘三姐》即以此为蓝本创作演绎的。还有一种说法,刘三姐在广西贵县的西山与白鹤少年对歌七日化而为石。

毛泽东读史,恰巧注意到发生在广西贵县的另一桩事情。

1974年1月,他同广西艺术学院教师岑云端谈话时,得知岑云端原籍是广西贵县(今属桂平市),便谈到明朝时发生在广西桂平的大藤峡瑶族农民起义。看出岑云端对这段历史不了解,又在一张16开的白纸上写了"大藤峡"三个字。据说,当地如今有计划把毛泽东书写的"大藤峡"三个字镌刻在山壁上,以为扩大旅游之用。这也算是毛泽东与少数民族关系的一件轶事。

毛泽东和罗稷南"秘密对话"质疑

周海婴的《鲁迅与我七十年》(南海出版公司2001年版),叙述平实冷静,不刻意张扬,是一本很不错的回忆录。但该书最后一篇《再说几句》,有这样一段叙述:

一九五七年,毛主席曾前往上海小住,依照惯例请几位老乡聊聊,据说有周谷城等人,罗稷南先生也是湖南老友,参加了座谈。大家都知道此时正值反右,谈话的内容必然涉及到对文化人士在运动中处境的估计。罗稷南老先生抽个空隙,向毛主席提出了一个大胆的设想疑问:要是今天鲁迅还活着,他可能会怎样?这是一个悬浮在半空的大胆的假设,具有潜在的威胁性。其他文化界朋友若有同感,绝不敢如此冒昧,罗先生却直率地讲了出来。不料毛主席对此却十分认真,沉思了片刻,回答:以我的估计,(鲁迅)要么是关在牢里还是要写,要么他识大体不作声。一个近乎悬念的询问,得到的竟是如此严峻的回答。罗稷南先生顿时惊出一身冷汗,不敢再作声。

这段节外生枝的叙述,引人注目,一段时间在媒体上被炒得沸沸扬扬。

好在周海婴坦陈,此事不是他亲耳听罗稷南相告,而是罗先生在20世纪90年代去世前夕,"觉得很有必要把几十年前的这段秘密对话公开于世,不该带进棺材,遂向一位信得过的学生全盘托出"。周海婴说他是1996年应邀参加巴人(王任叔)研讨会时,听"这位亲聆罗老先生讲述的朋友告诉"的。于是,"再三疑虑,是不是应该写下来,心里没有把握,因为既有此一说,姑且把它写下来请读者判断吧"。

周海婴显然没有把此说作为定论。"请读者判断"的宣示,也值得称道。不过,作出正确的判断,一要有过硬的史料依据,二要有合理的逻辑。

为了弄个明白,不妨沿《鲁迅与我七十年》提供的线索,来看看罗稷南有没有可能在1957年反右时当面向毛泽东提出"鲁迅活着会怎样"的话题。

按《鲁迅与我七十年》的说法,罗稷南是因为和毛泽东"同乡"且为"湖南老友"的身份,才有机会参加毛泽东1957年在上海邀约的聊天,并"直率"地当面向毛主席提出"鲁迅活着会怎样"的疑问。

书中说罗稷南是作者母亲许广平的"老朋友",是文学翻译家,"长得高大魁梧,脾气耿直,一口浓重的湖南口音,声音低沉,若不用心不易听懂。新中国成立之后,他受聘于上海华东师范大学任教,直至退休。20世纪90年代罗老去世,我因定居北京,没能前赴告别"。

据此线索,笔者着意查询了有关罗先生的资料,只是在一些辞典名录里列有其名。其中包括:《中国民主党派人物录》(华东师范大学出版社1991年版)、《中国人名大辞典·当代人物卷》(上海辞书出版社1992年版)、《新中国文学辞典》(江苏文艺出版社 1993 年版）、《中国文学大辞典》（上海辞书出版社 1997 年版）。这些名录辞典记述简略，但可明确的是，罗稷南原名陈小航，生于 1898 年，1923 年毕业于北京大学哲学系，后到云南、黑龙江、吉林等省中学任国文教员。20 世纪 30 年代后长期在上海从事文化活动。译作有苏联作家高尔基的《克里姆·萨木金的一生》、爱伦堡的《暴风雨》以及英国作家狄更斯的《双城记》。1945 年年底马叙伦、王绍鏊等发起成立中国民主促进会，许广平、罗稷南参与其间。

但这些名录辞典的另一些记载，与《鲁迅与我七十年》所说很是相左。

第一，罗稷南是云南顺宁（今凤庆）人，并非《鲁迅与我七十年》说的毛泽东的湖南同乡。

第二，罗稷南去世的时间是 1971 年 8 月，并非《鲁迅与我七十年》说的 20 世纪 90 年代。

第三，罗稷南在新中国成立后，长期担任中国作协上海分会书记处书记，并非《鲁迅与我七十年》说的"受聘于上海华东师范大学任教，直至退休"。

那么，罗稷南是不是毛泽东的"老友"呢？

从罗稷南的经历看，新中国成立前，他和毛泽东只有可能在三种场合见过面。一是青年毛泽东两次到北京，那时，罗稷南是北京大学哲学系学生，毛泽东和北大师生的交往是人们知道的。二是 1924 年到 1927 年国共合作时期，毛泽东先后在广州、上海、武汉等地工作，而罗稷南在北伐军第四军和第三军做过文职人员。三是 1933 年年底"福建事变"时罗稷南到过江西同红军谈判联合反蒋之事，那时毛泽东在江西中央苏区。不过，笔者目前尚未见到过罗稷南同毛泽东有过交往的史料。

《鲁迅与我七十年》中说,"毛、罗秘密对话"发生在罗稷南和周谷城一道见毛泽东的场合。周谷城生前回忆同毛泽东交往的文章,最长最集中的一篇,是1978年12月20日发表在《光明日报》上的《回忆毛主席的教导》,后来几乎所有谈毛泽东与周谷城相交往的文字,都脱胎于此。《毛泽东在上海》一书还收入了孙琴安撰写的《毛泽东与周谷城》一文。两篇文章叙述新中国成立后周谷城在上海历次同毛泽东见面的事情,但从未提到他曾和罗稷南一道见过毛泽东。

由此可确认,罗稷南不可能以"同乡"和"湖南老友"身份参加毛泽东1957年在上海同周谷城等人的座谈。如果真的在罗稷南和毛泽东之间存在着"几十年前的这段秘密对话",在他离世的1971年,正值"文革",缺少后来才可能出现的对1957年反右斗争进行反思的气氛,罗先生是否敢在那个特殊年代冒着遗祸亲属的风险,把"秘密"说给自己的学生,也令人生疑。

"一九五七年","正值反右","上海",毛泽东请周谷城、罗稷南等"几位老乡聊聊","座谈",这是《我与鲁迅七十年》提供的毛、罗"秘密对话"的时间、地点、人物和场合。

毛泽东1957年去过三次上海。第一次是3月20日下午到上海,晚上在上海中苏友好大厦对上海市党员干部大会发表讲话,第二天晚上去了杭州。第二次是7月6日从杭州到上海,住到13日,然后去青岛召开会议。第三次是9月17日下午从杭州到上海,第二天下午回北京。

毛泽东后两次在上海,确实"正值反右"。如果出现过罗稷南当面问毛泽东"鲁迅活着会怎样",时间应该是在1957年7月6日至13日或9月17日至18日这两个时段之一。

据中共上海市委党史研究室编纂的《毛泽东在上海》(中共党史出版社1993年版)一书所附《大事记》载,毛泽东这两个时间段在上海的活动日程,除参观工厂企业、接见外宾外,有五次同上海各界人士座谈讲话。

7月7日晚上,在中苏友好大厦同上海科学、教育、文化、艺术和工商界代表人士座谈。

7月8日晚上,在中苏友好大厦电影院向上海各界人士发表讲话。

7月13日,会见上海的专家、教授、科学家、教育家、作家、医生、演员、编辑等各界代表。

9月17日,会见赵超构、舒新城、束世澂。

9月17日晚上,会见黄浦区委书记,上海锅炉厂党委书记、厂长和上海动力学校校长。

这五次活动,7月8日晚上那次人数众多,罗稷南先生是否与会不得而知。但从记录稿上看,中共上海市委的主要领导如柯庆施等均在场,还有插话,显然不属于"同乡"聊天性质。毛泽东这天的讲话全文曾收入1977年出版的《毛泽东选集》第五卷,题为《打退资产阶级右派的进攻》(收入时按整理稿所署时间写成了7月9日),其中没有谈到鲁迅。

7月13日的那次会见,目前还没有查到记录稿,罗稷南先生是否与会,依然不得而知。但从会见人员的广泛性来看,同样不能算是"同乡"聊天。

9月17日会见赵超构等人,倒属于聊天座谈,但他们不是毛泽东的同乡,并且据赵超构回忆:"同时被接见的还有舒新城、束世澂两先生,这已是反右以后了。一见面,主席就诙谐地对在座的人介绍说:宋高宗的哥哥来了(宋高宗名赵构)。"(《毛泽东在上海》第 133 页）只有赵超构、舒新城、束世澂三人在场是确切无疑的。毛泽东在谈话中还向陪见的上海市委的人和舒新城交代了修订《辞海》的任务。

9月17日晚上的会见，主要是邀请基层的干部座谈，了解机关、工厂、学校整风和搞大鸣大放的情况，工作内容十分具体，没有高层文化人参与也是清楚的。

只剩下7月7日晚上那次座谈了。

巧的是，据正式记载，这次会见恰恰有罗稷南先生在场。一共有陈铭珊、漆琪生、谈家桢、赵丹等36位各界人士。7月9日的《文汇报》以《毛泽东主席在上海接见文教工商界代表人士，并进行亲切交谈两小时》为题报道了此事，并详列了参加这次座谈的具体名单，但没有周谷城。显然，这次也不属于《鲁迅与我七十年》所述的那场毛泽东同周谷城、罗稷南等具有聊天性质的座谈。

由于这是1957年罗稷南见到毛泽东的唯一场合，于是顿生一个假设：有没有可能毛泽东确实在这次座谈中回答过罗稷南关于"鲁迅活着会怎样"的提问，而只是罗稷南生前把这次座谈误记成了一个小型座谈，抑或罗的学生误听，进而使周海婴误传了呢？

然而，分析相关材料，这个假设仍然不能成立。

首先，综合《毛泽东在上海》一书收入的一些参加这次座谈的人的回忆文章，毛泽东的谈话内容主要有中国共产党在延安时的整风、上海反右斗争、高等教育和消灭血吸虫病等问题。没有人回忆说涉及鲁迅。如果确有罗稷南提问"鲁迅如果活着会怎样"的事，而毛泽东又是那样回答的，在20世纪90年代的记叙中，人们不会有意回避，毕竟事过境迁，不再是特别敏感的话题了。

其次，这次座谈有中共上海市委主要领导柯庆施、陈丕显、曹荻秋等人陪同，即使同毛泽东再熟悉，在那个场合恐怕也难贸然行事，提出"鲁迅活着会怎样"这个用《鲁迅与我七十年》的话来说"具有潜在的威胁性"的话题。毕竟，"县官不如现管"。况且，此时反右开始进入高潮，参加座谈的一些人，多少还有些紧张心态。参加座谈的陈铭珊回忆："一进门就看到毛泽东主席站在那里讲话，使我惊喜不已。我悄悄地坐在后面。咖啡厅里是分团桌坐的，毛主席讲话后，还是坐过来同大家交谈。当他坐到我所在的一桌时，有人介绍到我说：'这是陈铭珊。'毛主席说：'噢！上海有个陈铭珊，北京有个陈铭德嘛！'当时反右运动已经开始，北京陈铭德已被划为右派。我听后心中很吃惊，不知这话是什么意思。毛主席与我们交谈了一会，临离开之前补充了一句：'我刚才说北京有个陈铭德，是为了便于记忆。'他这一解释，才使我如释重负。"（《毛泽东在上海》第128页）

第三，座谈会后，7月12日的《文汇报》发表了13个与会者的感想，其中有一篇是罗稷南的，题为《在这样变动的时代，知识分子必须有坚定的立场》。文中第一句话就是："我有机会谒见我们国家的元首，近代世界的大思想家、诗人，我感觉荣幸，兴奋而又惭愧。"从语气上品味，看不出罗先生同毛泽东有多熟悉，其他同毛泽东有过交往的人，在文中常常提到"又一次见到毛主席"。更重要的是，罗的文章同其他人的文章基调完全一致，强调在反右斗争中要对党充满信任，要有坚定的立场。

第四，从罗稷南当时的情况来说，他并非锋芒毕露之人。笔者查阅了1957年7月至9月的《文汇报》，他没有被点名批评，也没有刻意撰写批判右派的署名文章。有他名字的文章有三篇，虽与反右派运动有关，但火药味并不算浓，其中两篇还是9个人或 10 个人的联合发言，表达的是应景随势之态。可见，罗稷南不是喜出风头硬要往风口浪尖里钻的那种人。以此性格，与毛泽东又没有多深的交往，很难想象，他在 7 月 7 日晚上那种大庭广众的场合，敢于当面向毛泽东提出"具有潜在的威胁性"的话题。

"鲁迅活着会怎样"

有趣的是，毛泽东在1957年确实谈论过"鲁迅活着会怎样"这个话题。但谈话的时间、地点、场合、人物，特别是内容，都与《鲁迅与我七十年》所述迥然相异。

1957年3月6日至12日，北京举行了一个规模浩大的中国共产党全国宣传工作会议。召开这个会议，目的是解决1956年提出"双百方针"后思想理论和宣传文化领域出现的不同认识。参加会议的除中央有关部门的负责人外，主要是各省、自治区、直辖市党委的宣传文教部长和各界知识分子的代表，共有800多人。

会议印发了中宣部编印的一份题为《有关思想工作的一些问题的汇集》的材料，汇集了33个人们关心的问题用于讨论；印发了陈其通等四人1月间发表在《人民日报》的那篇闯了祸的文章《我们对目前文艺工作的几点意见》，这篇文章被毛泽东视为以"卫道士"的面目来阻碍"双百方针"；与会者还听了毛泽东2月27日"关于正确处理人民内部矛盾"的讲话录音。这些举措表明，此次会议的基调是"放"而不是"收"。

随后，会议分宣传、教育、文艺、新闻出版、高教、科学几个界别分组讨论，气氛之热烈可想而知。比如，参加文艺组讨论的茅盾发言说：陈其通四人的文章把文学界出现的问题估计得太严重，有些惊慌失措，给读者一个印象，"双百方针"好处少坏处多，是一篇教条主义文章。而陈沂的《文艺杂谈》颇有不革命就等于反革命的味道。而巴金则反映："双百方针"在下面阻力大，不少人不赞成。现在要"鸣"出来不容易。讲公式化最容易，要"鸣"就要讲自己的话，很多人不习惯甚至害怕"鸣"，作家要有独立思考，有胆量。

毛泽东从3月6日到10日，分别邀请宣传、教育、文艺、科学和新闻出版五个组的部分代表进行座谈，直接倾听各界反映，回答代表们提出的问题。正是在3月10日召集的新闻出版界部分代表座谈会上，毛泽东直率地谈起了"鲁迅活着会怎样"这个话题。

据这次座谈的文字记录稿，参加座谈的人中，有人提到现在的报纸上的东西太硬，有人反映最近上海讨论办报问题时提到"思想性多了，报纸就不活泼"，应该"软些，软些，再软些"。毛泽东直接引用鲁迅的写作来进行回答：

> 你们赞不赞成鲁迅？鲁迅的文章就不太软，但也不太硬，不难看。有人说杂文难写，难就难在这里。有人问，鲁迅现在活着会怎样？我看鲁迅活着，他敢写也不敢写。在不正常的空气下面，他也会不写的，但是，更多的可能是会写。俗话说得好："舍得一身剐，敢把皇帝拉下马。"鲁迅是真正的马克思主义者，是彻底的唯物论者。真正的马克思主义者，彻底的唯物论者，是无所畏惧的，所以他会写。现在有些作家不敢写，有两种情况：一种情况，是我们没有为他们创造敢写的环境，他们怕挨整；还有一种情况，是他们本身唯物论没有学通。是彻底的唯物论者就敢写。鲁迅的时代，挨整就是坐班房和杀头，但是鲁迅也不怕。现在杂文怎

样写，还没有经验，我看把鲁迅搬出来，大家向他学习，好好研究一下。

这段话，早在1983年，就完整收入了中共中央文献研究室和新华社联合编选、新华出版社出版的《毛泽东新闻工作文选》。1999年，还收入了中共中央文献研究室编辑、中央文献出版社出版的《毛泽东文集》第七卷。

记录稿专门记下了座谈的时间（下午3点到7点）、地点（毛泽东的办公室）以及参加人员的全部名单。人员有：上海《新闻日报》和中国新闻社的金仲华，《大公报》的王芸生，上海《文汇报》的徐铸成，上海《新民晚报》的赵超构，上海中华书局的舒新城。这些都是党外人士。其他的便是《人民日报》、新华社、人民出版社、《光明日报》、《北京日报》、《解放日报》、《山西日报》、《南方日报》的代表。陪见的领导人有康生、陆定一、周扬，还有一位文化部部长助理，总共17个人。没有罗稷南参加是确切无疑的。

从记录稿看，毛泽东首先让上海方面的人发言，也记载了徐铸成、金仲华、舒新城以及代表新华社的朱穆之等人提问或汇报的内容，但没有写明究竟是谁向毛泽东反映报上的文章太硬以及上海讨论办报的各种意见的，更没有记录"鲁迅活着会怎样"这样的提问。

事实上，在3月8日毛泽东召集文艺界代表座谈时，便已经谈到了鲁迅，同样也是回答人们的提问。当时，参加这个座谈的巴金对毛泽东说："我们大家这次讨论'如何反映人民内部矛盾'。比方说，描写官僚主义，大家都觉得难办，写谁，谁都不高兴。还有杂文，上海有人说要全面，有人说杂文就不能全面，鲁迅的杂文，只讲一件事。"毛泽东回答说："恐怕要来大民主才行，党内提过批评主观主义、官僚主义、宗派主义，还没有展开。现在党内还没有统一思想，哪种是官僚主义？如何批评？还不一致。要整风，那时就好批评了。现在刚刚批评一些，马寒冰、陈其通就发表声明，无非是来阻止'百花齐放、百家争鸣'。"

接着，毛泽东谈起了鲁迅：

> 鲁迅不是共产党员，他是了解马克思主义世界观的。……他的杂文有力量，就在于有了马克思主义世界观。我看鲁迅在世还会写杂文，小说恐怕是写不动了，大概是文联主席，开会时候讲一讲，这三十三个题目（指此前中宣部印发的《有关思想工作的一些问题的汇集》的会议材料，其中编入了33个人们关心的问题。——引者注），他一讲或者写出杂文来，就解决问题。他一定有话讲，他一定会讲的，而且是很勇敢的。

很明显，这段话也是在回答"鲁迅活着会怎样"的假设，不过是以毛泽东自己提问的方式说出来的。

由此可以确认："鲁迅活着会怎样"这个悬念式的设问，最晚在1957年3月上旬就出现了，而且与1956年提出"双百方针"后思想文化界的活跃气氛有关，与毛泽东在1957年春天大力推动"双百方针"的贯彻实施，反复宣传正确处理人民内部矛盾的思想气氛有关。与稍后的反右确实没有关系。

关键是，毛泽东说的"鲁迅活着会怎样"，同《鲁迅与我七十年》所述迥然相异。

毛泽东是政治大家，径直说出鲁迅"要么是关在牢里还是要写,要么他识大体不作声"这样的话,不合常理。以毛泽东对鲁迅精神一以贯之的理解和推崇,甚至称鲁迅是"圣人",自己只是"圣人"的学生,他也不可能萌生出鲁迅被关进牢里或识大体不作声的设想。当时,毛泽东一心要破除贯彻"双百方针"的障碍,一心要给那些担心写批评文章让人抓住辫子的知识分子和文化人打气鼓劲,于是就"把鲁迅搬出来,大家向他学习"。如果搬出来的是一个在牢里写作的鲁迅,有多少人还愿意向鲁迅学习呢?如果搬出来的是一个"识大体不作声"的鲁迅,那又有什么必要呢?

当然,毛泽东也设想了,"在不正常的空气下面,他(鲁迅)也会不写的",仅此而已。毛泽东说的"不正常的空气",正是他当时要着力冲破的。他让参加全国宣传工作会议的800多位代表听的"关于正确处理人民内部矛盾"的讲话录音里面,就有下面一些话:

"许多人不赞成百花齐放、百家争鸣的方针,不同意长期共存、互相监督的方针。高级干部中十个人中九个不赞成。或半赞成,对这个方针思想不通。真正思想通了的同志是少数。"陈其通四人1月17日在《人民日报》发表文章,怀疑百花齐放,说百花齐放也没见大作品。这样的结论过早。陆定一百花齐放的文章去年7月才发表,离陈沂同志1月的文章时间才5个月,百花齐放的大作品怎么写得赢?对这种意见,在全国省市委书记会议上,我表示不赞成。""有个青年作家叫王蒙,大概是王明的兄弟吧,原来是工厂的团支部书记,写了一篇《组织部新来的青年人》,也发生了问题,有赞成的,有反对的。有人说这篇东西一无是处。还有人批评北京是中央所在地,没官僚主义,典型环境选得不当,那么说是地点选得不好,如果选上海就较妥当。马列主义我看得少,没有中央所在地不出官僚主义的说法。"

毛泽东提议召开全国宣传工作会议,一个重要目的就是要澄清以上这些"不正常的空气"。所以,1957年4月5日在杭州召集的四省一市省市委书记思想工作座谈会上,毛泽东还提到3月8日在北京同文艺界代表座谈时巴金和他的对话。他说:"巴金对我说杂文难写,我说有两条,一条是共产党整风,整好了,就有自由批评的环境了;还有一条是,彻底的唯物论者是不怕什么的。"

正是基于对"彻底的唯物论者"的战斗精神的期望和呼唤,毛泽东才搬出了鲁迅,并坚信在新中国成立后"大概是文联主席"的鲁迅,"一定有话讲,他一定会讲的,而且是很勇敢的"。因为"鲁迅是真正的马克思主义者,是彻底的唯物论者"。毛泽东对自己这个判断很自信,并具有浓厚的感情色彩。

最后回到《鲁迅与我七十年》。周海婴在书中说,他于2001年7月拜访文化界一位德高望重的老前辈时,这位前辈告诉他,"也听说过这件事"。所谓"这件事",是指毛泽东回答"鲁迅活着会怎样"时说"要么是关在牢里还是要写,要么他识大体不作声"的事。

于是,我萌生出这样一个猜想:也许毛泽东1957年3月谈论"鲁迅活着会怎样"的话题后,在场的上海文艺界、新闻界人士回去后有所流播。恰巧毛泽东的回答有"鲁迅的时代,挨整就是坐班房和杀头,但是鲁迅也不怕"这样的话,遂逐渐演变为《鲁迅与我七十年》所述的内容。随着1957年夏天的形势变化,进而把毛泽东谈论此事置换到了1957年"正值反右"的场合。

　　这或许是历史的真相。

不在同一条河流两次失足
——毛泽东反思"大跃进"

1958年遭受严重挫折的"大跃进"运动,是毛泽东心中永远的隐痛。

从这年冬发现"大跃进"和人民公社化运动中有胡思乱想的弊端,一直到晚年,毛泽东在各种场合不下50次谈论其间的错误和教训。这在《毛泽东年谱(1949—1976)》里有大量记载(本篇和下篇《文章千古事》所引毛泽东的话,均见此书,只随文夹注日期)。

毛泽东对"大跃进"运动的反思,体现出从承担责任到初步纠正,从痛定思痛总结教训到沉下来摸索建设规律,进而如履薄冰地对待经济实践,这样一种心理轨迹。在长达十多年的时间里,他对经济发展速度,似乎总是心存余悸,希望防止宏观经济再出现大起伏、大折腾。看来,是下了决心不在同一条河流里两次失足。

"这些教训要牢牢记住,要经常向人们讲"

从目前看到的材料可以判断,毛泽东是中央领导层中第一个站出来,就"大跃进"运动的错误自我责备和承担责任的人。

1959年2月27日,他在郑州中央工作会议上的讲话稿中,提出要承担责任,说了自我批评的话。但多数人不同意,在与会者的要求下删去了这些话。3月5日郑州会议结束时,毛泽东同部分省委第一书记再次提起:"这个责任我们得担负起来。原先这个稿子说了,我本人就是没搞清楚,有责任。"此后,他不断地讲:

> 去年犯了错误,每个人都有责任,首先是我(1959年7月20日)。

> 如果讲责任,李富春、王鹤寿有点责任,农业部、谭震林有责任,第一个责任是我(1959年7月23日)。

> 这几年说人家思想混乱,首先是我们自己思想混乱。……突出的是大办水利、大办工业。庐山会议时以为,"共产风"已经压下去了,实际上不是这样,"共产风"比1958年刮得还厉害(1960年12月30日)。

> 这几年出现的高指标等问题,总的责任当然是我负,因为我是主席(1961年3月23日)。

> 受了惩罚,就要检讨。现在我们受惩罚,土地、人、牲畜瘦了。……现在的"三瘦",主要是中央和我负责,我负主要责任。这些话应该在三级干部会上讲(1961年6月8日)。

> 我讲了自己的缺点和错误。我说,请同志们传达到各省、各地方去。事后知道,许多地方没有传达。似乎我的错误就可以隐瞒,而且应当隐瞒。同志们,不能隐瞒。凡是中央犯的错误,直接的归我负责,间接的我也有份,因为我是中央主席。我不是要别人推卸责任,其他一些同志也有责任,但是第一个负责的应当是我。……拿我来说,经济建设工作中间的许多问题,还不懂得。工业、商业,我就不

大懂，……至于生产力方面，我的知识很少（1962年1月30日）。

1962年以前，毛泽东主动承担责任将近十次。上面那些话，有的是在中央政治局常委扩大会议上说的，有的是在中央部委和省、自治区直辖市负责人参加的中央工作会议上说的，有的是在7000多人参加的扩大的中央工作会议上说的。范围不可谓不广泛，心情不可谓不沉重；态度是坦诚的，纠正错误的决心很坚决。

承担责任，是为了汲取教训。不是说对"大跃进"只有毛泽东才有责任，才需要汲取教训。邓小平在1980年明确讲："'大跃进'，毛泽东同志头脑发热，我们不发热？"毛泽东也曾从上到下对各级领导干部的责任作了划分，意思是"大跃进"走的弯路，首先由中央负责，然后是省委，然后是地委、县委。他说：去年大家头脑热，上上下下一起热，一热就充公。这个教训大啦，公社教训，粮食教训，农业教训，工业教训（1959年6月22日）。要承认这些经验教训，不然就改不了（1960年12月30日）。

汲取教训是改正错误的前提。在中央领导层中，毛泽东谈论"大跃进"教训最多、持续时间最长。他希望：这些教训都要牢牢记住，要经常向人们讲，永远不要忘记。想想那几年闹了多少笑话（1965年2月21日）。直到1970年，他还感慨：管经济很不容易。我们早先不会搞。少不要紧，但搞得太急了，会吃亏的。能办的就办，办不到的就在人民面前、在干部面前讲老实话，说实在办不到，等一等，地球照样转，将来有希望（1970年11月13日）。看来，"大跃进"带给他的余痛和余悸，始终挥之不去。

"搞了俄国的革命热情，没有搞美国的实际精神"

纠正错误，毛泽东选择的突破口是领导干部的工作方法和领导作风。拍脑袋决策，大搞类似于今天的政绩工程，花样翻新提出名不副实的生产指标，争先恐后放出形形色色的生产"卫星"，是"大跃进"的明显特征。毛泽东捅破这层窗户纸，始于对"浮夸风"的批评。当不少人还处在"大跃进"兴头上时，他在第一次郑州中央工作会议上就提出：徐水把好猪集中起来给人家看，不实事求是，有些地方放钢铁"卫星"的数目也不实在，这种做法不好，要克服。反对浮夸，要实事求是，不要虚报（1958年11月7日）。

问题的关键是，弄虚作假的浮夸风是怎么来的？毛泽东心里明白：有许多假话是上面压出来的。上面"一吹二压三许愿"，使下面难办（1959年4月29日）。我们老是要数字，什么东西种了多少，产了多少，天天统计，天天上报，统计也统计不及。横直就是那样，你瞎指挥，我就乱报，结果就浮夸起来了，一点也不实在（1961年3月5日）。上面为什么要压下面呢？从领导作风看，缘自脱离实际的瞎指挥。毛泽东说：大家做官了，不做调查研究了。我做了一些调查研究，但大多也是浮在上面看报告（1961年3月13日）。高征购、瞎指挥，教育了我们。主要是瞎指挥，高征购也是瞎指挥（1966年3月19日）。总之，"大跃进"的错误说明：主观主义在我们身上经常存在，特别是掌权以后，容易产生自以为是，不肯反复研究，不肯听反对意见（1965年7月14日）。

瞎指挥的领导作风，主要指脱离实际，不调查研究；主观武断，自以为是；以及贪多、求大、图快。由此，搞经济建设，只记住了多和快，忘记了好和省。

总结瞎指挥的教训，毛泽东并没有把自己摘开，往往联系自己的经历。比如，他讲自己对"大跃进"运动中的一些指标，有一个从不相信到相信的过程，但最终还是相信了，原因是没有到处去调查研究，于是，别人"提出一些材料，拿出一些图表给我证明。我心里才去掉这些怀疑"（1958年10月2日）。别人为什么想方设法证明"大跃进"是可能的呢？无非是希望早些改变一穷二白的面貌，并且看准了毛泽东甚至比他们还要迫切。这种心思，依此类推，层层加码，进而发展成相当普遍的风气。

主观武断一旦在领导干部中形成风气，谁还听得进不同意见呢？在上海召开的中共八届七中全会上，毛泽东具体谈到三件事情：1958年12月胡乔木搞武昌会议公报时，陈云建议粮、棉、钢、煤四大指标暂时不要公布，看看再说，结果被胡乔木顶回去了；1959年1月上旬陈云说今年的生产计划难以完成，毛泽东自己也没有听进去；1959年2月初召开第二次郑州会议时，有人建议，不要算账并退赔"一平二调"时从农民那里拿的东西，毛泽东觉得合心意，也同意了，凡此种种，就是主观武断（1959年4月5日）。最让毛泽东后悔的是庐山会议，本来是要纠"左"，反而把反右搞成大形势，结果是：讲真话，讲困难，讲存在的问题，讲客观实际情况，都被认为是右的东西。造成一种空气，不敢讲真实情况，不讲实际了（1961年3月5日）。

从"浮夸风"的教训中，毛泽东引出一条党内领导作风的底线，这就是："不讲经过努力实在做不到而又勉强讲做得到的假话。收获多少，就讲多少，不可以讲不合实际情况的假话"，要做"老实人,敢讲真话的人"(1959年4月29日)。为克服主观武断的"瞎指挥",毛泽东从工作方法和领导方法角度提倡"调查研究""多谋善断""留有余地",以及"勿务虚名而招实祸"等,甚至搬出历史上海瑞直言进谏、郭嘉多谋善断、刘邦肯于纳谏、项羽独断专行等各种各样的故事,来提醒各级领导干部,必须以史为鉴。

有意思的是,毛泽东还多次提到要学美国的实际精神和科学精神,说"大跃进"的教训是搞了俄国的革命热情,没有搞美国的实际精神(1958年12月12日)。在与自然界作斗争方面,美国也是我们的先生。经济建设也是科学(1959年6月11日)。怎样才能讲科学和实际呢?他提出,各方面的工作光有一个总的路线指导还不行,要制定一整套适合情况的具体的方针、政策和办法(1962年1月30日)。正是在20世纪60年代初期,中央在工业、农业、商业、科学、教育、文艺各方面制定了一批具体的条例制度,意在使党对各行各业的领导管理有章可循,按规矩办事,不再主观武断,从而使领导干部的决策更符合实际、更接近科学一些。

"不要以我们这些人的寿命来考虑事情"

作为"超英赶美"战略的重要步骤,"大跃进"运动的突出特征是追求高速度大规模的发展,诸如大办工业、大办农业、大办钢铁、大办交通、大办水利、大办教育,甚至大办副食品基地、大办养猪等,结果是劳民伤财,留下不少烂摊子。对此,毛泽东的感受是:我们本来想搞快些,反而慢了。1958年到1960年,三个年头犯了错误,整得我们好苦。经过了这些挫折,我们懂得了要谨慎（1962年8月9日）。

从那以后，毛泽东看待经济发展速度，确实格外谨慎。绝口不再提"超英赶美"，无论在什么情况下，无论别人说得怎样天花乱坠，他总是要把计划中的指标往低处压一些，说不出理由的，也要让人们做好完不成任务的心理准备。他甚至产生了一种宁慢勿快、宁少勿多的想法，时时提防经济冒进。比如，他提出：我们搞几年慢腾腾的，然后再说。今年、明年、后年搞扎实一点。不要图虚名而招实祸（1961年1月13日）。水利、工业都不能冒进，要分步骤有计划地一步一步地搞（1962年12月10日）。

有件事值得一说。1966年春天，毛泽东在湖北听取王任重汇报农业机械化工作后，非常感兴趣，想搞一个五到十年的发展农业机械化的计划，争取再用十年左右的时间让全国基本上实现农业机械化。为此，他让其他中央领导人研究讨论这项计划，还给刘少奇写了封长信谈论自己的设想。但不久他犹豫起来，在中共中央政治局常委扩大会议上说：我给少奇的信不要印了，不准确。我不放心，找了王任重、陈伯达谈。找他们一谈，就知道不准确（1966年3月20日）。准备大搞农业机械化运动的设想，随后也不了了之。看来，他终究担心这个决策会引起一哄而上，造成欲速则不达的被动局面。

在粮食生产上，毛泽东对高指标的做法一直保持着警惕，屡屡给一些颇有雄心壮志的地方领导人泼冷水。他对江西省委负责人讲：你们现在亩产500多斤，五年达到800斤，每年增长50多斤，不少了嘛！做得到吗（1966年1月5日）？中南局负责人汇报，黄淮区域准备到1970年亩产达到500斤，淮河以南地区达到800斤，毛泽东听后并不兴奋：你们可以努力去做，也可能达到，也可能接近，也可能根本达不到。看来需要再长一些时间，再多十年实现也可以，不能勉强，勉强是不行的（1966年1月12日）。湖南省委负责人对他讲，湖南今年增产一成左右的提法低了，毛泽东当即指出：一年增产一成左右就了不起了。你们的农业厅长一年就要跨过"纲要"，是不懂农业生产吧！少讲一点（1966年2月23日）。湖南省委负责人希望他为韶山灌区题词，得到的回答是：要高产才算，灵了再写（1966年6月26日）。毛泽东这些撤火的话，与他在"大跃进"时期的劲头，简直是判若云泥，反映他内心深处确有"一朝被蛇咬，十年怕井绳"的余悸。

发展经济总是要做计划、做预案，在计划经济时代，还要制定很具体的指标。"大跃进"后，毛泽东对待经济发展计划，一贯主张保守些，把困难估计充分一些。他甚至一看到具体的指标数字，就有一种条件反射式的挑剔。

1964年，在酝酿1966年到1970年的"三五计划"时，毛泽东多次听取国家计委领导小组的汇报，发觉各方面要求上项目的势头又起来了，立刻表示：横直被没有钱挡住了。只能是有多少钱办多少事，不要以我们这些人的寿命来考虑事情，要以客观规律来办事。建设也有客观规律，搞多了，不行。就是有了钱，还是要打歼灭战。财政收入不要打得太满了，打满了危险！过去我们吃过亏，把收入打得满满的，把基本建设战线拖得长长的。要说服地方同志，工业、农业、国防和其他建设事业只能搞那么多了。必须留有余地。留有余地，过去讲是讲了，但是没有做（1964年5月10日、11日）。

1965年"三五计划"方案出来后，毛泽东看后不太满意：那么多项目，投资那么多，不仅各部门各地方提的要求高了，你们的指标也高了。安排得少一点行不行？鉴于过去的经验，欲速则不达，不如少一点慢一点能达到。我看五年搞1080亿元的建设规模大了，留的余地太少了。粮食4800亿斤能达到吗？要考虑来个大灾或者大打起来怎么办；钢1600万吨就行了。你这个数字压不下来，就压不下那些冒进分子的瞎指挥。绝不能超过客观可能，按客观可能还要留有余地（1965年6月16日）。由此，他强调要注重农业、轻工业和重工业的结构平衡，把老百姓的吃、穿、用放在突出位置，还提出了"备战备荒为人民"这个"三五计划"的指导方针。由此，"三五计划"的投资规模从最初设想的1080亿元降到850亿元，少了230亿元，做这样的调整，是比较符合实际的。

到1969年，又该制订经济计划了。二三月间召开全国计划工作座谈会期间，毛泽东特意交代："注意留有充分的余地。"他看了准备在1971年至1975年实施的"四五计划"方案后表示：我就是担心口子开得太大了，五年加上今年一共六年就要搞到年产4000万吨钢，还要搞7000万吨石油（1970年4月13日）。现在我们还没有超过2000万吨钢。在1000万吨到1800万吨钢之间往来徘徊了十年左右，还是上不去。现在倒要警惕，要防止有些人动不动就要翻一番。这个积极性一上来，又要发生事（1970年11月13日）。正如毛泽东担心的那样，"四五计划"中的4000万吨钢产量指标，确实制定得太高了，1975年才达到2390万吨，直到1983年钢产量才达到4000万吨。

在战争年代，消灭敌人，壮大自己，虽然也有不能实现目标和计划的时候，但多数情况下是可以完成任务的，有时候甚至还会取得超乎意料的胜利。诸如淮海战役以少对多，硬是啃下了硬骨头；关于解放战争，毛泽东最初预计要打五年，结果只打了三年。1948年9月13日西柏坡中央政治局会议上，刘少奇谈到："'胜利逼人'，而有两年准备"时，毛泽东插话说："全国胜利恐怕还要十年，十年也不一定全国完全完成土改。"结果是只用了一年就建立了新中国，新中国成立后只用了两年多的时间就在全国范围内完成了土地改革。

过去经验曾使毛泽东觉得，解放战争和新中国成立初期，既然能够创造飞跃式前进的奇迹，取得意外胜利，在拥有了天下，群众热情又空前高涨的情况下，创造打"经济仗"的奇迹又有什么难处呢？"大跃进"受挫折之后，他打"经济仗"的心理底线开始收缩，回到了他在延安时期经常讲的，"在最坏的可能性上建立我们的政策"；回到了他在1955年3月全国党的代表会议上也强调过的："从最坏的可能性着想，总不吃亏。不论任何工作，我们都要从最坏的可能性来想，来部署。"这样的决策心理，就是我们今天说的"底线思维"。

"马克思主义者永远不许剥夺劳动者"

"大跃进"的另一个突出特征是刮"共产风"。思想认识上，视社会主义为共产主义，变按劳分配为按需分配，把集体所有制当全民所有制。具体做法，是在所有制上追求"一大二公"，公有化规模求大；在产品分配上搞"一平二调"，实行平均主义，无偿调拨辖区的劳力和产品。最极端的例子，是河北徐水县宣称搞全民所有制，对所有人从生到死实行"十六包"，造成按需分配的事实。

毛泽东从"共产风"的教训中，得出两个认识。一是社会主义社会必须尊重价值法则，要搞商品交换；二是社会主义集体所有制，不能盲目扩大规模。

要纠正"共产风"错误，首先面对的问题，是怎样处理上级从下级、比较贫穷的社队从比较富裕的社队无偿调用的财物。毛泽东逐步明确的主张是要坚决退赔。他讲：县、社一定要拿一部分实物来退赔。破产也要赔。马克思主义者永远不许剥夺劳动者。有实物退实物，有钱退钱。县、社干部可能不满意我们，但是这样才能得到群众，得到农民满意，得到工农联盟。苦一下，痛一下，才能懂得马克思主义的等价交换这个原则（1960年12月30日）。有些同志讲到要破产还债，这个话讲得不那么好听就是了，实际上就是要破产还债。无产阶级不能剥夺劳动者，不能剥夺农民和城市小生产者，这是一条基本原则（1961年1月13日）。用彻底退赔来教育干部，使干部懂得什么是社会主义（1961年5月21日）。万万不能再搞一平二调，不要把户养的猪调上来，调一头猪也要受处分（1962年12月10日）。

"大跃进"搞"一平二调"，有经济管理体制上的原因。中央管得过多，上级统得太死，这为中央从地方拿得多，县、社从农民手里拿得多提供了机会。毛泽东在反思中直面这个经济体制弊端，从中汲取两个教训。

一个是生产积累的分配要向老百姓倾斜，进而树立"藏粮于民"的思想。毛泽东说：向老百姓征税征粮，多了会闹翻，不行的。这是个原则问题。要留有余地在老百姓那里，不能搞得太紧（1965年6月16日）。务必达到藏粮于民的目的，绝对不可以购过头粮（1965年8月15日）。藏粮于民，要下一番苦功夫。还有苛捐杂税，抓住几个县，调查研究一番，搞个办法，报告中央（1966年1月5日）。国家积累不可太多，要为一部分人民至今口粮还不够吃、衣被甚少着想；再则要为全体人民分散储备以为备战备荒之用着想（1966年3月12日）。

另一个是要重视地方积累,提高地方上扩大再生产的积极性和自主权。毛泽东的思路是:不能都集中到中央而地方不能扩大再生产。现在就是不让人家有积极性,上边管得死死的,妨碍生产力的发展,是反动的。中央还是虚君共和好,只管大政方针、政策、计划。中央计划要同地方计划结合,中央不能管死,省也不能完全统死,计划也不要统死。不能竭泽而渔(1966年3月20日)。中央下放企业的产品,应该给地方一些,应该分红,不分红不能调动地方的积极性(1969年7月8日)。一个省有几千万人口,等于欧洲一个国家,没有一点自治权力那还行呀!北京统得太厉害了,我讲了多少年了(1970年4月13日)。

"共产风"在所有制问题上的具体做法是盲目扩大社队规模,以为农村公有化程度越高,越能提高生产力,结果导致平均主义弊端。纠正的步骤,首先是缩小"大跃进"期间形成的人民公社的规模,把全国两万多个公社逐渐改划为近六万个,使其大小回归到原来的乡一级。接下来是改变公社内部的经营分配体制。1959年曾经提出人民公社实行"三级所有,队为基础",但事实上并没有厘清公社、大队和生产队这三级的关系。比如,队为基础的"队",是大队还是生产队,当时大多理解为大队。这就形成毛泽东说的一种怪现象,"脚"(生产队)在生产,"腰"(生产大队)在分配,自然导致富队与穷队的平均主义。他主张把生产队而不是大队作为独立核算、自负盈亏和收益分配的基本单位,明确提出:什么叫队为基础,就是现在的生产队,过去的生产小队为基础,三级所有,基础在队,在"脚"(1961年9月26日)。毛泽东还专门给中央政治局常委写信说:"我们对农业方面的严重平均主义的问题,至今还没有完全解决,还留下一个问题……就是生产权在小队,分配权却在大队","我的意见是'三级所有,队为基础',即基本核算单位是队而不是大队"。"在这个问题上,我们过去过了六年之久的糊涂日子(1956年,高级社成立时起),第七年应该醒过来了吧。"(1961年9月29日)后来正式通过的《人民公社60条》,最终写明生产队为基本核算单位,还决定30年不变。

毛泽东以为这个问题就此解决。可是,总有人好了疮疤忘了痛。1969年,有的地方又提出要把核算单位从生产队提高到大队。毛泽东知道后十分警觉,看得很严重。他同江西负责人讲:大队核算不能搞,还是三级所有,队为基础,不能变。有个别少数的条件好,要搞也要经省委批准(1969年6月30日)。在浙江,省革委会负责人陈励耘汇报有地方准备搞扩社并队,毛泽东当即劝阻:这个事要谨慎,富队与富队并、穷队与穷队并,是可以的,富队与穷队并就不好办,合并后还是队为基础。要特别谨慎呀!陈励耘说目前停不下来了,毛泽东表示:如果群众都同意,还要省革委会批准。群众同意,领导批准,生产队为基本核算单位。改变基本核算单位,群众不一定赞成,就是几个干部在那里要搞,他们最积极了(1969年7月8日)。

毛泽东心里明白,搞扩社并队,无非是穷队想沾富队的光,结果会导致富队提前杀猪砍树,影响生产。虽然在浙江当面劝阻了,他还是不放心,担心其他地方也在搞扩社并队。1969年7月28日,他派身边工作人员悄悄回老家搞调查,并说,"我在杭州等你汇报"。这位工作人员回江苏海安县家乡调查了20多个生产队,发现没有要合并的。听了汇报,毛泽东仍然不放心,又让周恩来向全国打招呼,"生产队不要并,要稳定农业生产"。有地方攀比,说大寨就是大队核算嘛,毛泽东回答:大寨是个70户人家的一个大队，实际上是个生产队，再加上他们自力更生，所以能够以大队为经济核算单位（1970年4月13日）。正是在毛泽东的一再坚持下，以生产队为基本核算单位的人民公社体制，一直稳定到改革开放后人民公社解体。

"现在看来，搞社会主义建设不要那么十分急"

弄清楚什么是社会主义，怎样搞社会主义，是件让所有共产党执政的国家头痛的大事。苏俄十月革命成功后，建设社会主义一开始也是豪情万丈。列宁比较早地冷静下来。他在1922年和副财政人民委员弗拉基罗夫谈话时提出，不要当诗人，不要说大话，"由于养成的习惯，我们经常用革命的诗歌代替干实事。例如我们不假思索地说什么再过五至六年我们将有完全的社会主义，完全的共产主义，完全的平等和消灭阶级"。

30多年后，毛泽东几乎面临着完全相同的情形。1958年10月，山东范县的县委书记在大会上公开讲，全县两年可实现工业化、电气化，农业生产万斤化，科教文卫事业大发展，到1960年基本实行"各尽所能，各取所需"的共产主义分配制度，让"人人进入新乐园，吃喝穿用不要钱"。毛泽东看到这个材料，尽管觉得"时间似太促"，但心里是高兴的，认为此件"很有意思，是一首诗"，"三年完不成，顺延可也"（1958年11月6日）。那时，不少领导干部包括毛泽东本人都觉得，搞几年"大跃进"，不仅可以建成社会主义，还可以跑步进入共产主义。

"大跃进"运动的挫折让毛泽东很快冷静下来。此后，他不仅不再提进入共产主义的事，就是对社会主义建设成就的宣传也相当低调。建设和发展社会主义不能急,成为他的口头禅。他常说:现在看来,搞社会主义建设不要那么十分急。十分急了办不成事,越急就越办不成,不如缓一点,波浪式地向前发展(1961年1月13日)。社会主义建设,不能急。违反客观事物的规律,硬去实行,要受惩罚(1961年6月8日)。把时间设想得长一点。三百几十年建设了强大的资本主义经济,在我国,50年内外到100年内外,建设起强大的社会主义经济(1962年1月30日)。宁可把时间放长一些,不要提"前列"。对我国现有的水平不要估计过高。估计低一点(1963年8月26日)。有帝国主义存在,建设共产主义是不可能的。现在我又想了一下这个问题,就是在帝国主义统统被打倒的情况下,全世界都变成了社会主义,哪一年建成共产主义也还是说不定的(1966年3月28日)。1969年6月下旬,毛泽东修改一篇社论时,将文中"社会主义强国"改为"社会主义国家",并批示"请注意:以后不要这种不合实际情况的自己吹擂"。一直到晚年,毛泽东对社会主义建设步伐都保持着低调,显然与"大跃进"带来的警示和教训有关。

"大跃进"运动带来的这个警示和教训,不仅有益于中国慎重看待并相应调整社会主义建设的前进步伐,对其他发展中国家搞建设也是有启发意义的。毛泽东晚年接见了许多对中国充满好感的外国领导人,会见时总是把"大跃进"运动的错误,作为治国理政重要教训介绍给那些愿意向中国学习的外宾,提醒他们建设国家是一件不容易的事情,要遵循规律,不要着急。比如——

> 对乌干达总理说:我们犯了错误,要搞多,要快,结果证明是不行的。经济要逐步上升,发展只能根据可能,不能按照需要(1965年7月14日)。

对印尼客人说：搞经济不要太性急，我们早几年吃了太性急的亏（1965年9月30日）。

对越南的胡志明讲：建设可以逐步发展。我们吃了搞急了、搞多了的亏。那时就是贪大、贪多、贪全（1966年6月10日）。

对尼泊尔王国太子比兰德拉说：要把煤、钢、机械等工业搞起来，需要很多时间（1966年7月11日）。

对刚果国务委员会副主席说：你们现在愁你们的经济，我们也愁怎么把经济搞上去一点。我们犯过许多错误，你们不要走我们的弯路（1970年7月20日）。

中国自近代以来，长期纠结于"悲情"和"赶超"这两种心态。"悲情"缘自帝国主义的侵略和掠夺，"赶超"是"一穷二白"的国情所逼。这两种心态互相激发，转化为"落后就要挨打"的普遍认识，促使从上到下都想在短时期内用非常方式改变落后面貌；同时以为，只要大幅度地改变生产关系，就能大幅度地激发出社会生产力，社会主义的强大繁荣也就指日可待。"大跃进"运动就是在这种情况下发生的。毛泽东痛定思痛，对社会主义建设的看法回归常态，他对外宾讲的"发展只能根据可能，不能按照需要"，就是对社会主义发展常态的经典表达。

毛泽东一生成功地做了许多大事、难事，"大跃进"是他做的一件大的错事。对这件事，他先是不诿过，接着是一系列亡羊补牢的举措，然后是像祥林嫂讲阿毛的故事那样，不厌其烦地谈论和反思，着实把"大跃进"这口教训之井挖得很深。这突出反映了他不贰过，避免在同一类事情上两次犯错的决心和智慧。

文章千古事
——毛泽东建国后对自己著述的评价

新中国成立后,毛泽东主持编辑四卷《毛泽东选集》(以下简称《毛选》)时,还不时回顾过去的著述,谈论新近的文章,且多有评点。这既是梳理自己过去的思想心路,也难免拨响波澜壮阔的历史心曲,还涌动着回应现实需求的政治心潮。其间有多少回声,多少感慨,多少沉思,多少遗憾?拿一句老话,可谓"文章千古事,得失寸心知"。

"是血的著作"

1964年3月24日,有人向毛泽东说到,全国正在掀起学习《毛选》热潮,毛泽东的回应别出一格:"《毛选》,什么是我的?这是血的著作。《毛选》里的这些东西,是群众教给我们的,是付出了流血牺牲的代价的。"

所谓"血的著作",指《毛选》是斗争的产物,由问题"倒逼"出来;写文章是为记叙中国革命浴血奋斗的曲折过程,总结党和人民群众创造的经验,《毛选》的理论观点是付出巨大牺牲换来的。

这个基本定位,不是偶然之思。毛泽东第一次明确讲这个看法,是1956年9月10日在中共八大预备会上:"我们有了经验,才能写出一些文章。比如我的那些文章,不经过北伐战争、土地革命战争和抗日战争,是不可能写出来的,因为没有经验。所以,那些失败,那些挫折,给了我们很大的教育。"此后又说,中国革命"经历过好几次失败,几起几落。我写的文章就是反映这几十年斗争的过程,是人民革命斗争的产物,不是凭自己的脑子空想出来的","栽了跟头,遭到失败,受过压迫,这才懂得并能够写出些东西来"(1962年9月29日)。

这些坦率的评判,表明毛泽东不愿把自己的著述等同于一般学者在书斋里写出的文字。理论源于实践,文章合时而著,本就是写作规律。对这个规律,毛泽东不是泛泛而谈,还具体地列举了一些篇章内容。"解决土地问题,调查农村阶级情况和国家情况,提出完整的土地纲领,对我来说,前后经过十年时间,最后是在战争中、在农民中学会的"(1964年5月17日)。"有了大革命失败的经验,十年内战根据地缩小的经验,才有可能写《新民主主义论》,不然不可能;才有可能写出几本军事文件"(1965年8月5日)。这里说的"几本军事文件",指《中国革命战争的战略问题》《抗日游击战争的战略问题》《论持久战》以及《战争与战略问题》。

因为是血写的著作,来自中国革命的实际经验,毛泽东对他的一些重要观点也就格外珍惜。1954年3月,英国共产党总书记波立特给中共中央来信,提出要在英译本《毛选》中删去《战争和战略问题》一文中头两段内容,理由是其中"革命的中心任务和最高形式是武装夺取政权,是战争解决问题"的论断,"并不适用于英国",而且"会给我们在美国的同志招致很多困难"。毛泽东没有同意,让人回复:"该文件中所说到的原则,是马列主义的普遍真理,并不因为国际形势的变化,而须要做什么修正",如果不适合英美读者,该文"可不包括在选集内"。也就是说,论述武装夺取政权的文章，他宁肯不被收入在西方发行的《毛选》，也不愿删改。为什么？这个论断是从大革命失败后血的教训中得出来的，如果为逢迎域外读者而让步删节，反倒显得对中国革命经验的总结不那么自信了。

对"血的著作"，毛泽东一向自信。1949年12月访问苏联时，他请斯大林派一位苏联理论家帮自己看看过去发表的文章，看能否编辑成集。斯大林当即决定派哲学家尤金来中国做此事。后来毛泽东当面对尤金说："为什么当时我请斯大林派一个学者来看我的文章？是不是我那样没有自信，连文章都要请你们来看？""不是的，是请你们来中国看看，看看中国是真的马克思主义，还是半真半假的马克思主义。"

"是些历史事实的记录"

据逄先知同志回忆，1960年春毛泽东在广州通读《毛选》第四卷稿子时，特别兴奋。"读到《抗日战争胜利后的时局和我们的方针》《关于重庆谈判》等文章时，他不时地发出爽朗的笑声。"阅读旧著，回想当年金戈铁马、气吞万里如虎的魄力，运筹帷幄、决胜千里之外的智慧，怎能不平添豪气，快意迭见。这年5月22日，毛泽东在杭州召集刘少奇、周恩来、邓小平等人开会时，做了如下解释："这个第四卷我有兴趣。那个时候的方针是'针锋相对，寸土必争'，不如此，不足以对付蒋介石。"此后，他还进一步说到，"《毛泽东选集》第四卷就是记录三年解放战争的事"，从中"可以看到蒋介石是怎样向我们发动进攻的，开始我们是怎样丢失很多地方的，然后怎样发动反攻打败他们的。可以看出我们党的一些倾向，一些错误思想，我们是怎样纠正的，才使革命得到了胜利"（1962年12月3日）。

当年的决策玄机，战争的推进波澜，历史的本来模样，仿佛定格在了自己留下的文献之中。

不光是《毛选》第四卷，写于革命年代的所有著述，都被毛泽东视为历史的记录。1965年1月23日听取余秋里等人汇报工作，说到要活学活用毛主席著作，毛泽东说："我的那些东西还有用？那些是历史资料了，只能参考参考。""文革"中，他多次同外宾讲，"《语录》和《选集》是写的一些中国的历史知识。我们的经验有限，只能供各国参考"（1967年8月16日）。"我没有什么著作，只是些历史事实的记录。"（1968年8月13日）虽是谦虚之辞，视旧著为"历史资料""历史事实的记录"，倒也揭示了其著述与中国革命历史进程的紧密关联。

毛泽东是一个历史唯物主义者，对待历史一向持敬畏之心。1967年7月，有人提出将9月9日定为建军节，毛泽东果断表示：这是错误的。南昌起义是8月1日，秋收起义是9月9日，我们是历史唯物主义者。建军节是1933年中央苏区政府做过决定的，这件事不能变。南昌起义是全国性的，是大政治。秋收起义是地区性的，不能因为我参加了，就吹上天。与此同理，对待过去的著述，尊重原文史实是一种必需的态度。"文革"中，几次有人提出，新印发和翻译的《毛选》，宜修改一些人名和事件的注释，或删去一些人的名字，至少去掉某些人名后面的"同志"二字。毛泽东都明确拒绝了，理由就是，"这些都是历史嘛"，"还是照原来的印，还是原来的版本"（1967年3月16日）。

旧著虽是"历史事实的记录"，但其中一些重要观点对现实的指导意义毋庸置疑。毛泽东1951年着手编辑《毛选》时，专门到石家庄住了两个月突击审稿，他说要抓紧时间编选，"现在中国需要"。20世纪60年代以后，他的看法似有变化，屡屡用"历史资料"来淡化其著述的现实作用，还说今天阅读只能"参考参考"。为什么会出现这个变化？主要是觉得，现实任务已发生重大变化，探索社会主义建设道路也已搞了十来年时间，需要总结新的经验，写出新的理论著述。1964年6月8日，康生在中央政治局常委扩大会议上提出要出版《毛选》第二版，毛泽东说："现在学这些东西，我很惭愧，那些都是古董了，应当把现在新的东西写进去。""老古董"的分量既已摆在那里，要紧的是写出"新东西"，这是典型的政治理论家与时俱进的心态。

"此文过去没有发表，现在也不宜发表"

编辑《毛选》，毛泽东所取原则是精益求精。为避免带来不必要的现实困扰，他舍弃了一些个性鲜明，很富情感色彩的文章。写于1941年9月前后，长达5万多字的《关于1931年9月至1935年1月期间中央路线的批判》，便属此类。

这篇长文着力批判中共六届四中全会后中央发出的《中国共产党关于争取革命在一省与数省首先胜利的决议》《在争取中国革命在一省几省首先胜利中中国共产党内机会主义的动摇》等9个文件。这9个文件比较集中体现了土地革命时期"左"倾教条主义错误。毛泽东此文的写法，很像是读这9个文件的笔记，直截了当地层层批驳，不仅点了当时好几位中央政治局委员的名字，而且用词辛辣、尖刻，挖苦嘲笑之语随处可见，弥漫激愤之情。

诸如："请问老爷们：为什么分配一切土地给一切人，就叫作'十足机会主义的观点'，叫作'完全忽视无产阶级领导权'呢？咳，我倒要叫老爷们听训了！你们一点什么都不懂"；"老爷们既然完全不认识这个世界，又妄欲改造这个世界，结果不但碰破了自己的脑壳，并引导一群人也碰破了脑壳。老爷们对于中国革命这个必然性既然是瞎子，却妄欲充当人们的向导，真是所谓'盲人骑瞎马，夜半临深池'了"。

此文虽几次打磨，咄咄逼人的语气和文风，终究难以消除。当时没有发表，只给刘少奇、任弼时两人私下看过。在延安整风时如果发表，肯定不利于团结犯错误的同志。思考者可以个性化，文章家可以情绪化，政治家虽说也不乏个性和情绪，行事却需控制，更不能"化"。毛泽东此后20多年再也没有提到过这篇文章，看起来真的是当作记录一段心曲的"历史资料"，永远地搁置起来了。

不知为什么，1964年春天他忽然把这篇文章批给刘少奇、周恩来、邓小平、彭真、康生、陈云、吴冷西、陈毅等人阅看，还说："请提意见，准备修改。阅后退毛。"1965年1月2日，又批给谢富治、李井泉、陶铸阅看，仍说"请提意见，以便修改"，还讲："此文过去没有发表，现在也不宜发表，将来（几十年后）是否发表，由将来的同志们去作决定。"

既然没有确定公开发表，为什么还要翻捡出来示人，准备花功夫重新修改呢？想来，在毛泽东心目中，此文未必纯属"历史资料"，其中或许藏伏着立足现实需要让他格外珍惜的东西。的确，这篇长文反映了党的一段历史，一段犯"左"倾错误因而遭受重大失败的历史。毛泽东倾注那样大的心血，摆出那么多鲜活生动的事例，放纵那样锋芒毕露的犀利文风，来总结这段历史的经验教训，怎么能让它永远尘封？他相信对后人是有启发作用的。再则，事过境迁，那些曾经在20世纪30年代犯过错误的同志看了此文，也不至于引起"怒发冲冠"的情绪反弹了。

1965年5月,毛泽东在长沙动手修改这篇文章,把标题改为《驳第三次"左"倾路线(关于一九三一年九月至一九三五年一月期间中央路线的批判)》。修改完后,他打电话让王任重专程从武汉到长沙来阅看,并将改稿送给了几位中央领导人。一番犹豫,他依然没有公开发表,也没有内部印发。看来,如何处理此文,毛泽东心里确实颇为纠结。将近十年后,1974年6月,毛泽东又找出此文,打算印发中央委员。又是一番犹豫,结果只是给当时的部分政治局委员看过。据说,1976年8月,毛泽东还请人把这篇文章读给他听。一个月后,他逝世了,带走了对这篇文章的深深情感和复杂心绪。

"《实践论》那篇文章好"

1956年3月14日,毛泽东会见并宴请越南劳动党总书记长征和印尼共产党总书记艾地。长征谈起毛泽东的著作,毛泽东表示,他对《实践论》"是比较满意的,《矛盾论》就并不很满意"。这个评价,他后来始终坚持。1965年1月9日会见美国记者斯诺,斯诺说不久前他在日内瓦参加了一次"北京问题专家"的学术会议,其中辩论的一个问题是,《矛盾论》是不是对马列主义做出了新的贡献。毛泽东接过话头回答:"其实,《矛盾论》不如《实践论》那篇文章好。《实践论》是讲认识过程,说明人的认识是从什么地方来的,又向什么地方去。"

在毛泽东心目中,哲学在一切学问中居于最高地位,其他领域的著述不过是中国革命过程中一些具体经验的总结和具体政策的表达,是根据哲学观点结合实际的运用。他明确讲过,"没有哲学家头脑的作家,要写出好的经济学著作来是不可能的。马克思能够写出《资本论》,列宁能够写出《帝国主义论》,因为他们同时是哲学家,有哲学家的头脑,有辩证法这个武器"(1960年2月9日)。这样一来,似乎只有写出有创见的哲学论著,才能显出理论上的贡献和卓越,才能实现精神世界的飞跃和满足。

毛泽东对哲学有很深刻的研究和深切的运用。长征到陕北后,他开始总结土地革命时期"左"倾路线错误,但总体上,他不纠缠于一些事件的是是非非,而是告诫人们,犯错误的主要原因不是缺少经验,而是思想方法不对头。为纾解当时许多人在这个问题上的思想疙瘩,他在1937年写了《实践论》和《矛盾论》,一下子牵住了提高认识水平、促进思想转变的"牛鼻子",起到一通百通的作用。新中国成立后,在所有的著述中,毛泽东比较看重其哲学"两论",并认为《实践论》最好,原因或许在于,作为哲学家,他特别看重自己的论著在世界观和方法论方面的独创性贡献。

新中国成立之初,毛泽东最先关注的也是《实践论》。他让人把这篇文章译成俄文在苏联《真理报》发表后,又安排在《人民日报》正式发表,还特意叮嘱,《人民日报》发表后的次日,要配发苏联《真理报》1950年12月18日发表的编辑部评论《论毛泽东的著作〈实践论〉》一文。苏联哲学界对马克思主义哲学一向自信和挑剔,他们对《实践论》的评价,毛泽东比较在乎。当然,这也反映了他对《实践论》的自信。

《矛盾论》的"待遇"就没有这样幸运。1951年编辑《毛选》第一卷时,毛泽东甚至放弃了《矛盾论》。对此,他在1951年3月8日给陈伯达、田家英的信中解释说,《矛盾论》"论形式逻辑的后面几段,词意不畅,还须修改。其他有些部分也还须作小的修改。此件在重看之后,觉得以不加入此次选集为宜,因为太像哲学教科书，放入选集将妨碍《实践论》这篇论文的效力"。言下之意，《矛盾论》不能和《实践论》等量齐观。文章得失，确乎在作者的寸心之间。

毛泽东评判其哲学论著，内心有一个参照。马列"老祖宗"都是哲学大家，在他们面前，他从不造次。1961年12月5日会见委内瑞拉外宾，对方谈到自己家里挂了马克思、列宁、斯大林和毛泽东的画像，毛泽东说："我的画像不值得挂。马克思写过《资本论》，恩格斯写过《反杜林论》，列宁写过《谈谈辩证法问题》，他们的画像是应该挂的。"当然，他也并非觉得自己在哲学上对马克思主义完全没有贡献。1965年1月14日，他在中央工作会议上讲："马克思讲了自由是必然的认识和改造，说从来的哲学家是各式各样地说明世界，但是重要的乃在于改造世界。我抓住了这句话，讲了两个认识过程，改造过程（按：指《实践论》）。单讲自由是必然的认识就自由了？没有实践证明嘛，必须在实践中证明。"把《实践论》放到马克思主义认识论发展史上来衡量，毛泽东认为是有独创性的。至于讲辩证法的《矛盾论》，他觉得超过前人的地方不明显。

"经过反复修改，才把意思表达得比较准确"

毛泽东说过，对自己发表过的东西，"完全满意的很少"。这透露的似乎主要是文章之外的心绪。实际上，他满意的旧作并不在少数，有《星星之火，可以燎原》《论持久战》《新民主主义论》等，建国后他屡屡谈及撰写这些论著的背景及其发挥的作用。就是对一些没有收入《毛选》的文章，他也时常眷顾。1961年年初，新找到一篇写于1930年的题为《调查工作》的文章，毛泽东如获至宝，印发给在广州召开的中央工作会议，并说："这篇文章我是喜欢的"，"过去到处找，找不到，像丢了小孩子一样"。1964年，他把《调查工作》编入《毛泽东著作选读》，题目改为《反对本本主义》。1965年，毛泽东还私下重读同样未收入《毛选》的《长冈乡调查》，并在上面批注："错误往往是正确的先导，盲目的必然性往往是自由的祖宗。"对这些旧著，他不仅满意，而且还继续从中汲取对现实有用的思想资源。

重要文稿公开发表前，毛泽东都要反复修改，哪怕是过去已经公开过的，他也绝不草率印行。在主持编辑《毛选》的过程中，毛泽东不仅亲自选稿和确定篇目，对大部分文章进行精心修改，还具体地做词句数字、标点符号的校订工作，动手为部分文章撰写题解和注释。有的文章他重新拟定标题，比如，第一卷中的《中国的红色政权为什么能够存在？》，原题为《政治问题和边界党的任务》，改后的标题，一下子把文章主题拎出来了。编辑《矛盾论》时，毛泽东改了一道不满意，后经再次修改补充，才收入第二卷，后来印行重排本，才按时间顺序移入第一卷。这些，反映他发表旧作，既希望有"立此存照"的文献价值，又追求适应现实需求的思想价值。为此，毛泽东甚至说，"有些东西应该修改，比如第二次出版应该有所修改，第三次出版又应有所修改"（1968年11月28日）。

好文章都是改出来的。毛泽东某些代表作的核心观点实际上是在修改过程中才逐渐成形的。1956年3月14日，他对长征和艾地说："《新民主主义论》初稿写到一半时，中国近百年历史前80年是一个阶段、后20年是一个阶段的看法，才逐渐明确起来，因此重新写起，经过反复修改才定了稿。"艾地听了感到惊讶："印尼有许多同志认为毛主席思想成熟，写文章一定是一气呵成，不必修改。"毛泽东说："那样的说法是不符合实际的。我们的头脑、思想反映客观实际，谁都不可能无论什么时候一下子就反映得完全正确，无遗无误。客观实际是错综复杂，不断发展变化的。我们头脑、思想对客观实际的反映，是一个由不完全到更完全、不很明确到更明确、不深入到更深入的发展变化过程，同时还要随着客观实际的发展变化而发展变化。写《新民主主义论》时，许多东西在起初是不明确的，在写的过程中才逐渐明确起来，而且经过反复修改，才把意思表达得比较准确。"

这些话揭示了文章写作和修改的真实规律，是文章大家如鱼饮水，冷暖自知的深切体会。说完，毛泽东还补充了一句，"过去写的文章很多现在并不满意"，大概也是指还没有修改到位的意思。

"不适应新的需要，写出新的著作，形成新的理论，也是不行的"

大体从 1959 年起，毛泽东便生出一个心结，想对新中国成立后的社会主义革命和建设实践进行理论总结。这年辞去国家主席职务，他讲的一条理由，就是腾出更多时间去研究理论问题。

毛泽东总感到在理论创新上做得不够理想，并且越来越有一种不完全自信的紧迫感和危机感。他感慨自己，"人老了，也不知道是否还能写出些什么东西来"；也埋怨自己，"像《资本论》《反杜林论》这样的作品我没有写出来，理论研究很差"（1961 年 12 月 5 日）。有外宾问他有没有新的理论著作打算发表，毛泽东说，"可以肯定回答现在没有，将来要看有没有可能，我现在还在观察问题"（1961 年 8 月 19 日）。他还说，我们搞了 11 年社会主义,现在要总结经验。苏联的经验是苏联的经验,他们碰了钉子是他们碰了钉子,我们自己还要碰(1961年6月12日)。"搞社会主义,党的思想准备不够,我们自己也不懂,广大干部自己不懂,怎么能教人家懂。林乎加(当时任中共浙江省委书记处书记)希望我做报告,像延安整风一样,我说不行,我没有经验。"(1965年1月14日)

毛泽东很推崇列宁,认为列宁总能根据实践需要,不断进行理论创新。在1959年年底读苏联《政治经济学(教科书)》的谈话中,他说:"单靠老祖宗是不行的。只有马克思和恩格斯,没有列宁,不写出《两个策略》等著作,就不能解决1905年和以后出现的新问题。单有1908年的《唯物主义和经验批判主义》,还不足以对付十月革命前后发生的新问题。适应这个时期革命的需要,列宁就写了《帝国主义论》《国家与革命》等著作。"反顾自己,毛泽东觉得建国后还没有写出满意的理论新作。也是在读苏联《政治经济学(教科书)》的谈话中,他发出这样的感慨:"在第二次国内战争末期和抗战初期写了《实践论》《矛盾论》,这些都是适应于当时的需要而不能不写的。现在,我们已经进入社会主义时代,出现了一系列的新问题,如果单有《实践论》《矛盾论》,不适应新的需要,写出新的著作,形成新的理论,也是不行的。"

毛泽东深知,写出新的著作,实现理论创新,并不容易,因为社会主义建设才有一二十年的实践经验。但能不能通过为一些马列经典重新写序的方式,把中国社会主义建设的新经验融合进去呢?他想到了这个主意。理由是马克思和恩格斯先后为《共产党宣言》写了七个序言。在这些序言中,马、恩反复强调,对《共产党宣言》阐述的基本原理的实际运用,"随时随地都要以当时的历史条件为转移"。毛泽东很重视这个做法。1958年1月4日在杭州的一个会议上,他提出:"以后翻译的书,没有序言不准出版。初版要有序言,二版修改也要有序言。《共产党宣言》有多少序言?许多17世纪、18世纪的东西,现在如何去看它。这也是理论与中国实际的结合,这是很大的事。"

1965年5月,毛泽东准备尝试去做这件"很大的事"。他把陈伯达、胡绳、田家英、艾思奇、关锋等"秀才"召集到长沙,研究为马列经典著作"写序,作注"之事。讨论中,他建议先为《共产党宣言》《国家与革命》等六本书写序言,六人一人一篇。毛泽东还表示,《共产党宣言》的序由他亲自来写。可惜,后来因为注意力的转移,这件事情没有继续下去。

毛泽东是有终极情怀的人。他偶尔也会把自己的著述放到历史的长河中来审视,得出的评判另有一番趣味。1965年1月9日会见斯诺时,斯诺说他相信毛泽东著作的影响,将远远超过我们这一代和下一代。毛泽东的回答出人意料:"我不能驳你,也不可能赞成。这要看后人,几十年后怎么看。""现在我的这些东西,还有马克思、恩格斯、列宁的东西,在一千年以后看来可能是可笑的了。"

怎样看这段"文章千古"的评论?它反映的是虚无情绪吗?不是。毛泽东对马克思主义不是一般的信念坚定,他对未来的思考总是弥漫着深刻的哲学气息。一千年或几千年以后,社会主义发展到新的天地,若真的像他在诗里说的,实现"环球同此凉热",连阶级、国家都消亡了,不仅他的著述,连同马列"老祖宗"的著述,岂不也失去了用武之地?文章能否"千古",并不重要,只要寸心之间蕴含的理想主义能够"千古",就是件让人欣慰的事情了。

有那么一场"文仗"

毛泽东是文章高手,视文章为重要工作手段和开展舆论宣传的工具。他青年时代走上政治舞台的第一个亮相,靠的就是文章。那是在五四大潮中,不到一个月,他就在自己创办的《湘江评论》上面发表了40余篇时势评论。最有分量的一篇叫《民众的大联合》,引得倡导新思潮的胡适刮目相看,视之为精神兄弟。

在波诡云谲的政治风云中,打"笔墨官司"成为毛泽东的拿手好戏。在指挥打武仗的战争年代,他辅之以"文仗",发明了"枪杆子"加"笔杆子"的说法。1948年的华北战场,他以一篇《评蒋傅军梦想偷袭石家庄》,像诸葛亮唱"空城计"那样,硬是吓退了敌人两个军的偷袭。淮海战役中,又以一篇《敦促杜聿明等投降书》,瓦解了大量敌军的斗志。新中国成立后,毛泽东主要指挥打"文仗",自己在前面"冲锋陷阵"也是常事。1958年打金门炮战,为阐明缘由,毛泽东发表两篇《中华人民共和国国防部告台湾同胞书》,文势赳赳,气韵畅然,说理透彻,在海峡两岸均起到彰显民族大义之效。

"文仗"缘何起?

"打文仗",是毛泽东在中苏论战过程中明确提出来的。所谓中苏论战,实际上分为三个阶段。

第一个阶段，始于1956年中方发表《无产阶级专政的历史经验》和《再论无产阶级专政的历史经验》。这两篇文章针对赫鲁晓夫在苏共二十大上揭批斯大林错误，如何看待1956年国际社会主义阵营出现的波折，表明了中国共产党的态度和认识，即已隐含分歧苗头。此后，围绕"大跃进"和人民公社化运动、台湾问题、西藏叛乱、中印关系等中国的内外政策，赫鲁晓夫和苏共中央领导层也多表示了不同看法。到1959年，两党正式出现分歧。这年10月2日，毛泽东和其他中央领导人会见赫鲁晓夫时，双方当面争论得很激烈。分歧的结果是苏联撤销对中国的援助。

第二个阶段，从1962年爆发中印边境自卫反击战开始，苏共领导人在不同场合公开攻击中国，双方分歧走向公开，卷入攻击中国的东欧兄弟党也越来越多。中方从1962年12月到1963年3月，发表了七篇答辩文章。双方分歧最后归结到如何看待国际共产主义运动的理论、路线和政策上。

第三个阶段，苏共中央1963年7月14日在《真理报》上发表《苏联共产党中央委员会给苏联各级党组织和全体共产党员的公开信》，全文达三万多字，全面系统批评中国的内外政策，对中共领导人还指名道姓地批判。事情就此闹大。中方从1963年9月到1964年7月，发表九篇评苏共中央公开信的文章（简称"九评"）。而苏联方面则表示要对中国采取"集体措施"和"坚决的打击"。1964年赫鲁晓夫下台，争论结束。此后，不仅中苏两党关系，中苏两国关系也走向公开破裂，中国甚至面临战争威胁。

这三个阶段的论争，毛泽东都亲力亲为，几十次召集中央领导层开会，讨论修改文章，仅是"七评"就修改了18次，最后都由毛泽东定稿。

正是在第三个阶段的论战中,毛泽东 1964 年 3 月会见罗马尼亚外宾时,明确把这场笔墨官司说成是"打文仗":

> 现在不是打武仗,现在是打文仗,打笔墨,写写文章。这件事比较轻松愉快。你看,打了这么几年仗,没有死一个人。武仗可以打,文仗为什么不可以打?其实,你们知道我们也不想打的,我们对打这场文仗也没有精神准备,谁想跟苏联闹翻呢?

"文仗"怎样打?

这场文仗的打法别具一格。

毛泽东常以军事术语来解释和描述。"五评"发表后,苏方觉得有些被动,于 1963 年 11 月 29 日给中共中央来信,提出停止公开论战。毛泽东召开中央政治局常委会议讨论应对方案,提出把论战从第二个阶段转向第三个阶段,他对论战形势的这个转变的描述,很有意思:

> 1963 年 6 月 14 日我们发表《关于国际共产主义运动总路线的建议》的答复信,在表面上似乎我们是处于被动的地位,实际上是诱敌深入,等待时机。我党关于国际共产主义运动总路线的建议提出以后,我们形式上也转入主动,摆开全面出击的阵势。从那以后,我们又抓住苏共《公开信》转入战略反攻。现在正是展开全面反攻的时候,正像国内解放战争时期,1947 年 7 月刘邓大军南渡黄河、逐鹿中原,我军战略反攻开始那样。因为有《苏共中央给苏联各级党组织

和全体共产党员的公开信》这个靶子,我们就可以放开手脚,堂堂正正地进行公开大论战了。

1964年3月,罗马尼亚派出党的代表团来中国调停中苏论战。毛泽东给他们的解释,更是让人意外:

> 请你们去告诉赫鲁晓夫,中国人就是这么顽固的,叫着寸步不让,寸土必争,针锋相对。苏联的两千多篇文章,每一篇都是要答复。还有40多个党做出的决议,我们也要答复的。中国人就是"顽固分子","顽固分子"不只是邓小平他们这些人,首先是我。有时候,我比他们更"顽固"一些,更"好战"一些,更"侵略"一些,但也有时候他们比我更厉害一些。

喜欢打"文仗"的毛泽东,用打武仗的艺术构想论战布局,用战场的攻防阐明论战走势,以寸土不让的姿态彰显论战意志,如此这番的比喻和讲究,在政治家中确实少见。

打文仗,毛泽东不只是动嘴,他确实有那么一股子实干劲头。1956年12月起草《再论无产阶级专政的历史经验》时,他27日白天主持会议讨论文章的改法,当晚,就留胡乔木、田家英和吴冷西三个秀才在菊香书屋住所后面的居仁堂修改。三人修改完一部分,就交毛泽东再改,这样流水作业,一直改到28日清早才完。

打文仗,每篇文章都要成为在"战场"上能够炸响的"炮弹",关于如何布局谋篇,毛泽东总是体察入微,很讲究章法、逻辑和艺术。1959年3月下旬,西藏达赖集团武装叛乱。平叛后,为宣传我方的主张，反击印度的攻击，毛泽东指导写作了《西藏的革命和尼赫鲁的哲学》，发表后轰动一时。他对这篇文章很欣赏，由此提出，"写文章要讲究提笔。看一篇文章好不好，不一定看文章各段落之间的文字上的联系如何，主要是看文章的内在联系如何。如果内在联系得紧，那么倒不一定追求形式上的联系。我们不搞形而上学，不搞形式上的联系，要注意内在的思想联系"（吴冷西：《十年论战——1956—1966 中苏关系回忆录》上册第203页）。这种写法，看起来形式上不太连贯，但内容上却可能是一气呵成，由此每一段都可以给读者新鲜的感觉。这样的文风文气有可读性和感染力，很适合论战的需要。

对中苏间的这场文仗，毛泽东还像战略家那样精于整体布局，谋划战略重点。论战推进到第三个阶段后，他多次召开中央领导层会议研究论战方案，并在会上作了详细的战略设计：第一，公开信已经指名道姓地攻击我们，我们的评论也要指名道姓，苏方已公开论战，我们也要公开论战。第二，豺狼当道，焉问狐狸。评论要紧紧抓住《公开信》，对其他兄弟党的反华言论暂不置理。第三，擒贼先擒王，矛头对准赫鲁晓夫，他是急先锋，讲话也最多。第四，评论要有严肃的评论，也要有抒情的嘲讽，有中国风格和气派。刚柔相济，软硬结合，可以写得很精彩。

这个战略部署，与谋武仗之道，异曲同工。仅从第四点部署来看，随后写的"九评"的文句，严肃的评论和抒情的嘲讽，兼而有之，从文章学角度讲，可圈可点之处不少。

打文仗，既然是一场"战争"，除了让政论文成为主要作战工具，发挥"阵地战"作用外，毛泽东还想到了"轻骑兵"。他不仅要求把"抒情的嘲讽"用于"九评"，在整个文仗期间，还始终注重利用文学形式来"辅助作战",发挥"游击战"作用。由此,推出不少看似闲笔的文学作品,以烘托气氛,活泼思路,收到"刚柔相济,软硬结合"之效。

1959年分歧正式出现后,毛泽东自己写了好几首笔锋机趣的《读报诗》,直接批判赫鲁晓夫的言论。面对当时国际上出现的反华大合唱,毛泽东1961年让人从中国古代文言小说中选编了一本《不怕鬼的故事》。1962年1月会见阿尔巴尼亚外宾时主动讲起,"我们出过一本书,叫《不怕鬼的故事》,有英文版,有法文版,你们见过吗?如找到英文、法文的,可以送你们。这是第一本这样的故事的书,很有意思,那里面说,赫鲁晓夫是大鬼,尼赫鲁是半人半鬼,铁托是个鬼"。

20世纪60年代前期国际政治舞台上,有"三尼"之说,即美国总统约翰逊·肯尼迪、苏共中央第一书记尼基塔·赫鲁晓夫、印度总理尼赫鲁。赵朴初从1963年11月开始,陆续写了三首以赫鲁晓夫为主角的讽刺散曲,毛泽东很欣赏,1965年年初批示公开发表,把三首散曲改为《哭西尼》《哭东尼》和《哭自己》,并拟定《某公三哭》这个总标题。《人民日报》发表这组散曲后,一时风传,影响很大。

"文仗"为哪般?

今天回过头来看这场中苏论战,心绪难免复杂,评价起来不算容易。那时候,苏联搞社会主义已经40多年,有固定的模式和不小的成绩,还反思了斯大林的一些错误,在"冷战"背景下,拥有与美国抗衡的大国地位。而中国搞社会主义才十年左右,正在千辛万苦地探索自己的道路,不仅自身贫弱,面对的国际压力也很大。因而，双方的论战，实际上是在不同发展阶段和经验基础上，根据自身的需要来审视对方，看待世界。

关于审视对方。

苏联觉得，自己坚持和发展了马列主义，才把国家搞得这样红火，进而肩负起社会主义命运前途的主导责任，而你中国偏偏不服气，不跟着走，要搞自己的一套，在社会主义阵营闹分裂。

中国认为，你苏共以"老子党"自居，处处要我们和你保持一致，并且干预我们的内外政策，那怎么行？革命年代我们这方面吃亏还少吗？更何况，这还牵涉国家和民族尊严的大问题。

关于看待世界。

苏联的打算是：保持"冷战"均势，社会主义国家与资本主义"和平共处"，可以减轻自己的压力，更好地维护自己的优势；因此，其他社会主义国家也不应该过多生事，还没有实现社会主义的国家，可通过"议会道路"实现"和平过渡"；可你中国偏偏在战争与和平的问题上和我们不同调，给我们添乱。

在中国看来：我们处于帝国主义敌视、封锁和包围之中，自身又比较贫弱，依然面临着巩固政权的历史任务，怎能放弃革命与战争这个时代判断呢？更何况，一批受欺压的民族国家反对帝国主义和殖民主义的解放运动还在蓬勃发展，你苏联却讲"和平共处""和平过渡"，这岂不是背离了列宁主义的根本要求吗？

邓小平后来说，自己在这场争论中"扮演的不是无足轻重的角色"。他在1989年对这场文仗做了客观到位的解释和评论：双方争论的实质，是如何看待马列主义和社会主义，在这个问题上双方都没有搞清楚；希望马克思、列宁为他们去世几十年甚至上百年后出现的新问题提供现成答案，这是不可能的；更重要的是，在中国的感受中，更实质的问题是不平等。观点不合，苏联就撤销援助，进而恶化国家关系，让中国原本困难的经济雪上加霜，使"中国人感到受屈辱"。由此，据于各自立场的论战，双方都难免讲了不少空话和过头话。

出现分歧是必然的，有没有可能避免公开论战呢？今天回答这个问题比较容易，各走各的路不就行了吗？但在打文仗的当年，处于东西方尖锐对峙的"冷战"格局中，无论中共还是苏共，都很难达到这样的认识水平，很难保持心平气和的心态。人们的认识不可能脱离时代给予的具体条件，历史的复杂性也在于此。否则，很容易滑向"马后炮"的无益之举。

毛泽东在这场文仗中，确实用脑用心地思考了许多事情。比如，1956年4月4日他在最后一次讨论修改《关于无产阶级专政的历史经验》时，加写了一句至理名言："现在感谢赫鲁晓夫揭开了盖子，我们应该从各方面考虑如何按照中国的情况办事。"毛泽东还说，最重要的是把马列主义同中国的实际情况"进行第二次结合，找出在中国怎样建设社会主义的道路。这个问题，我几年前就开始思考"。还有，毛泽东1963年11月审改"五评"时加写了一句话，"社会实践是检验真理的唯一标准"，这是对真理标准所做的完备表述，至今被认为是一个经典的概括。

当然，毛泽东在论战中提出的一些观点，如"九评"中把中苏论战得出的一些结论运用到对国内政治生活状况的观察，把许多不是修正主义的东西当作修正主义来批判，毫无疑问，加强了他的一些"左"的理论和政策的发展趋势，多少成为发动"文革"的思想伏笔。这些，都需要花工夫去细细梳理。

不能单靠文章治国，也不能单靠"打文仗"来处理国家之间的关系，这已是今天的共识。邓小平不喜欢争论，大概与毛泽东的这个教训有关。花偌大的精力去争论正在探索的问题，反而容易束缚实践前进的步伐。

为何写起"读报诗"

从1959年年底至1960年6月,毛泽东相继写了四首《七律·读报诗》。1963年主持编辑《毛泽东诗词选》时,他打算收入其中的三首,并已印出清样,在付梓前,他觉得属于"反修诗词","宜缓发",最后从集中删去了。2013年,中央文献研究室编辑出版的《毛泽东年谱(1949—1976)》,正式登录了这四首《读报诗》。

毛泽东的《读报诗》,艺术上不算上乘,但其笔调风格,包括内容,却有些特别。

所谓特别,是径直以"读报"作题,表明写的是政治新闻,其幽默、嘲讽甚至"打油"风格,于严肃的政治主题中掺杂了些许不协的因素,表明毛泽东的创作审美旨趣,进入了一个"变异期"。

我的一个朋友提出疑问:"诗人刚刚写过七律《到韶山》和《登庐山》不久,何以诗风变得如此之快,简直匪夷所思!"是呵,毛泽东的诗词创作,为什么在这个时候发生陡变,出现新的主题、新的风格?这要从写"读报诗"的背景说起。

"读报诗"主题单一,无一例外地反映中苏两党分歧。我们可列出1958年夏到1959年年底短短一年多时间里,中苏关系发生变化的几件事情,来看看它们何以剧烈地影响到毛泽东的诗兴。

第一件，1958年夏天，为维护主权，拒绝苏联在中国设立长波电台和同中国建立联合舰队的动议。

第二件，1959年6月20日，苏共中央致信中共中央，废除此前双方签订的协议，中断提供原子弹样品和制作原子弹的技术资料。

第三件，1959年9月9日，苏联塔斯社发表关于中印边境冲突的声明。此事件8月26日发生，9月6日中国已经把真相告诉苏联，说明冲突是由印度挑起的。但塔斯社声明仍然责怪中国，偏袒印度。

第四件，苏联方面当时对中国提出的"双百方针"和正在实施的人民公社化运动表示明显的怀疑和批评。比如，1959年7月18日赫鲁晓夫在波兰发表《合作化道路是农民最正确的道路》的演讲，谈到苏联20世纪20年代搞公社，就失败了。1959年庐山会议期间毛泽东专门把赫鲁晓夫的这个演讲印成文件发给与会者，在一个批示中说"我写了几句话，其意是驳赫鲁晓夫的"。

第五件，赫鲁晓夫1959年9月访问美国后来到中国，通报其美国之行。毛泽东和中央其他领导人同他会谈时，在看待国际形势和美国的问题上多有分歧，双方吵得非常厉害。赫鲁晓夫大讲他在美国受到的热烈欢迎，说一个农场主送给他三头良种牛，有位资本家送给他一盘古银币，说美国差不多每个家庭都有汽车，一家有好几间房子。住得很好，吃得也很好，生活水平很高。他的结论是，我们同美国只能在经济上竞赛，搞和平竞赛，不能用武力来"试试它的稳定性"。还说艾森豪威尔的确需要缓和，等等。

第六件，1959年10月31日赫鲁晓夫在苏联最高苏维埃会议上发表演讲，不指名地攻击中国是搞"冒险主义"，"不战不和的托洛茨基主义"。

此外，1958年至1959年年底出现的另外两件事，也推动了毛泽东的思想和情绪变化。一件是1958年12月4日至1959年1月，美国国务卿杜勒斯发表几个关于和平演变社会主义国家的演讲。另一件是庐山会议的"反右倾"，认为国内右倾机会主义是同国际机会主义相呼应的。

这些事情，或关乎民族利益和民族尊严，或涉及社会主义阵营在"冷战"时期怎样看待西方和协调内部立场，或直指中国社会主义建设的探索实践，由此引起毛泽东的特别关注和新的思考，实为情理之中。苏联在当时是社会主义阵营的"领头羊"，其政策发生战略性变化，直接关系到国际社会主义运动的发展方向，关系到对马列主义的理解和认识；新中国成立后同苏联的结盟，是中国在东西方"冷战"格局中的必然选择，这种盟友关系的变化，也必然影响到中国在世界格局中的处境；就中国的社会主义理论和实践来说，20世纪50年代基本上呈现为从学习苏联模式到突破苏联模式这样一个探索轨迹，在毛泽东看来，刚刚有新的尝试，便引来"领头羊"的指责，这就不可避免地被激发起应战和挑战的激越心态。

凡此种种，使这位一心为中国的发展方向敏锐把舵的政治家产生一种感觉：盛极一时的国际社会主义阵营突然间走向了一个岔路口，中国在自己的前进道路上已经和必然面临各种势力的阻障乃至包围，能不能用崇高的理想把握中国的命运、社会主义事业的命运，乃至整个世界的未来，在他看来无疑是一场艰难的"突围"，一件生死攸关的头等大事。

为此，1959年11月，毛泽东在杭州连续两次召开小型会议，讨论国际问题，包括艾森豪威尔和杜勒斯的讲话、赫鲁晓夫的讲话等。12月又在杭州开国际形势讨论会。正是在杭州的几次会议期间,"防止和平演变"这个特殊而重大的命题被提了出来,毛泽东的心路主脉也发生从"今胜于昔"到对前途的忧虑的逆转。

这个逆转合乎逻辑地延伸为毛泽东诗词创作的明显动机和思想基调。

转折的标志,就是"读报诗"。

1959年12月30日和31日,毛泽东两次致信机要秘书罗光禄,要求把他新近写就的三首《读报诗》印发给即将参加一个会议的"各同志"。这三首《读报诗》是:

> 反苏昔忆闹群蛙,今日重看大反华。
> 恶煞腐心兴鼓吹,凶神张口吐烟霞。
> 神州岂止千重恶,赤县原藏万种邪。
> 遍找全球侵略者,仅余中国一孤家。

> 托洛茨基到远东,不和不战逞英雄。
> 列宁竟撇头颅后,叶督该拘大鹫峰。
> 敢向邻居试螳臂,只缘自己是狂蜂。
> 人人尽说西方好,独惜神州出蠢虫。

> 西海而今出圣人,涂脂抹粉上豪门。
> 不知说了啥些事,但记西方是友朋。
> 举世劳民尊匪盗,万年宇宙绝纷争。
> 列宁火焰成灰烬,人类从兹入大同。

吴冷西在其《十年论战》的回忆录里引述第三首时,中间两联的句子为:"一辆汽车几间屋,三头黄犊半盘银。举世劳民同主子,万年宇宙绝纷争。"这可能是毛泽东最初的稿子,里面径直把赫鲁晓夫向毛泽东等人通报自己访问美国的见闻,以及一个农场主送给他三头良种牛,有位资本家送给他一盘古银币的事情,也写进了诗里。

这三首《读报诗》的题材和主题显然同杭州小型会议讨论国际局势的主旨完全一致。把这样的诗作印发与会者,目的是以"诗化"的形式传达他对会议讨论内容的初步思考。在党的高层会议上正式印发自己的作品,这也是第一次,毛泽东从此踏上了直接作诗议政、以诗为矛的"突围"心路。

值得一提的是,第一首中"神州岂止千重恶,赤县原藏万种邪"两句,在毛泽东当时的心目中,大体是指国内的所谓"右倾机会主义",这显然已经开始不适当地把国内问题同国际问题牵连到了一起。看似不经意,但无论是政治思考还是诗思的传达,这都是影响后来决策的一个伏笔。

评述赫鲁晓夫的言行和相关的新闻事件,看来是毛泽东写"读报诗"的固定题材和主题。

1960年5月1日,就在赫鲁晓夫准备赴巴黎参加四国首脑会议的时候,美国U-2型高空侦察机侵入苏联领空进行间谍活动,被苏军击落。此事引起世界轰动,更使真心要改善苏联和西方关系的赫鲁晓夫陷入既尴尬又愤怒的境地。5月16日,四国首脑在巴黎爱丽舍宫刚一会面,赫鲁晓夫便站起来要求发言,按事先准备好的稿子对美国的行为进行了严厉的指责。巴黎会议随后宣告流产,美苏关系重趋紧张。

此事再度激发毛泽东的创作灵感,于这年6月又写了一首《读报诗》:

> 托洛茨基返故居，不和不战欲何如？
> 青空飘落能言鸟，黑海翻腾愤怒鱼。
> 爱丽舍宫唇发紫，戴维营里面施朱。
> 新闻岁岁寻常出，独有今年出得殊。

从这以后，毛泽东不再有"读报诗"。但"读报诗"开启的国际题材和有关中国社会主义命运的思考，却无疑在他的诗词创作中沉淀和延续下来，随着中苏两党关系的日益恶化和表面化，越来越深刻地构成其晚年作品的基调，越来越明显地浓缩为一个重要主题，如果用人们熟悉的政治术语来提示的话，这就是"防修反修""继续革命"。

于是，20世纪50年代常见的那种"今胜于昔""人定胜天""改天换地"的题材和主题，在毛泽东的诗思中淡然远去，除了在《七律·答友人》和《水调歌头·重上井冈山》两首作品中偶尔一现外，几乎不见了踪影。

此后，毛泽东接见外宾时，对方一旦同他谈起诗词创作，他便屡屡表达："你要写诗，就要写阶级斗争……我也是写阶级斗争。"（1962年9月28日）"我不会写诗，主要是写反帝的内容。"（1963年7月25日）这些自白，多少可视为毛泽东对其晚年诗词创作动机和思想主题的一种诠释。与此相应，晚年之作的诗风，也是雄奇豪放里多了不少急迫粗放，光昌流丽中掺进了许多忧郁悲凉，敷陈其事和直言其理越来越跃然纸上。

"突围"路上的心声

晚年创作的"突围"基调

诗为心声。从1959年年底写《读报诗》开始,毛泽东晚年诗作传达的心声,和此前很不一样。

划分诗人创作阶段,常常有年龄、时代、人生遭遇、创作风格等不同着眼点。就毛泽东来说,如果单单从年龄上来划出其晚年创作,没太大意义。例如,是从1953年毛泽东岁入花甲算起,还是从进入"从心所欲而不逾矩"的1963年算起?这两种算法都很难在其诗词创作中找到主题、风格发生转变的标志。

当然,比较便当的划分,是从1958年的"大跃进"运动算起,或者从1966年"文革"爆发算起。因为政治和社会背景的变化,常常成为文化时代的转折点,而这两场大的波折,确实标志着毛泽东在社会主义时期的理论和实践,别离了凯歌行进的岁月,进入曲折探索时期,在"文革"时期更是走向全局性错误。但是,政治划分似也不好代替艺术分野,诗风的转变同政治实践并不总是迅速同步。况且,"文革"时期,毛泽东只有两首诗面世。

毛泽东在新中国成立后头十年的诗作,无非是三类:一是咏赞开国气象,一是吟唱山水,一是歌颂建设。这三类作品,基本上呈现为一条理路,这就是在古今对比中突出今胜于昔,在神仙衬托中渲染人定胜天和历史巨变。整个诗风呈明朗开阔之势,给人光昌流丽的感觉。即使他1958年写的《七律·送瘟神二首》和1959年6月庐山会议前写的《七律·到韶山》《七律·登庐山》，其主题也都延续了今胜于昔和人定胜天的理路气象，抒发中国社会发生沧桑巨变的感受，同此前的作品没有实质区别。

不过，写完《七律·到韶山》和《七律·登庐山》不久，1959年9月1日毛泽东给臧克家和徐迟的信中有个自解，说"全世界反动派从去年起，咒骂我们"，"我的这两首诗，也是答复那些忘八蛋的"。这是诗人事后对自己作品的意义作的现实引申，反映了毛泽东在庐山会议后的心境和思路变化，透露出他诗情走向转折的信息。在这以后，毛泽东的大多数作品，都是在"咒骂"和"答复"、挑战和应战、包围和突围的心理冲突中创作的。

由此断定，从1959年年底写《读报诗》开始，毛泽东对中国社会主义道路的探索心境，有一种明显的基调，这就是：在意识形态上，他逐步陷入马列主义和修正主义相互对立和斗争的思维框架；在政治力量上，他逐步陷入无产阶级和资产阶级相互对立和斗争的思维框架；在社会走势上，他逐步陷入资本主义和社会主义相互对立和斗争的思维框架。

这些挥之不去的思维框架，使晚年毛泽东觉得中国共产党和中国的社会主义前途，掉进了资产阶级、资本主义和修正主义的重重包围之中，由此产生了一种急迫的"突围"心态。他从1959年以后的许多决策和思路，似乎都可以比喻为冲破重围、寻求新途之举。从"防止和平演变"到"防修反修"，从"以阶级斗争为纲"到"无产阶级专政下继续革命"，都属于冲破重围的重要思想武器。正像我们看到的那样，在政治"突围"中一路拼搏的毛泽东，其思路决策渐渐从局部困顿走向了"文革"运动这样的全局性迷误。

与此同时，这些政治"突围"的思路决策，也像一种强大的驱动器，把毛泽东晚年的诗兴和诗思逼进一条主题鲜明的通道：按自己的理解和意志，去揭示命运、突破包围、张扬斗志、掌握未来。这通道，也是一条"突围"心路，它划出了新中国成立后毛泽东诗词创作以1959年年底为界的两个判然相别的时期。这条通道之所以主题鲜明，是因为它总是布满了政治忧虑、政治思考、政治判断和政治期待的符号标示。

毛泽东的晚年诗词，正是他以深沉的命运感和强烈的斗争意志，播撒在"突围"心路上的枝藤般的思绪和情感。

四类作品，一条心路

毛泽东的晚年诗作，大致可以划分成四类。

第一类是"读报诗"。包括上篇文章（《为何写起"读报诗"》）谈到的4首。

第二类是"借物言志诗"。包括写于1961年到1963年的6首：《七律·和郭沫若同志》《卜算子·咏梅》《七律·冬云》《满江红·和郭沫若同志》《七绝·为李进同志题所摄庐山仙人洞照》和《七绝·为女民兵题照》。

第三类是"感事抒怀诗"。包括写于1961年到1966年的8首：《七律·答友人》《杂言诗·八连颂》《七律·吊罗荣桓》《水调歌头·重上井冈山》《念奴娇·鸟儿问答》《念奴娇·井冈山》《七律·洪都》和《七律·有所思》。

第四类是"咏史诗"。包括《七绝·屈原》《七绝二首·纪念鲁迅八十寿辰》《贺新郎·读史》《七绝·贾谊》《七律·咏贾谊》和《七律·读〈封建论〉呈郭老》6首。其中最后一首写于1973年。

总共24首，囊括了毛泽东的晚年所有面世之作。

从题材内容和创作意图来看，这4类作品虽各有侧重，但其理路却并非神龙见首不见尾，各类作品的相承之脉，形迹明显。

这是一条什么样的理路呢？这是一条政治"突围"心路。

关于"读报诗"。

鲜明地昭示了对20世纪50年代末"反华大合唱"的感受和反应，可视为其晚年"突围"心路的序幕和突破点。从创作心境来说，这类作品显然不是刻意为之，犹如突围初期准备不足的"遭遇战"，即兴之中流于"打油"，倒也使毛泽东诗词变异出一种新的品类。"读报诗"在风格上驱雅入俗，寓庄于谐，此种心境品格在1965年同样是写国际题材的《念奴娇·鸟儿问答》中，也复显露。

关于"借物言志诗"。

基本上依然是写国际题材，但诙谐随意不再，对中国共产党面临的局势的描述，严峻了许多；对中国未来命运的感受，也沉重了许多。政治"突围"中的双方冲突，在这类作品中总是比照而出：有"精生白骨堆"，便有"奋起千钧棒"；有"悬崖百丈冰"，则"犹有花枝俏"；有"高天滚滚寒流急"，便有"大地微微暖气吹"；有"蚍蜉撼树"，便有"扫除一切害人虫"。作者借景感物以言志，着力在两种力量的紧张关系中，映衬抗压不屈的豪情和捉妖打鬼的信心。但总体上讲，体现了"突围"心路上的人格升华和"突围"者追求的人生境界与宏大目标。因而更吻合诗境，更有象征意蕴。这类诗在毛泽东的晚年作品中，艺术性比较高。

关于"感事抒怀诗"。

常为具体事件引发，主要视野从国际转向了国内，多少可视为毛泽东对政治"突围"的现实状态及其决策心理的描述。或许，正是因为政治与诗情的互动共鸣在这类诗词中体现得格外明显，其内容常常比较写实，表达的不外乎在艰难的政治"突围"中，需要什么人，应该做什么事，达到什么目的。

比如，《杂言诗·八连颂》，所颂者，是在政治"突围"中经受得起考验的"奇儿女"。《七律·吊罗荣桓》所吊者，是"国有疑难"时可以倚重的干城巨子。《水调歌头·重上井冈山》和《念奴娇·井冈山》传达出浓郁的"井冈山情结"，联想到毛泽东后来多次说"文化大革命"不成功就重上井冈山这样的话，他在1965年的井冈山之行以及赋词咏怀，是不是意味着又一个历史性的起点就要到来？《七律·洪都》，则赋予那些闻鸡起舞、北地挥鞭的"多难兴邦"之士，以使未来中国"彩云长在有新天"，体现的重视接班人的心态已很明显。

《七律·有所思》所表达的，是在试图毕其功于一役的"突围总决战"打响时特有的一种心境。读这首诗，人们不免要问，毛泽东在1966年6月写作此诗时，所"思"者何？从作者手稿中曾先后拟题为"颂大字报""正是神都""有所思"来看，写的似乎只是一种外在形态，即北京掀起的"文革"风暴，以及这种风暴的表现——"大字报"。但从解诗的角度来看，那个"思"字则格外诱人。因为在表层风暴的下面，是深层的思绪碰撞，还有深潜的忧患，深切的渴望和深远的期待。

关于"咏史诗"。

体现了毛泽东进行政治"突围"时，对历史资源的寻求和借鉴。他在诗中试图通过揭示历史规律来掌握今天的命运，同时也借古喻今来张扬和期待某种理想的政治人格。

《贺新郎·读史》最值得一说。它是毛泽东对其历史发展观的集中阐述。犹如鲁迅在史书中看到了"吃人"那样别具一格，毛泽东撩开史书那"欺骗"（"五帝三皇神圣事，骗了无涯过客"）的面纱，看到的是疆场彼此的"弯弓"，即与"吃人"同理的阶级斗争。因此，几千年的文明史，依然要从奴隶造反说起，从"陈王奋起挥黄钺"说起。这当然不是偶然的历史灵感，而是有意引古证今，把历史引向现实。在毛泽东看来，充满血腥味的冲突、对立、斗争，进而悲壮的"突围"，自古皆然，于今尤烈。于是，在20世纪60年代风云变幻的历史震荡中，一首"读史"悄然打开了毛泽东的一个心灵窗口，在悲壮的"突围"中，在"弯弓"岁月里度过晚年似乎已经是注定的了。

1973年写的《七律·读〈封建论〉呈郭老》，依然是他历史观的一种宏观表达，是出于现实政治"突围"（批林批孔）的需要来评价历史上的治国之道（"儒法"之辩）。

其他几首咏史之作，都是感慨人物的。无论"少年倜傥廊庙才"的贾谊，还是"刀光剑影任翔旋"的鲁迅，显然都是毛泽东所期望的政治人格。"一跃冲向万里涛"的屈原，体现的是以身殉国的理想人格。看来，成功的"突围"，总是需要遇难不屈。毛泽东对其政治"突围"的悲壮乃至孤独的感受，已凸显而出矣。

寰宇·虫妖·风雷

"突围"的创作心态，使毛泽东晚年诗作始终充满着诗学张力，而不像20世纪50年代抒写历史巨变和歌颂建设的作品那样从容，那样光昌流丽，其笔下营造的氛围常常显得凝重和急促。

与此相应，毛泽东晚年诗作的意象构成，大致有三种比较固定的元素。

寰宇——"玉宇澄清万里埃""芙蓉国里尽朝晖""高天滚滚寒流急,大地微微暖气吹""小小寰球""天地转,光阴迫""试看天下谁能敌""彩云长在有新天""背负青天朝下看,都是人间城郭""试看天地翻覆""可上九天揽月"。晚年毛泽东似乎总有一种"念天地之悠悠"的情怀视野,只有"寰宇"这样的空间舞台,才能装载他所吟咏的物象,非如此,便不足以体现其胸襟之博、思绪之广、目标之大。因为其敌充斥寰宇,其志在改变寰宇,"突围"的成功与否,也就有了非同小可的世界性意义。

虫妖——"恶煞腐心兴鼓吹,凶神张口吐烟霞。神州岂止千重恶,赤县原藏万种邪""只缘自己是狂蜂""独惜神州出蠢虫""便有精生白骨堆""妖为鬼蜮必成灾""要扫除一切害人虫""不怕鬼,不怕魅""冻死苍蝇未足奇""有几个苍蝇碰壁""万怪烟消云落"。这些反反复复的"虫妖"之喻,完全可以用1958年12月下旬,毛泽东在广州批阅文物出版社出版的《毛主席诗词十九首》时写下的一段话来解释:"革命尚未成功,同志仍需努力。港台一带,饕蚊尚多,西方世界,饕蚊成阵。安得全世界各民族千百万愚公,用他们自己的移山办法,把蚊阵一扫而光,岂不伟哉!"虫妖布阵相逼,所以要"突围"。以虫妖比喻"帝、修、反""封、资、修",一则彰其恶毒和龌龊,一则示以轻蔑和不屑。

风雷——"一从大地起风雷""四海翻腾云水怒,五洲震荡风雷激""风雷动,旌旗奋""天际悬明月,风雷磅礴""一阵风雷惊世界,满街红绿走旌旗"。靠什么一扫虫妖?风雷荡涤而已。很好理解,风雷,是"继续革命"者的身影和力量,是"愚公"们"自己的移山办法",是实施"突围"的自信和"突围"呈现的壮观场面。

"寰宇""虫妖"和"风雷",好像一个三脚架,牢固地支撑起走在"突围"路上的毛泽东的诗兴。以寰宇为舞台,以风雷扫虫妖,是其"突围"心路的诗意比托,是他最习惯的创作思维,最主流的作品意象。这样的比托模式,有气势,但流于大言大词者多了些;很激越,却也弥漫着忧患("国有疑难可问谁""故国人民有所思");颇豪壮,有时也布满悲凉("鬓雪飞来成废料""壮志未酬事堪哀")。

诗意渐衰"如之何"?

反映毛泽东"突围"心路的诗作,写得最好的是《七律·答友人》《卜算子·咏梅》与《贺新郎·读史》这三首。

在创作路上的最后一段行程,毛泽东的诗兴诗趣事实上已不如从前了。"文革"前夕,当他接到周世钊寄来的"诗词数十首"时,在回信中羡慕和称道老同学作诗的"兴趣尚浓"之后,笔锋一转,感慨起自己"已衰落得多了",还连声自问:"如之何?如之何?"

这样的情景自然要影响创作状态。

最明显的是激发创作灵感的对象和方式发生了变化。除了1965年重上井冈山之行的两首,应该是真切实感的触景生情以外,毛泽东的晚年创作,较多的是阅读之后的感慨,比如读报、读史、读文件有感之类。这与他晚年的工作和生活长期局限在书房和办公室里披阅文件和读书有关。《七律·有所思》这样的作品,就是从文件中了解北京形势后创作的。

靠阅读而来的诗兴,也使毛泽东晚年较多地出现以"改诗"代创作的现象。诸如,1958年12月下旬在广州改陆游的《示儿》,

1959年12月在杭州改鲁迅的《七律·亥年残秋偶作》，1972年10月2日同周世钊等人的谈话中，改李攀龙的《怀明卿》，1974年7月4日同王洪文、张春桥等人的谈话中，又改李白的古风《梁甫吟》。这些改作，有的是刻意为之，有的是随口出之。改作虽也算诗兴诗趣，但毕竟可率意而为，不至于像原创那样必须冥思苦想。而其所改内容，也都是直指现实政治"突围"，毫不遮掩借以贬斥对手的用意。改诗现象从一个侧面说明，进入佳境的创作在毛泽东晚年已非易事。

诗词创作虽可传达理念，但过于坦直粗放地刻意抒发政治思考，难免伤及诗意。毛泽东晚年在认识上虽然也强调，"诗要用形象思维，不能如散文那样直说，所以比、兴两法是不能不用的"，但在进入创作状态时，常常是急于传达理念，释放激情，却又较少寻找到丰富独特而又恰到好处的物象来对应比托。于是，只好反复出现"寰宇""虫妖""风雷"这样的意象元素。

毛泽东此前的不少好诗，是改出来的。稿成后，他不仅自己改，也常常请一些诗坛大家改。但从1963年起，他的新作就很少像过去那样给人修改了。他自己也曾整理自己的作品，比如，1973年让护士长吴旭君把卷宗里自己的全部诗词用毛笔抄写了一遍。但有一个细节耐人寻味，在核对《贺新郎·读史》时，吴旭君见手稿里是"为问何时猜得？"，特意问是"为问"还是"如问"，毛泽东说是"如问"，当吴旭君请他动笔在手稿上改过来时，他却说："不要改了，随它去吧！"

难道真是诗意渐衰"如之何"？

"文革"几支笔,何以升沉
——晚年毛泽东眼里的"文革秀才"

"现在准备再打二十五年文仗"

1961年2月15日,毛泽东在广州读到四天前的《光明日报》,上面载有署名何明的《框框乎?指导原则乎?》,遂作批注:"好文章",并批示陈伯达:"何明是谁?一九五七年反右整风时期,他写过一篇短文,很好,我跟你谈过,想找他谈谈,未果。现在请你找他坐飞机来广州一次。同时请艾思奇、胡绳、王若水、任继愈、关锋五人一起同来。"

让毛泽东没有想到的是,急着要见的"何明",实际上就是他点名"同来"的五位理论秀才中的一个,时任《红旗》杂志学术组组长的关锋,"何明"是其长期使用的笔名。毛泽东那时正设法推动全党的调查研究之风,关锋的文章提出做调查研究要虚心,不要事前定出个主观主义的框框,马克思主义指导原则和调查研究之前的框框是两回事。这个观点很符合毛泽东的想法,由此联想到同一个"何明"在1957年发表的观点,欲见此人的心情就更急切了。

20世纪60年代前期,毛泽东设想把一些文章写得好,思路观点跟得上形势的理论秀才用起来发挥更大作用。这与他当时的注意力比较多地集中在意识形态领域有关,特别是与中苏论战"打文仗"的紧迫需求有关。1964年3月20日,他对外宾说,"过去打武仗打了二十五年,现在准备再打二十五年文仗,要作这个计划"。中苏两党间的这场文仗,虽发端于相互都对对方的内外政策不满,但归根结底是在如何看待马列主义基本理论上出现了分歧。毛泽东担忧党和国家的未来不知不觉滑出既定的马克思主义和社会主义轨道,于是提出在培养接班人的五条标准中,第一条就是要懂得马克思主义理论。他在1964年3月20日那次谈话中还明确讲:苏共和其他的政党不知写了多少文章批评中国,需要回答,"我七十一了,只能有五年计划,以后交给刘少奇同志、周恩来同志和邓小平同志,由他们去回答。要培养一批马列主义的能写文章的人"。"要组织马列主义队伍,不仅政治文章要写,而且要各门社会科学都写。"三天后会见日本外宾时又说:"我们过去打了二十五年武仗,现在打文仗,打笔墨官司,恐怕也需要二十五年。"

打文仗自然需要理论秀才冲锋陷阵。把打文仗与打武仗等量齐观,言下之意,就是要像大革命失败后培养和寻觅军事人才那样,有计划地培养和寻觅一批理论秀才。"文革"前,毛泽东关注得比较多且发挥作用不小的理论秀才不在少数,诸如他身边的胡乔木、田家英,还有吴冷西、胡绳、邓力群等,但到"文革"爆发时,他们或被边缘化了,或受到冲击,显然是跟不上形势。

这样一来,在发动"文革"的过程中,一批理论秀才先后进入毛泽东的用人视野。其中包括当时最大的秀才陈伯达,参加中苏论战写作班子的王力,擅长哲学和哲学史研究的关锋,写历史批判文章崭露头角的戚本禹,还有毛泽东早在1957年就注意到的文艺评论和杂记写得不错的姚文元,以及1958年因写批判资产阶级法权的文章得到毛泽东赞赏的张春桥。这些人纷纷登场,在"文革"爆发时的意识形态领域都立下"新功",特别是张、姚二人,因策划写作《评〈海瑞罢官〉》,直接点燃了"文革"的导火索。此外,还有在党内资格比陈伯达还老,长期在钓鱼台主持反修写作班子"打文仗"的康生。

有点例外的是江青,虽算不上笔杆子,但在推动"文艺革命"上也是名声大震。据《陆定一传》记叙,20世纪50年代毛泽东曾对胡乔木说,江青不会做什么工作,你们也不要用她。但后来,他改变了看法,对周扬说,江青看问题很尖锐。比如,1962年7月6日江青观看了吴晗的新编历史剧《海瑞罢官》,立即发现有"严重政治问题",向毛泽东报告,要批判,当时毛泽东没有在意。1963年她插手文艺工作,到中宣部开会爱发号施令,连中宣部部长陆定一也很少顶她。1964年前后,她抓了一批现代戏,被视为"文化革命"的突出成果,也算是意识形态领域的"闯将"。

"文革"的爆发及其运作初期,上述一干理论秀才的"笔",确实发挥了重要作用。这场运动在发动阶段,只不过是把同苏联"打文仗"的阵地转移到了国内,只是在说法上略有改变。比如,1966年8月7日讨论《中国共产党中央委员会关于无产阶级文化大革命的决定》稿时,毛泽东提出,"在进行辩论的时候,要用文斗,不要武斗"。从"文仗"到"文斗",要辩论的都是思想观点,要依靠的必然是理论秀才。

于是,上面说的那些理论秀才,再加上康生、江青,便成为"横空出世"的"中央文革领导小组"基干成员。这个成立之初原本有权力边界的"小组",很快便拥有了事实上相当于中央书记处那样的政治能量。

"会写几篇文章，膨胀起来了，要消肿"

有能量，不一定有能力。

在实践中干出来，在危机中被历史选择的毛泽东，对理论秀才的能力，不是没有疑虑。在提出打文仗的1964年3月20日谈话中，他就预留地步："文仗也好，武仗也好，实践中锻炼人。要能打文仗，也能打武仗。"无论是党的历史经验，还是国际共运的经验，都让他觉得，仅靠理论秀才，实践会充满不确定性，他们在重大考验面前未必撑得住。

在毛泽东之前，党的历史上有五位"一把手"，陈独秀、瞿秋白、李立三、博古（背后是王明）、张闻天，政治理论水平都不可谓不高，但在那个波诡云谲的时代，都没有能够站得住，不少人在重大关头，还出现重大失误。这样的教训，毛泽东汲取得很深刻，而他自己就是既能打文仗，又能打武仗的人。

从国际经验看，最典型的是苏联在斯大林逝世后的情况。尽管马林科夫担任了苏共中央的一把手，但很快就不能驾驭形势，被赫鲁晓夫取而代之。毛泽东在1961年9月22日同熊向晖等人谈话时指出缘由："马林科夫是个秀才，水平不高。1953年斯大林呜呼哀哉，秀才顶不住，于是只好来个'三驾马车'，其实，不是'三驾马车'，是'三马驾车'。三匹马驾一辆车，又没有人拉缰绳！不乱才怪。"

看来，在毛泽东的人才观里，没有经历过复杂斗争考验，没有独当一面开拓过某些新局面，缺少实践能力的理论秀才，关键时刻"顶不住"，即难以看透和掌握住局面。他们或者容易冲动蛮干，或者缺少果断韧劲，或者在困难和压力面前失去主张甚或动摇。这样的人，适合打文仗，如果放错位置，可能会坏事。

既然把理论秀才放到了特殊位置，并组成推进"文革"的指挥部，毛泽东起初还是希望他们能够在责任重大的风口浪尖上磨炼出实践能力。刚开始的时候，"中央文革"的理论秀才们确实是气吞山河如虎，叱咤风云地指点江山。一些领导干部一经他们点名，旋即被打倒；一些群众组织若被他们指为保守派，便立刻被打入另类。但是，只半年多时间，毛泽东对他们的做法就担心起来。

事情缘起于"中央文革"指挥部搞的打倒陶铸和全面夺权。1967年2月6日，毛泽东召集周恩来、陈伯达、叶剑英、江青等开会，当面讲出："你们这一摊子（指以陈伯达为组长的'中央文革领导小组'）要接受批评，你们毫无政治斗争经验，也没有工人农民斗争经验，更没有军队斗争经验，只是在文艺方面做了一些调查研究。"针对陈伯达、江青不和自己通气便打倒陶铸一事，毛泽东批评："你就是要打倒一切。你们早晚会被打倒。"

这是毛泽东对"文革"理论秀才的第一次严厉批评。虽有些恨铁不成钢的意思，但当面点出他们的致命弱点，当属识人之明。这些批评意见看来也是积郁已久，不是随兴而谈。2月10日，在中共中央政治局常委扩大会议上，毛泽东再次批评陈伯达和江青是"眼高手低，志大才疏"。这样的评语，已是直指理论秀才的心性才能不足了。

作为党内"第一支笔"，陈伯达在读书和研究理论方面是下过功夫的，其早年的一些论著影响不小。从20世纪30年代起，为党的理论宣传做了大量工作。"文革"开始后，为制造舆论导向立了"新功"。不能说毛泽东不看重他的"书生"本色和"理论"头脑，于是他当了"中央文革小组"的组长。很大程度上，也是因为这个组长职位，陈伯达在中共九大上才能成为中央政治局常委,达到理论秀才所能达到的职务巅峰。但一年后他就在1970年的庐山会议上倒台了。

纵观下来,陈伯达的悲剧,缘于三点。

一是能"打文仗",但办事能力不强。由于书生气太浓,缺少实际才干,"文革"开始不久,陈伯达这个"文革小组"组长在组内便屡屡受到江青、张春桥、姚文元一干人的排挤。江青可以肆无忌惮地骂他,连康生都嘲讽他这个马列主义研究院的院长是"乌龙院院长"。在1968年5月11日的一次会议上,毛泽东当面说他:"你不要管福建了,越管越坏。你这个人不能办具体的事。"如果是一般秀才,倒也不要求能办多难的事,但陈伯达毕竟进入了权力核心层,在那样的位置,只会自己写文章,而且还顽强地保持住一些书生气习,就不是优势了。在"中央文革领导小组"被日渐孤立的陈伯达,实权旁落,最后只好跑到林彪的军人集团里抱团取暖。

二是以患得患失之心来搞政治,某些理论观点,常与盘算利害得失的可疑动机有关。这就难免出现偏颇,甚至陷入弄巧成拙的境地。比如,他1958年谈废除商品,1959年庐山会议总结"大跃进"教训时同人背后议论党内是非,1969年起草九大政治报告,1970年庐山会议上谈天才论。这几件事的背后,政治揣摩和人事考虑,远大于对理论问题进行真知灼见的思考,因而引起毛泽东不满。毛泽东后来当面批评他:"我们共事三十年,你阴一套,阳一套,当面一套,背后一套。"这是有所指的。胡绳后来谈到陈伯达也曾说:陈伯达是一个书生,心里有鬼,知道毛主席对他有戒备,总是在探测毛泽东的意图,总怕有一天被甩掉。

三是胸怀格局不大,也不善与人合作沟通。从延安时期起,陈伯达尽管名声很大,但在理论秀才圈子里,他政治声望始终不高。从周边的人称他为"老夫子",就可看出人们对他的定位。"文革"前,他和毛泽东身边的其他秀才如胡乔木、田家英就处不来。田家英1962年8月25日在他主持的秘书室传达中央北戴河会议精神时,公开讲到一件事。有一次起草中央文件,里面有一句"如实反映情况",陈伯达提出要改为"用无产阶级的立场、观点反映情况",否则,尽在内刊上反映包产单干的思想,也成了"如实反映情况"。田家英不同意,说下面有包产单干思想,就要如实反映,让中央知道呀。胡绳也反驳说,若按老夫子的意思,在美国就要说"用资产阶级的立场观点反映情况"啦,结果大家哄堂大笑,陈伯达很是尴尬。胡绳曾回忆说:陈伯达写过文章说老子是唯物论,毛主席看到关锋讲老子是客观唯心论,认为讲得对,陈伯达于是对关锋很讨厌。这个回忆很能说明陈伯达的政治性格。前面讲过,1957年毛泽东读到"何明"的文章,就对陈伯达说想见见这个人,但陈伯达却始终没有说破"何明"就是自己的部下关锋,也为一例。

"文革"中,同为理论秀才,陈伯达和张春桥、姚文元也处不来。起草中共九大报告时,毛泽东让他同张春桥等人商量,大概是不愿别人染指荣光,陈伯达却自己单干。毛泽东在会上催问几次都没写出来,于是直接让张春桥等人来写。陈伯达的稿子后来被弃置一旁,其心里的郁闷可想而知。但他又心有不甘,跑到林彪那群人里,不顾原则搞团团伙伙,最后的悲剧势所必然。

理论秀才当然要为政治大局服务,其价值的实现不可能离开政治上的选择。但是,如果处处从个人得失的私心出发,将不可避免地放大理论秀才的某些天然缺点,这时候优势常常就变成了劣势。

到1967年夏天,王、关、戚又纷纷闯下大祸,加速了毛泽东对理论秀才的失望。

这年5月,毛泽东已看出些苗头,他在一次接见外宾时说,"本来想在知识分子中培养一些接班人,现在看来很不理想","知识分子从来是转变、察觉问题快,但受到本能的限制,缺乏彻底革命性,往往带有投机性"。如果说,这段话当时还只是针对造反起家的理论秀才们的泛泛之论,到8月1日,关锋主持起草的《红旗》杂志社论,鼓吹"揪军内一小撮"时,理论秀才的弱点便暴露无遗了。8月7日,王力在外交部发表著名的"八七"讲话,使外交部夺权斗争更趋激烈,甚至还发生了"火烧英国代办处"这种违反国际关系准则的恶性事件。这些做法更加印证了毛泽东5月间的判断,体现了理论秀才造反派们认识和处理问题的偏执、轻狂及投机特点。

毛泽东失望了,随后下决心处理王力、关锋和戚本禹。8月26日,他明确讲:"膨胀起来了,会写几篇文章,膨胀起来了,要消肿,王(力)的错误大,我的看法此人书生气大些,会写几篇文章,不大懂政治,王的破坏力大些,关(锋)听王的话。"

"文化程度低一点,用一批知识分子扶助"

陈伯达和王、关、戚相继倒台后,代表"文革"路线的理论秀才,便剩下张春桥、姚文元以及江青这些人了。1971年林彪事件后,毛泽东开始考虑中央领导层的结构问题。在筹备十大过程中,他想从工农当中提拔一批人,对于文化程度的高低,却不太在乎,还说了一句话,"文化程度低一点,用一批知识分子扶助"。这句话反映毛泽东当时在用人上的一个想法:撑局面的未必是理论秀才,但可以让张春桥、姚文元这样一些人来"扶助"。

在使用理论秀才的问题上，晚年毛泽东心里似乎有一道底线：无论是维护"文革"路线，还是着眼于未来政局，都应该在领导层内摆上他们，以强化思想理论和社会舆论的作用（诸如批林批孔、评《水浒传》、评法批儒、批"资产阶级法权"）；但是，这些人冲一冲，吵吵嚷嚷可以，领导实际工作的政治能力不行，容易擦枪走火，让他们主持理论宣传之外的工作大局很难服众。

"文革"那么乱，党没有垮，由此可以看出毛泽东掌握全局的思路是很清楚的。刘少奇下去了，林彪上来，但他让周恩来做中央碰头会的主持人，事实上主持办事，撑住了危局。林彪事件后，按那时的逻辑，应该是张春桥这些拥护"文革"路线的人上来，但毛泽东还是让周恩来主持中央工作。王洪文曾经挂了一段时间的名，接着毛泽东还是把党政军大权交给了周恩来、邓小平、叶剑英、李先念这些老同志，还提了华国锋、纪登奎等一批有实际工作经验的"中生代"领导干部上来协助。毛泽东清楚，"四人帮"这些人的主要作用是在思想理论上维护"文革"路线，但管不了大事、要事和难事，再加上他们拉帮结派，出头的江青缺乏自知之明，有时甚至成事不足败事有余，得不到多数人的支持。

明白以上思路，解释下面这件事情便有了答案。

毛泽东晚年比较看重张春桥，除了批评"四人帮"时涉及他外，对其个人基本上没有甩什么重话批评。1974年在长沙同周恩来商量四届人大的人事安排时，毛泽东还流露："她（江青）说张春桥恐怕有点才干。"但1976年年初周恩来逝世和邓小平下去后，毛泽东常常扳着指头思考每个政治局委员的情况，最终把排名靠前最有希望主持国务院工作的张春桥排除在外，而选择了新中国成立后从县委、地委、省委一把手干到国务院副总理的华国锋,并要张春桥"让一下"。这个安排,使张春桥失落万分,他于1976年2月3日私下里写出一篇《有感》,大发牢骚;姚文元在2月16日的日记中还发出疑问:"经济工作什么时候能由真正的马克思主义者来领导呢?"反应如此激烈,直露"腹诽",看来是真的急了。倒也应验了毛泽东对理论秀才们的判断,他们确实不是那种能够撑住局面的人。

"秀才"的升沉与其心理格局

"文革"理论秀才的个人命运,固然由时代因素造成,确也和他们做人做事的某些天然局限有关。

一是摆错了自己的位置。真正成熟的领导团队,无不重视理论政策的设计和宣传,并且让理论秀才在领导团队中发挥重要作用,这是一个至今仍然要重视和传承的好经验。但是,发挥智库性理论影响力,和实际操作大局面的政治实践,毕竟有所不同。"文革"理论家以秀才之能,去扛非其所长的政治实践之鼎,根据撰写理论文章的思维来搞现实政治,缺少实际才干,又缺乏运作资源,对形势的判断认识常常被自己制造的舆论迷惑,做起事来难免捉襟见肘。南怀瑾说,人有三个错误不能犯,即"德薄而位尊,智小而谋大,力小而任重",说的就是不能摆错自己的位置。

二是想问题办事情好走极端。"文革"理论秀才脑子里常常装满一些干事情的道理,他们确实也对一些理论问题做了研究,但在机会主义情绪的驱使下,总是把理性思维推导到非理性程度,把政治思维演绎到极端盲目状态。于是,他们做事情只能依靠和他们一样盲目极端和机会主义心态的造反人群。让毛泽东震怒的"火烧英国代办处",就是这样发生的。

三是轻狂,着意放大自己的能力。在放大能力的同时,也放大了雄心。正如毛泽东所说,"会写几篇文章,膨胀起来了"。雄心和野心之间,本就一纸之隔,很容易捅破,甚或原本就有野心,只不过用光鲜华丽的外表裹着罢了。

四是好的道理起好的作用,坏的说法起坏的作用。这一点最重要。古人说"名不正则言不顺,言不顺则事不成",和我们常讲的"没有正确理论就没有正确实践"的意思差不多,但此处尚需加一句,"实不明则名不正",因为如果不洞悉实际,不能解释实践,你那个理论就未必正确。"文革"理论秀才的文章和讲话,就属于"实不明则名不正"。他们盲目搬用书本教条,通过片面发挥书本观点来框套实际,甚至为了需要歪曲书本和实际,搞出一些既"实不明",又"名不正"的说法,诸如"宁要社会主义的草,不要资本主义的苗",批林批孔还要批"周公",借宋江架空晁盖说中央有人"架空毛主席"之类。结果传播的是讲不通的"道理",放大的是破坏作用。

"文革"理论秀才的上述局限,可以归结为"脱节"二字,既同自己的本来模样脱节,又同社会实际脱节,还和人们的认知常识和愿景脱节。最后物极必反,虽风云一时,却昙花一现,被历史的火车甩下,势所必然。

后浪推前浪，希望到失望
——晚年毛泽东眼里的"新人"

"年年后浪推前浪，江草江花处处鲜"

"年年后浪推前浪，江草江花处处鲜"，这是"文革"前夕毛泽东在一首诗中传达的心声。察识和选用新人，是晚年毛泽东心中位居前列的大事。在他看来，面对新事物，有的老干部已经跟不上形势，跟不上自己的思路，有的因接触实际少而出现脱离群众的危险。特别是到了20世纪60年代中期，即使比毛泽东小十岁左右的那批革命家，也已步入花甲之年。培养接班人成为当务之急，很需要把一批思路跟得上形势，符合未来期望的人提上来使用和观察。

他当时比较注意从三类人群中发现和培养新人。一是工人农民中的代表性人物，特别是劳动模范和下乡知识青年。1964年生日那天，他专门请在北京开人代会的劳动模范和部分领导干部一起吃饭，大体有这方面的考虑。二是理论秀才。三是青年学生。这后两种人群在"文革"发动过程中扮演了重要角色。造舆论推波助澜的是一些理论秀才，在前面冲锋陷阵的是青年学生中的红卫兵造反派。这些人中出现了一批当时影响很大的人物，他们联手成势，借势而兴，成"后浪推前浪"之景，大体属于毛泽东心目中"江草江花"类的"新人"群体。

"文革"全面爆发前后，毛泽东对红卫兵怀有莫大期待，希望满怀激情和憧憬的年轻人把现实冲一冲，也设想从中发现和锻炼一些可托未来的人。他在1966年3月20日的中央政治局常委扩大会议上说得很明确："我们的政策是不要压制青年人，让他们冒出来。接班要那些年纪小的，学问少的，立场稳的、坚决的，有政治经验的。学生要造反，不起来不行。"这年6月10日，在杭州主持中共中央政治局常委扩大会议时又说，"关于文化大革命，要放手，不怕乱"，"要在运动中把左派领导核心建立起来，使这些人掌握领导权。不要论什么资格、级别、名望，不然这个文化阵地我们还是占领不了的"。这年8月7日，毛泽东审阅《中国共产党中央委员会关于无产阶级文化大革命的决定》，提出将原稿中"一批无名小卒成了勇敢的闯将"一句中的"无名小卒"改为"无名青少年"。

这些，在新近出版的《毛泽东年谱（1949—1976）》里，都有明确记载，透露出毛泽东当时借"文革"发现和培养新人，期待新人们像他说的那样，"在大风大浪里锻炼成长"。大致在1966年年底以前，毛泽东对各种新人多以好话期许。

"让他们学生来接班，行吗？"

早期红卫兵组织成员，有的基于青春叛逆的冲动，有的为改变现状的责任，有的为释放积郁已久的不满，有的则缘于从小接受的理想激发和对未来的憧憬，总之是情况各异。其中有得风气之先的干部子弟和头脑冷静、站位较高的人，发现造反的势头偏离了原本的理解，或因冲击到了自己的家庭或自小崇拜的父辈英雄，于是主动急流勇退，或自然而然地被边缘化，个别的甚至成为了激进分子的对立面。

奋勇直前的激进分子很快推着局面朝着无序的方向发展。他们多多少少在想象中把自己定位成打碎旧世界的革命家角色，以"革命无罪，造反有理"的口号张目，大行过激之举，把局势弄得越来越乱。毛泽东毕竟是有经验的大政治家，20世纪60年代的中国，也已不是20世纪二三十年代的中国。毛泽东发动"文革"固然是为了防修反修，甚至不怕"天下大乱"，但并不是要摧垮他自己创建和领导的党，何况中国共产党已经是全面肩负国家治理和建设使命的执政党，怎么能够推倒一切从头再来呢？

各色造反"新人"掀起的"大风大浪"，开始触及毛泽东心里的底线。他后来明确把"文革"的错误归为两条，一条是打倒一切，另一条是全面内战。这两种情况，盛行于1967年和1968年。所谓打倒一切，老干部首当其冲，被打倒的实际上是党的历史传统和现行的各种秩序；所谓全面内战，就是各派之间斗得厉害，比着谁更革命、谁更正统。这两点错误表面上是搞无政府主义，背后是一些新人急于夺权、掌权。这是毛泽东难以接受的。他最直接的一个疑问是：靠这些"新人"掌权，行吗？

比较早的一个材料，是毛泽东1966年10月24日在有中央政治局成员和各大区负责人参加的会议上的讲话。他在会上放出一个风声："把中央局、省市委都打倒，让他们学生来接班，行吗？不知工农业，只读一点书，行吗？"那时，上海工人造反派制造的以夺权为目的的"一月风暴"还没有起来，毛泽东即已敏锐地看出苗头，担心"新人"造反之后会对各级党政机关取而代之。1967年2月12日，在夺权高潮兴起后，毛泽东又当面告诫支持夺权的"中央文革小组"成员，"把工人、学生提上来，掌握了权，没有经验，几个月就变了"，"光是红卫兵、工会、造反司令部不行"。

"他们就是不愿意当陪衬，不愿当见习官"

毛泽东当时的想法是，在需要夺权的省、市，建立革命群众组织的负责人、当地驻军代表和原有领导干部"三结合"的班子。谁在领导班子里起主导作用呢？1967年6月25日，周恩来明确转达毛泽东的话："省、市一级还是要干部挂帅，红卫兵小将往往是今天上台，明天打倒，政治上不成熟，还不能当省、市的革委会主任。"

但是，还没有等到"三结合"普遍推行，各派群众组织就大闹起来，造反"新人"各拉山头，相互攻击，把"文斗"变成"武斗"，大打出手。1967年7月、8月、9月三个月，"全面内战"兴起。毛泽东亲身经历的武汉"7·20"事件很说明问题，不明真相的群众组织甚至跑到了毛泽东在武昌东湖的住地闹事。这件事让他大吃一惊，反复追问："都是工人，为什么分两派，我想不通。"于是在上海造反组织"工总司"的报上批下一段名言："在工人阶级内部，没有根本的利害冲突。在无产阶级专政下的工人阶级内部，更没有理由一定要分裂成为势不两立的两大派组织。"

大致从这个时候起，毛泽东开始了由"乱"到"治"的考虑，进而对所谓造反"新人"的所作所为开始了从希望到失望的转变。

这种转变，累积的时间不算短。"文革"前中苏论战时，毛泽东曾以《水浒传》的第一回"张天师祈禳瘟疫，洪太尉误走妖魔"的故事作比喻，说赫鲁晓夫就是洪太尉，他发动公开论战，就是揭开石板，把下面镇着的一百零八个妖魔放出来，天下就大乱了。我们就像一百零八个梁山好汉，是赫鲁晓夫这个洪太尉放出来的妖魔鬼怪。发动"文革"的时候，他偏袒年轻的造反者，提出"打倒阎王，解放小鬼"，结果，解放的"小鬼"并没有完全按他设想的轨迹造反，越来越不听话。

比如，他提出"复课闹革命"，但到处风光的红卫兵刚刚找到点叱咤风云的感觉，哪里听得进去？他提出"抓革命、促生产"，有多少造反者会把心思用在促生产上面呢？他提出"要文斗，不要武斗"，结果是到处武斗，甚至是动枪动炮地干。他在各处夺权之后提出大联合，结果是派性斗争搞得遍地狼烟，连派到各单位和各部门"支左"的军队干部也自觉不自觉地卷了进去。他想两三年内结束"文革"，但总是树欲静而风不止，放出去的"妖魔鬼怪"收不回来。凡此种种，离他想培养和发现"新人"的初衷，越来越远了。

到1968年夏天，毛泽东终于忍耐不住了。7月28日，他召见北京红卫兵造反派组织"五大领袖"，当面告诫，"你们脱离了工人，脱离了农民，脱离了部队，脱离了居民，脱离了学生的大多数"，"现在是轮到你们小将犯错误的时候了"。这次召见表明，毛泽东基本上放弃了通过一场运动，急速地从飓风卷起的红卫兵、造反派"新人"中发现和培养人才的想法。十天后，他同"中央文革碰头会"成员谈话时，说得更透彻："靠学生解决问题是不行的，历来如此。学生一不掌握工业，二不掌握农业，三不掌握交通，四不掌握兵。他们只有闹一闹。"

几次谈话，直指"新人"们政治经验不成熟，群众基础不牢靠，缺少实践经历，说明在毛泽东心目中，新人的成长应该有步骤，有标准，不只是"闹一闹"那么简单。要掌得住权，用得好权，就更非易事了。试想，他对一些资历不浅的理论秀才，尚且疑虑多多，怎么可能对只因"闹一闹"便暴得大名的造反"新人"放心呢？

大体说来，在1969年4月中共九大选出的中央委员中，除了上海的一些工人造反派头头外,其他的造反"新人"很少。对新进中央委员会的产业工人和农民代表,毛泽东也一再说,"新选进的基层一些同志,我就担心他们脱离群众","他们还年青,还要锻炼"。中共九大前后,毛泽东确实想把局势稳定下来,并认为"文革"就要结束了,还撤销了"中央文革领导小组"这个机构,随之而来的是把解放一些老干部提上日程。1969年6月26日,毛泽东在武汉做过这样的解释:"现在有的人年轻,造反精神很强,他们缺乏经验,不懂得历史。你们把赵修(湖北省副省长)解放了,我同意,这个好。听说河南的地、县级的第一把手,有百分之五十的人都出来主持工作了,这个经验很好,全国不太多。现在对干部要一个一个解放。"

这是不是说,在毛泽东心目中,通过"文革"培养和发现一些新人的设想全无成果呢?也不是。九届中央委员和候补中央委员中,确实有新面孔,各省、市也提拔了一批新干部。这就引出一个问题,新提上来的年轻干部在权位上如何自处? 1969年7月8日,毛泽东在杭州听取浙江省革委会和省军区负责人汇报工作时,陈励耘谈到浙江的新干部中存在一些问题,毛泽东说:"他们就是不愿意当陪衬,不愿当见习官。要教育、帮助新干部,就是要当见习官,他们没有经验嘛。老干部是有经验的。"看来,提拔一批新人,主要是为未来储备人才,眼下要紧的是让他们"当见习官""当陪衬"。

问题在于,"新人"们未必这样想。

向王洪文推荐《刘盆子传》的弦外之音

造反派出身的王洪文,既是工农代表,又是"文革"中脱颖而出的典型"新人",而且也很年轻。毛泽东把他提上来,自然视之为锻炼、培养新生力量的一个重要成果。

毛泽东关注到王洪文,固然缘于张春桥等人的推荐,却也是看重让王洪文大出风头的上海"安亭事件"和"一月风暴"。1967年5月一次会见外宾时,毛泽东说:"批判资产阶级反动路线是知识分子和广大青年学生先搞起来的,但一月风暴夺权彻底革命,就要靠时代的主人,广大的工农兵作主人去完成。"为此,1968年国庆那天,毛泽东在天安门城楼单独和王洪文谈话,问起王的经历,知道他小时候在农村放过牛,当过兵,转业后又当工人。这种不同于理论秀才和青年学生,看起来懂得实际的丰富经历,自然引发毛泽东的格外关注。他后来一再对人说:王洪文种过田、当过兵、做过工,工农兵都齐了,后来又当过干部,经历比较全面。

1968年10月31日在中共八届十二中全会闭幕会上,毛泽东让列席会议的王洪文站起来给大家认识,说"这次会议,有年轻的同志参加很好,但是太少了"。1969年中共九大期间,毛泽东让王洪文代表工人阶级在大会上发言,1972年9月又调王洪文进北京,以中央委员身份参加中央的一些工作。这些举措,为王洪文的上升做足了铺垫。1973年酝酿十大人事安排时,正式提议王洪文做党的副主席,并劝中央政治局的同志不要看不起"儿童团"。尽管一批老同志不表态,事实上不赞成,许世友还明确讲,党的副主席就周总理一个人就行了,为此当面同张春桥爆发冲突,但王洪文还是成了副主席。

毛泽东当然明白中央领导层对王洪文的跃升有不同看法。他坚持提拔,反映了在培养新人一事上的急切之心,同时也是要树立"文革"在培养和发现新人上的一个典型成果,并相应地调整中央领导层的结构。

但毛泽东也不是要一锤定音。培养如此高层面的接班人不得不谨慎，让其靠得近一点，事实上也是便于磨砺和观察。参与领导这么大的一个政党，所要求的能力、经验，特别是思想水平和人格品德，毕竟不能从昙花一现的造反夺权经历中看出，也无法从其工农兵经历中得到真实答案。古人说，"吏不通儒，则为俗吏"。王洪文到中央工作之前，毛泽东就两次问过张春桥，王洪文会不会写文章，担心其理论文化水平不高。王到中央后，又刻意安排他随同周恩来参加各种活动，为其提供向老干部学习以积累政治经验的机会。

1973年开十大期间，毛泽东让王洪文读《后汉书》中的《刘盆子传》。此为何"传"？西汉末年一个叫刘盆子的放牛娃（恰好王洪文小时候也放过牛）参加了农民起义军，靠抽签当上了这支起义军的皇帝，但他依然像放牛娃那样玩耍，终不成器，很快倒台。挑出这样的传记让王洪文阅读，既有告诫又有隐忧。

以上各种安排，特别是荐读《刘盆子传》的弦外之音，任何人都体会得出来：论资历、能力，你是到不了这样的高位的，就像刘盆子一样，靠运气，你如果不认真当好"见习官"，积累经验，努力长进，会不会同刘盆子一样，早晚倒台呢？

可王洪文偏偏没太在意，缺少审慎精进之心，又和张、江、姚结成毛泽东反感的"四人帮"，1974年底还跑到长沙去向毛泽东告叶剑英、邓小平等老一代革命家的状。毛泽东当面告诫他，"中央就这么多人，要团结"，"不要跟在江青后面批东西"，"搞宗派要摔跤的"，还让王洪文在长沙写出书面检讨。大致以王洪文1974年12月长沙之行为标志，毛泽东对他基本上就不抱什么希望了。

王洪文却依然故我。他能够脱颖而出，自然有高于普通工人的本事，甚至也有不同于其他"新人"的特长。但是，缺少资历、能力积累的简单造反经历，一下子拥有那样高大的政治平台，不是无所适从，就是抱团成伙，由此无法摆脱原来的政治习性和立场选择。尽管王洪文还是在中央高层挂着主持工作的亮眼职位，却已是牢骚满腹。1975年，他跑到上海对人说，"什么主持工作，还不是让我往火坑里跳"，"现在我有什么权啊？党中央和国务院都是邓（小平）在抓，军队也是他的，我只能抓抓中央党校的工农兵读书班嘞"。别人问起缘由，不料他来一句："这是主席定的，我有啥办法？"

"新人"们为什么让毛泽东感觉失望

以"文革"这样的运动方式来培养、选拔新人，毛泽东从希望到失望是必然的。

借"文革"这样的运动方式成为"新人"，从跃升到跌落也是必然的。

个中原因虽然复杂，但就"文革""新人"们的特点来说，有下面几条不会被毛泽东认可，也注定不会被历史选择。

一是信念追求问题。历来能够起事和成事的人，缺不了执着信念，而其信念须有科学道理支撑，有益于事业的光明未来。"文革"中的许多"新人"则是把造反当信念，把夺权掌权当事业，出发点就不对。

二是行事方法问题。"新人"们不少有江湖之气，行事不乏草莽色彩，盲目蛮干，急功近利，爱走极端，不合自己愿望便来个打倒一切你死我活的斗争。这样的行事方式，早晚要走到岔路上去。在需要稳定和建设的时候，不可能实现毛泽东当时期望的大破大立、善破善立、破而为立、破中有立。结果就是毛泽东说的"他们只有闹一闹"，难免被淘汰。

三是经验能力问题。不少"新人"常常因为一场事件便暴得大名，本来就缺少群众基础、干事情的经验和能力缺少积累沉淀，说得很好听的信念没有经过艰难曲折局面的考验，最后只能凭几句简单的口号办事，结果是办不成大事、难事，撑不住局面。

四是胸怀格局问题。上升如此之快，似乎也出乎"文革""新人"们的意料，在被"胜利"冲昏头脑的同时，没有更多地考虑现实的路子应该怎样走才能稳当。更要命的是，一旦有了些权力，他们便看得重得不得了，常常拉帮结派以护之、争之、用之，难免显得胸襟狭窄，目光短浅，缺少远虑，有的甚至迅速滑入享乐腐败的窠臼。

"文革"中的一干"新人"其实并不新，历史上绝不鲜见。他们在特殊历史条件下的浮浮沉沉，留给后人的教训着实不小。

"瓦釜"既鸣，更待"黄钟"
——晚年毛泽东眼里的老干部

九大以前

"文革"开始后，一大批老干部因跟不上"形势"，或靠边站，或被视为"走资派"受到批判和批斗。对这种情况，毛泽东是知晓的，也认为是难免的，但确实没有要全部打倒的意思。开始的时候，他让老干部在冲击面前守住底线，1966年10月24日召集中共中央政治局部分成员、各中央局负责人开会时，还亲自为中央局和省市委领导干部出主意："反党反社会主义决不能承认，承认了还能工作吗？""你们万万不能承认反党反社会主义。"就是对刘少奇和邓小平，毛泽东也不赞成把大字报贴到街上去，还说对刘少奇"不能一笔抹杀"，要"准许革命"。

1967年年初，打倒一切、全面夺权起来了，老干部普遍挨整的情况引起毛泽东的警觉，随即开始思考如何评价、保护和使用老干部的问题。

目前看到的材料，毛泽东最早是在1967年2月6日指责"中央文革小组"犯了"一切老干部都打倒"的错误。2月10日，他在中央政治局常委扩大会议上又放出相应信号，提出要请陈毅、谭震林、徐向前、李先念等人参加中央政治局常委扩大会。这个提议的用意不难揣测，在动乱局面中，中央领导层不能缺少一批有政治经验能办实事的老同志。1967年5月一次会见外宾时，毛泽东说得更明确："对革命的及要革命的领导干部就是要保，要理直气壮地保，要从错误中把他们解放出来。"7月18日，在武汉还同周恩来谈到，明年春"文化大革命"结束后，接着召开中共九大会议。把老同志解脱出来，许多老同志都要当代表，当中央委员，随即举了邓小平、乌兰夫、彭真、贺龙等人的名字。9月17日在江西又讲："干部垮得这么多，究竟是个好事还是坏事？现在要批评极左派思想——怀疑一切。"

为使老干部解脱，毛泽东当时经常说的理由有三条：一是老干部遇到新问题是正常的，经过群众运动，改掉一些毛病有利于重新工作；二是把老干部都打倒了谁来做事情，靠那些青年学生和造反派行吗？三是明确政策，"不要一提'走资派'，就认为都是坏人"，"不要老是检讨没有完"，"有所批评就够了"。他采用的解脱办法，是反对批斗老干部时污辱人格和搞逼供信；直接点了中央、地方和军队中许多老干部的名字，表示要"保"他们。正是在1967年夏天，毛泽东和中央从遭受批斗的干部中"捞"了一批出来继续工作，比如湖南的华国锋、湖北的张体学、河南的纪登奎等等。

到1969年年初准备召开九大时，毛泽东设想，"文革"就要结束，应该把各种人拢在一起，使九大成为他期望的"团结的大会，胜利的大会"。这时，对老干部斗也斗了，批也批了，接下来应该是用起来，到新的实践中去改正的问题了。

于是，在九大前夕毛泽东有关老干部的谈话越发频繁起来。1969年2月19日，他特意召集"中央文革碰头会"成员和陈毅、李富春、李先念、徐向前、聂荣臻、叶剑英等开会，对在座的几位老同志到工厂做调查研究的活动表示肯定："你们可能变成先进的。"又说：你们几位老总研究一下国际问题，由陈毅挂帅，徐向前、聂荣臻、叶剑英参加。正是出于恢复正常秩序的考虑，毛泽东在这次谈话中忽然问道："还有一件事，今年的计划，五年计划还有两年，你们在搞吗？"在座的李富春回答："现在正在搞。"毕竟，抓革命是为了促生产，"文革"运动可以交给江青、张春桥这些人去搞，但经济、军事、外交战略这些大事、实事，是离不开老同志的。3月22日，他再次召集上述人开会，想法又进了一步，明确讲，"你们几位老同志为国家工作，不要只管一个部门，聂荣臻不能只管一个国防科委，叶剑英只搞一个军事科学院，钻进去就出不来。要管宽一些，军事、政治、国内、国外，你们经验多一些，小萝卜头看不起你们，说你们老了，没有用了。我不赞成"。

　　这些想法，最终都要落实到九大人事安排当中。事实上，在3月22日那次会上，毛泽东就提议让"老同志参加到各九大代表团中去"，并说，主席团175人，除少数老同志没有参加外，其他都参加了。随即还点了一批各地省级老干部的名，放出风声，"过一段时间，群众的气消了，就可以解放他们"。4月11日，在酝酿中央委员会选举时，毛泽东说：我提议一些老同志，就是你们说的"老机会主义"要选进去，我在开幕式上的讲话就有这个意思。他当时提到的老同志有朱德、陈云、邓子恢、张鼎丞、叶剑英、徐向前、聂荣臻、李富春、李先念和陈毅。

　　这些老同志后来都被选为中央委员，有的进入中央政治局，有的成为中央军委副主席。冲在"文革"运动前面的陈伯达、康生、江青、张春桥、姚文元几个人，也进了政治局，这些人主要在意识形态方面发挥作用，在经济、国防、外交方面实际上插不上手。此外，鉴于当时发生珍宝岛战斗，中苏关系紧张，立足于打仗的准备，进入中央政治局的军队干部过多，为后来的政局走向埋下隐患。稍后，毛泽东也注意到这种情况，说苏联骂我们是"军事官僚专政"。

从十大到四届人大

1971年林彪事件后，在毛泽东的主导下，解放了一大批老干部。此后，调整和稳定中央领导层的结构，成为他一再考虑的要事。除继续让中央领导层的老干部发挥作用外，他设想从工农中间提拔一些，从相对年轻一点的领导干部中选一些。

由此，从1973年8月的十大到1975年1月的四届人大，在中央领导层逐步形成四拨人：一是以周恩来、叶剑英、邓小平、李先念为代表的老一代革命家，二是以李德生、华国锋、纪登奎、吴德为代表的"中生代"领导干部，三是以倪志福、陈永贵、吴桂贤为代表的工农模范，四是王洪文、张春桥、江青、姚文元这些"文革"路线的代表。王洪文本算是工人代表，但他的成长经历和倪志福这些人不同，主要靠造反起家，进入中央后的政治地位和立场选择都不同于工农代表。

这四拨人中的"中生代"，事实上还是属于老干部，只不过他们的资历浅一点，年龄稍小一些。这部分人上升到中央是早晚的事情。毛泽东1970年4月13日在长沙同湖南负责人黎原、华国锋、卜占亚谈话时，黎原谈到自己是抗日战争时期参加革命的，毛泽东说：三八式多了，我看现在主要是三八式啦，就是说不再都是南方老表了。我看了一些副军长以上的调动，都是河南、河北、山东、山西的，这些干部都是长江以北的啦。看得出，"三八式"中生代干部的成长，他心里是高兴的。

这四拨人中，老一代革命家最有经验、资格和威望，可主持大事；中生代也有经验，可操持实事；工农代表有象征意义，可学习办事；至于"四人帮"，与"文革"运动相生相伴，是维系"文革"成果之必需。

比较起来，老一代和中生代的情感倾向比较接近一些。工农代表虽然直接受益于"文革"，但他们事实上是在"文革"前就已干出名堂，情感倾向和中生代并没有太多区别。比如，倪志福在1973年第一次参加中央政治局会议后，周恩来把他单独留下来谈话，叮嘱他刚上来，对中央政治生活并不了解，要向吴德学习，处世要谨慎稳当。

毛泽东安排的这四拨人，是"文革"运动的必然结果，反映出他晚年用人上的基本思路：照顾了各方面、各种倾向，有利于结构平衡，而且是老中青结合。但是，这个试图把方方面面拢在一起以托长远的领导层格局，看起来合理，实则脆弱而充满变数，势必出现毛泽东担心的团结问题。因为以老一代革命家为代表的党内健康力量和"四人帮"之间的矛盾，根本上很难调和。各省、市、区乃至地县级革委会实现的大联合、"三结合"情况，也大体如此，表面上是联合了，但派性并未消除，反而把派性挪移到了党内和政府内，结果只能使对立情绪得到表面上的暂时缓和，一遇风吹草动，就会反复。

果然，到1974年，以老干部为代表的党内健康力量和"四人帮"的斗争公开化了。一会儿是"风庆轮事件"，一会儿是邓小平赴联大的风波，一会儿是批林批孔夹带出"批走后门"。从1974年下半年的情况看，"四人帮"处于攻势，老干部处于守势。社会上不少人也判断，周恩来病重，邓小平即使东山再起也已经70岁了，又被打倒过，今后很难说；江青是毛主席夫人，谁也不能对她怎样，当时王洪文在主持中央工作，毛泽东心里对他虽有失望，但毕竟是自己扶持起来的，而且王犯不了大的错误，总不会倒，再加上张春桥这些年富力强的人辅佐，优势自然在"四人帮"这边。到这年年底，围绕四届人大的人事安排，"四人帮"更是动作不断，还派王洪文到长沙向毛泽东告状，从而使毛泽东不得不对这两拨人的优长做出比较，在使用上再次面临紧迫而重大的选择。

《毛泽东年谱（1949—1976）》披露了这年12月23日至27日，毛泽东和周恩来在长沙的不少谈话内容，主要涉及四届人大筹备工作和人事安排。

毛泽东和周恩来心里都清楚，两人都老病缠身，来日不多，这或许是他们生前最后一次人事安排了。毛泽东对周恩来说："你的身体不行了，我也不行了，叶帅也不行了，康老也不行了，刘伯承也不行了，朱德也不行了，难啊。""难"在哪里呢？难在人事安排的紧迫性和复杂性，需要慎重；难在这次安排涉及两人身后的政治格局和走向，需要把领导层人员的特点分析清楚，还要表明态度，有些话就需要说得透彻直率一些。

于是，毛泽东在这次谈话中第一次提出"四人帮"这个概念，对他们表示强烈不满。他让江青和王洪文做检讨，不让江青组阁，只让她研究国际问题，还说，张春桥管党务（而组织工作另由纪登奎负责），姚文元管宣传出版。在老同志方面，毛泽东坚持朱德拟任委员长，若干副委员长中，董必武、宋庆龄要排在前面；尽管周恩来已经病重，毛泽东毫不犹豫地坚持，"总理还是我们的总理"，这个职务非周莫属；他还讲，"国务院的工作要能办事的"，周恩来生病期间，"国务院的工作由小平去顶"；再次明确，邓小平担任党的副主席、国务院第一副总理、军委副主席兼总参谋长。

此番安排，看起来没有放弃已经喧腾鸣响的"瓦釜"（"四人帮"），心底里，却更为期待和倚重音雄韵厚的"黄钟"（老干部）。毕竟，党和国家当时面临的艰难局面，还是要靠"能办事"且久经考验的老干部才撑得起来。

四届人大之后

1974年年底以后，毛泽东很关心三件事情。一是安定团结，二是把国民经济搞上去，三是学习理论防修反修。这种工作布局，也相应地反映在他对人事布局的考虑之中。

对第一件事，安定团结，毛泽东通过反复批评"四人帮"搞宗派来解决。在实际工作中，他支持邓小平整饬地方上闹派性的头头，还看出张春桥、姚文元当时只批经验主义，不批教条主义，是在制造不安定因素，在1975年5月3日的政治局会议上及时提出批评。这是毛泽东生前最后一次主持中央政治局会议，他在会上历数了"四人帮"的一些错误，提出："四人帮"的问题，"上半年解决不了，就下半年解决；今年解决不了，明年解决；明年解决不了，后年解决"。这个说法意味深长，所谓"解决"，是批评，是改正，是分化，是瓦解，还是别的意思，在场不同立场的人，有不同理解。多多少少，为后来的政局发展埋下了伏笔。

1975年5月底和6月初，在邓小平主持的两次中央政治局会议上，王洪文、江青、张春桥、姚文元被迫就毛泽东提到的"批判经验主义"、搞"四人帮"、"以个人名义送材料"、在批林批孔中夹带批"走后门"、"不抓大事"等错误，分别作了自我批评。6月7日，毛泽东听取邓小平汇报中央政治局会议的情况后，表示："我看有成绩，把问题摆开了。他们几个人现在不行了，反总理、反你、反叶帅。现在政治局的风向快要转了。你要把工作干起来!"邓小平回答:"在这方面,我还有决心就是了。反对的人总有,一定会有。"毛泽东接着引用"木秀于林,风必摧之"两句古语给邓小平打气。

对第二件事,把国民经济搞上去,则主要让老同志和"中生代"去做。张春桥虽然担任副总理,且排名靠前,但分管文化教育,与姚文元的工作重叠,而邓小平主持着国务院工作,李先念、纪登奎、华国锋又是常务副总理。至于军队方面,则由叶剑英、邓小平主持,张春桥虽然兼着总政治部主任,王洪文也参加会议,但他们事实上插不上手。王洪文在上海就对人说:讨论军队干部任免名单,"我和春桥同志都不熟悉这些人,对有些人的情况,根本不了解,讲不出反对的理由,只好通过"。

至于第三件事,学习理论防修反修,则让张春桥、姚文元这些人去做,搞理论、造舆论,是他们的强项。他们当时抓得比较多的是批资产阶级法权、评法批儒和评《水浒传》这类事情。

这时候,非常有政治经验的邓小平则努力把上述三件事拢在一起,提出"三项指示为纲",实际上是为了突出第一件和第二件事,同时也意在强调三件事是一个整体,抓理论宣传不能同安定团结、经济整顿对立起来。

实际上,邓小平对理论宣传这件事从来看得很重,抓得很紧。和毛泽东一样,他深谙理论秀才的作用。新中国成立初期他主政西南时讲过一些名言,诸如,"共产党员不懂理论是可耻的"、"拿笔杆是实行领导的主要方法"、"宣传工作是一切革命工作的粮草"、"要改变一个人的脑筋就要做宣传工作"等。毛泽东重视邓小平,不仅欣赏他的办事才干,也清楚他在思想方法和理论水平上有突出优势,特别是对邓小平20世纪60年代初期在前线指挥同苏联"打文仗"的水平印象深刻。

1975年大刀阔斧地主持整顿时,邓小平不是一般地重视理论秀才。1975年1月6日,四届人大还未召开,他就约胡乔木谈话,说正在考虑胡乔木、吴冷西、胡绳等人当国务院顾问的事,还叮嘱胡乔木:"多找一些人,多带一些徒弟,组织一个写作班子。现在的一般文章,只有结论,没有论证,不能说服人。可以提出一些研究和写作的题目,如三个世界的划分、苏联的社会性质、战争与和平问题、资本主义世界经济危机问题和毛主席不久前谈到的关于无产阶级专政理论问题等。这些都是国内外广大群众迫切需要系统解答的问题。"6月正式成立国务院政治研究室的时候,邓小平又提出,"以后再吸收一些人,特别是年轻一点的,培养做理论工作"。从实际效果来看,当时的国务院研究室成为牵制"四人帮",宣传和推动整顿工作的重要舆论阵地。

总的来说,晚年毛泽东对中央领导层的期望是多方面的。既要有搞马列主义的理论水平,又要有治党治国的经验能力,最好还要有指挥打仗的本领。反复比较,他对看得到、抓得起、稳得住的老同志更为倚重。为此,关键时候他信任周恩来,两人敞开心扉一道敲定四届人大的人事安排;他评价叶剑英是"诸葛一生唯谨慎,吕端大事不糊涂";他说"李先念会管经济,是木匠出身,腰里别着斧子,不是劈就是砍",意即对各种经济项目该批的批,该砍的砍。

众所周知,毛泽东格外看重政治经历、思想方法和处世风格与自己有许多相似之处的邓小平。据《毛泽东年谱(1949—1976)》记载,邓小平在"文革"初期被打倒后,毛泽东从1967年1月17日到1969年4月23日九大召开,对邓小平有20次评价,内容均是正面的。林彪事件后为了重新起用邓小平,毛泽东说邓小平的好话就更多了，其中三条评价为人熟知，最能体现晚年毛泽东的用人之道：人才难得，政治思想强，会打仗反修。1975年支持邓小平的整顿，毛泽东也是真心实意的。比如，7月初，邓小平对毛泽东谈到军队整编方案时说："我处理这些问题名声不大好，都说我两次讲话叫复辟，说是刘少奇的班底又起来了，有人不高兴。"毛泽东说，"任劳任怨。你跟刘少奇不一样，两回事。再过两三年就好一些了"，"无非是挨骂，我历来就是挨骂的"。

当时中央领导层的格局配备，是历史形成的。老同志们的信仰、经验、才干和威望，包括他们和毛泽东的关系，经过长期考验。把他们摆在党政军的什么位置，对全局的稳定会起到什么影响，对工作的展开能发挥什么作用，毛泽东都有所掂量，胸中大体有数。

最后的布局

当然，毛泽东考虑人事布局始终有一个前提，这就是，可以纠正"文革"运动中的具体错误，但不能从根本上否定"文革"路线和这场运动。这是他晚年内心世界最大的矛盾，也是他的悲剧所在。1967年老干部们针对"中央文革小组"的做法爆发"二月抗争"，他支持了"中央文革小组"。1972年批判林彪集团，是批其极左还是批其极右出现分歧，他支持了江青等人，因为把林彪归于左还是归于右，涉及"文革"路线是否能够和应该推行下去这个根本问题。1975年秋冬，毛泽东再次面临选择。当他觉得邓小平主持的整顿逐步触及是否维护"文革"这个底线时，想让邓小平主持做一个关于"文革"七分成绩、三分错误的决议，结果被拒绝，这就有了邓小平的第三"落"。

邓小平下去了，谁来接呢？毛泽东仍然没有把权力交给"四人帮"，而是交给"中生代"中务实稳重的华国锋，并安排叶剑英、李先念和一批"中生代"干部在实际工作中予以辅助。这个最后安排，毛泽东很用了一番心思，而且很坚决。他深知，在"四人帮"中，张春桥的才干虽然强一些，但得不到老干部和大部分"中生代"的支持，而且他又和江青绑在一起，江青有野心，积怨甚多，以后会闹事。1976年1月，周恩来总理逝世后，毛泽东迅即提议华国锋为代总理，主持中央日常工作。这就让"四人帮"的人失去了一次机会。这年4月初爆发天安门事件，毛泽东迅即提议华国锋为中共中央副主席、国务院总理。两个小时后，又让人打电话说，在副主席前加"第一"。

华国锋后来曾说：

> 主席提议我为党中央第一副主席、国务院总理，这次我没有推辞，这次我没有让，再让就给"四人帮"了，无论如何也不能让"四人帮"掌握这个权力。王洪文是党中央副主席，张春桥是政治局常委，没有第一副主席的身份，今后的斗争形势更加复杂、险恶。有了第一副主席的身份，我就摆在王洪文、张春桥的前面，有利于今后的斗争。
>
> 大家都认为毛主席这样安排有利于我们，先念就特别高兴，大家就纷纷发言表示同意、拥护。"四人帮"虽然不高兴，但是他们也不好反对。会后有人告诉我，张春桥就没有表态。当时，我都没有注意。

这个最后的安排，表明毛泽东对党的领导体制和国家的稳定大局，始终保持高度警觉和清醒认识。就是说，仅仅在维护"文革"路线上有优势和长处，是难以保持稳定，担负未来的。正因为党政军的大权、实权没有旁落到"四人帮"手中，这才有了毛泽东身后发生的根本性重大变化——老一代革命家在关键时刻奏响"黄钟大吕"，实现历史转折。

毛泽东的"语言地图"与话风文风

从《阎明复回忆录》的一个细节说起

近读《阎明复回忆录》，看到一个细节，说他初到中央办公厅翻译组工作时，毛泽东的秘书田家英把自己在工作中多年积累汇编的毛泽东常用词语、词组和成语，一共三大本，送给翻译组的人先熟悉，以便在毛泽东会见外宾做翻译时有所准备。回忆录中写道："汇编中的'跌跤子''摸着石头过河''一穷二白''小局服从大局''一个指头与十个指头的关系'等，我们至今仍然记忆犹新。"

语言是思维的物质外壳，更是心灵的窗户和思想的载体。一个人的语言风格及其传达力度，反映着其内在世界所达到的境界，牵连出对事物的洞见程度。毛泽东表达内心世界的方式很有个性，揭示事物本质的能力颇为独到，对语言词汇的选择异常敏感，说话著文拥有特殊的感染力。说他是语言大师，当不为过。半个多世纪以后，阎明复还对毛泽东的常用词语记忆犹新，即为此理。相信和他有同样感受的人，不在少数。

笔者由此曾萌生一个想法，若有人把毛泽东富有创造性的词语，梳理出一些来，考其演变，究其意味，无疑是一道别具一格的风景。最近，读到胡松涛的《毛泽东影响中国的88个关键词》，果然有志于此，且颇有建树。该书仿佛画出了一幅别开生面的

"语言地图",引导读者去打开毛泽东思维和思想的"百宝箱",进而勾起人们对现当代中国话风文风的万般思绪。

大批"灵台如花冈之岩,笔下若玄冰之冻"

毛泽东立志改变,事实上也确实改变了这个世界上的许多东西。看起来不是那么轰轰烈烈的话风文风,是他用力甚多的一个领域。他年轻时学师范,想改革教育,认为"非将国语教科书编成,没有办法"。为此,他四处搜集"文字学、语言学"资料做研究。此番用功心迹,在他1919年9月和1920年6月两次写给语言学家黎锦熙的信中,做过比较透彻的宣示。他还曾响应胡适多研究些问题的主张,列出了当时社会应该研究的诸多问题,其中两项就是"国语问题"(白话文问题)和"国语教科书的编纂问题"。这样的兴趣和积累,涵养出毛泽东敏锐的语感,对他后来成为语言大师,不是可有可无的准备。

在后来风云纵横的政治生涯中,毛泽东很喜欢讲得深透而又通俗明白、让人耳目一新的话风文风。对枯燥生涩、人云亦云、温吞俗套、言不及义的表达,一向深恶痛绝,斥之为"语言无味,像个瘪三",属于"藏垢纳污的东西"。还极而言之地说,这样的语言表达"流毒全党,妨害革命","传播出去,祸国殃民"。

经过整顿,党内的话风文风在延安时期大为转变,到新中国成立前后,蔚然而成高屋建瓴、势如破竹的景观。至今还活跃在文坛的王蒙,那时是一个中学生,在其自传里,说他当时分别听了国民党方面的北平市社会局局长温某某和共产党人李新的讲话,前者"官声官气,拿腔作调,公鸭嗓,瞎拽文却是文理不通",后者是"共产党人的逻辑、正义、为民立言、全新理想、充满希望、信心百倍、侃侃而谈"。于是得出一个结论：一种旧的政治势力首先从语文的衰落与破产开始了走下坡路的过程，同样，一种新的政治势力的兴起也是从语文上就显示出了自己的力量。"一看语言文字，就知道谁战胜谁了。"（《王蒙自传·半生多事》，花城出版社2006年版，第41页）这个观点，值得思考。至少说明，当时的进步力量拥有着多么鲜活的话语魅力。

新中国成立一段时间后，工作运转逐渐建立起一套机制，文件和文章表达也形成相应规范。面对新的事物和新的时代要求，话风文风有时不免显得尴尬。这让毛泽东又头痛起来。1958年1月，他下决心改变"这种不良的风气"，专门起草了一个《工作方法六十条》，要求话风文风都应当具备三个特点，"准确性、鲜明性、生动性"，还说"现在许多文件的缺点是不讲词章"，"看这种文件是一场大灾难，耗费精力又少有所得"。

毛泽东不是泛泛批评，若抓住一个具体典型，就很严厉地给予敲打。1958年9月初，他读到一份由两个中央部委联合上报的经济文件，觉得基本主张不错，但语言表达实在成问题。这两个部委虽然由一位国务院副总理、一位中央政治局候补委员分别领衔，他还是当即写信给刘少奇、周恩来、邓小平、陈云、彭真、李富春、薄一波、李先念等14位中央领导人，表达气愤之情：

我读了两遍，不大懂，读后脑中无映〈印〉象。将一些观点揍〈凑〉合起来，聚沙成堆，缺乏逻辑，准确性、鲜明性都看不见，文字又不通顺，更无高屋建瓴、势如破竹之态。
你们是下决心不叫人看的。

> 我疑心作者对工业还不甚内行，还不大懂。如果真懂，不至于不能用文字表现出来。
>
> 讲了一万次了，依然纹风不动，灵台如花冈之岩，笔下若玄冰之冻。哪一年稍稍松动一点，使读者感觉有些春意，因而免于早上天堂，略为延长一年两年寿命呢！

为批评一份文件的写法，用这样毫不掩饰甚至有点夸张的严厉言辞，实不多见。被批评的对象，地位不可谓不高；要求看此信的中央领导，范围如此之广，放到今天，那是不可想象的，似乎有借题发挥的感觉。

毛泽东确实要"借题发挥"。事情也还没有完。这两个受到批评的部门很快对文风问题做了讨论，并将讨论情况写成简报送给毛泽东。他看后又批示，要把他此前的批评信多为印发，"以广流传"，下决心改变"逻辑学、修辞学、文学也不懂，写起文章来乱七八糟"的情况。

凸显在语言地图里的"魅力词语"

面对"乱七八糟"的话风文风，毛泽东敢于并且能够大声呐喊，确实有他异于一般政治家的底气支撑。打开他的语言地图，你会惊讶，他何以拥有浑然天成的语言表达能力，并创造了那么多让人耳目一新的词语。在中国历史上，拥有"百代圣贤"影响的人物或典籍，都是以其思想和语言，为中国文化脉象输送新鲜血液，从而丰富着美丽的汉语世界。

毛泽东创造的一些词语，至今仍然存活在人们思维和语言表达中，诸如"球籍""指点江山""只争朝夕""糖衣炮弹""朝气蓬勃""为人民服务"等等。

还有些词语，虽非毛泽东原创，却是经他化用、改造、激活后，成为流行语的。诸如"班长""纸老虎""牵牛鼻子""实事求是""治病救人""愚公移山"，以及"枪杆子、笔杆子""东风、西风""批评与自我批评""星星之火，可以燎原""百花齐放、百家争鸣""天要下雨，娘要嫁人""舍得一身剐，敢把皇帝拉下马"等等。这些词语，由于被放置到中国革命和建设新的语境，做了新的解释，陡然有了新的内涵、新的所指、新的生命力。以"纸老虎"为例，这个说法民间早有，中共早期的领导人中也有人使用过，但它能够流行中国乃至世界，甚至成为一个英语词汇，毫无疑问缘自毛泽东1946年8月同美国记者安娜·路易斯·斯特朗的谈话。

在现当代中国，能够创造化用如此众多且影响广泛持久的"魅力词语"的人，可说是无出其右。这不只是与毛泽东特殊的政治影响力有关，也确实是因为这些词语体现了他要求的语言"三性"：准确性、鲜明性、生动性。

胡松涛的《毛泽东影响中国的88个关键词》，功夫下得最深的，是考证毛泽东创造化用的词语的来龙去脉及其新意所在。比如，书中梳理了毛泽东创造"朝气蓬勃"一词的过程。1938年4月，毛泽东在对抗大学员的演讲中提出，"要有朝气，就是要蓬蓬勃勃向上发展之气"，这是"朝气蓬勃"一词的最初形态；1939年12月，毛泽东在延安的一次集会上讲，"满堂青年，朝气蓬勃"，这是"朝气蓬勃"一词的诞生之景；1957年11月，毛泽东在莫斯科对留学生们说，"你们青年人朝气蓬勃，正在兴旺时期，好像早晨八九点钟的太阳。希望寄托在你们身上"，这是"朝气蓬勃"流行中国成为时代语汇之始。如此振叶寻根，观澜索源，读来有趣，也算一家之言。

有的考证，还原了毛泽东词语创造本义，起了正本清源的作用，读后使人恍然大悟。例如，毛泽东创造的"阳谋"一词，蜚声于话语世界，来自人们关于1957年反右派运动的记忆，似乎有些沉重的感觉。作者考证，实际上早在作家萧军1942年1月1日的日记中，就记载了毛泽东使用"阳谋"一词，当时，毛泽东向萧军阐述了反对国民党顽固派摩擦，原话是"我向国民党的联络参谋说了：你们看出些什么吗？共产党并没有阴谋，只有阳谋，我下命令了，如果何应钦不反共，我们不反他，他反我们就反，他停我们就停"。作者还考证出，1949年3月13日毛泽东在七届二中全会上讲话，谈到反对教条主义的整风运动，也用了"阳谋"一词："整风运动提高了同志们的嗅觉，缩小了教条主义的市场。有人说，这是阴谋，是要取而代之。其实，这不是阴谋，而是阳谋，也是要取而代之。"

从这两个材料可以体会，毛泽东出其不意地创造"阳谋"一词，意在针对并反对"阴谋"，强调没有必要隐瞒自己的主张和观点。无论对党外还是党内，制定政策都应光明正大，并且根据形势的变化来调整政策。反摩擦的斗争，当然是人不犯我，我不犯人，人若犯我，我必犯人；整风运动，不言自明就是要用实事求是的思想路线取代教条主义的市场，这些和阴谋都扯不上。1957年执政党号召大家提意见，目的是通过整风搞掉官僚主义作风，在出现"轮流坐庄"这类言论后，形势发生变化，党及时将政策调整为反右，这在逻辑上是清楚的，由此引出毛泽东在反右运动高潮时说的，"毒草只有让它们出土，才便于锄掉"，也算是事后对这场运动缘起是"阳谋"而非"阴谋"的一种解释。当然，反右运动犯了严重扩大化错误，的确让人痛心。

毛泽东的语言创造，还包括对典籍或民间词语的化用生奇。除了"实事求是""愚公移山""鱼水关系""搬起石头砸自己的脚"这类曾经沉睡的词语，经毛泽东脱胎换骨、旧瓶新酒的发挥起死回生、大放光彩外，还有一些看起来寻常，容易被人们忽略，实则意味深长新意迭见的词语，被毛泽东"拎"了出来，做新的发挥运用。诸如把领导干部比作"勤务员"，把党委书记比作"班长"，把向实践学习比作上"劳动大学"，把思想顽固比作"花岗岩脑袋"，把文武结合比作"枪杆子和笔杆子"，把调查研究比作"解剖麻雀"。这些词语，我们习以为常，以为本来如此，或者"知声不知音，弹弦不弹意"，若考其来历，便知毛泽东创造性转换和创新性发展之功所在。

话风文风从来不只是语言表达问题

冯友兰曾提出"抽象继承法"，就是说，对传统文化的某些价值，应该超脱其具体环境，重在继承其精神。对毛泽东创造化用且影响广泛持久的词语，有的应该在原意上直接使用，有的实际上在正式文件和庄重场合不再使用，有的则可以是抽象继承，要区分不同情况。这是巡看毛泽东"语言地图"应该注意的。

词语创新，从来不只是语言上的事情。毛泽东的"语言地图"，是昨天讲得很出彩的"中国故事"。我们今天要讲好中国故事，当然要强调话语权，但话语权不只是说话的权利，还包括说话的内容、方式和效果，牵涉到说话者和受众的关系。从这个角度讲，话语权实际上是话风文风上的一种责任和能力，即让受众自觉接受并且能够共鸣互动的责任和能力。如果一个社会缺少这样的责任和能力,是讲不好中国故事的,甚至会生出一些滑稽和尴尬的套用,如毛泽东"将革命进行到底"的名言,不断地被套用成"将爱情进行到底""将炒股进行到底""将评奖进行到底"之类。

口头讲话为什么会成为经典文献

如果把毛泽东在新中国成立后的文章做个排列，下面三篇肯定会排在最前面。

一篇是1956年的《论十大关系》，谈怎样搞社会主义建设，重点在经济；一篇是1957年的《关于正确处理人民内部矛盾的问题》，谈怎样处理社会矛盾，重点在政治；一篇是1962年的《在扩大的中央工作会议上的讲话》，谈怎样吸取"大跃进"的经验教训，重点在党内民主制度建设。

有趣的是，这三篇文献都是在会议上口头讲出来的，事先没有稿子。让口头讲话成为经典文献，在毛泽东那里，是寻常事，也是他习惯和擅长的一种领导方法。诸如，在延安整风期间发表的《整顿党的作风》《反对党八股》等，还有人们熟悉的"老三篇"《为人民服务》《纪念白求恩》和《愚公移山》，莫不如此。这固然是因为他有这种本事，但细细体会，这中间却大有甘苦，更大有门道。

《论十大关系》如何形成

这篇讲话来自于"听"。

所谓"听"，就是调研。从1956年2月中旬到4月下旬，毛泽东曾用40多天的时间听取34个部门负责人的工作汇报，不断插话提问，间或发表意见，作些评论。在最后几次听汇报时，逐步形成大致思路，对怎样搞社会主义建设，先后归纳出沿海与内地、轻工业与重工业、个人与集体、地方与中央、经济与国防、少数民族与汉族几组关系。有了这些积累，4月25日，在有各省、自治区、直辖市党委书记参加的中共中央政治局扩大会议上，他一口气讲了"十大关系"。可见，没有如此这般的"听"，便不可能有如此这般的"讲"。毛泽东后来也说："找三十四个部的同志谈话，逐渐形成了那个十条。如果没有那些人谈话，那个十大关系怎么会形成呢？"

听有听的门道，讲也有讲的门道。4月25日讲完"十大关系"，中央政治局扩大会议专门进行了讨论，讨论中又提出这样或那样的问题。4月28日，毛泽东就讨论情况再次做了总结发言。5月3日，周恩来根据自己的记录在国务院司局长以上干部会议上对《论十大关系》做了详细传达。随后，各地纷纷要求印发周恩来的传达记录稿。5月28日，毛泽东在有110多人参加的最高国务会议上又讲了一遍"十大关系"。所谓最高国务会议，是由国家主席召集的商讨国家重大问题的会议，有许多党外民主人士参加。讲完后，与会者纷纷发表看法，对毛泽东进一步思考"十大关系"的内容自然又有助益。《论十大关系》的正式文本，即由毛泽东4月25日和5月28日两次讲话记录综合整理而成，还参考了中央印发的周恩来的传达记录。

发表"十大关系"的讲话，对探索中国社会主义建设道路，是件开创性大事。毛泽东1960年在《十年总结》一文中也说："前八年照抄外国的经验。但从1956年提出十大关系起，开始找到一条自己的适合中国的路线。"

但是，这篇讲话在毛泽东生前却没有公开发表。这和他后来的关注重点发生变化有关，也和他在整理过程中的慎思有关。

1965年，刘少奇提出将《论十大关系》作为内部文件发给县、团以上各级党委学习，毛泽东表示同意，但要求在中央批语中加上这样的话："毛泽东同志最近看了后，觉得还不大满意，同意下发征求意见。请各级党委对文件的内容提出意见，汇总报告中央，以为将来修改时参考。"1975年，根据毛泽东的意见，胡乔木对这个讲话又整理出一个新的稿子。直到1976年12月26日，毛泽东逝世后才在《人民日报》公开发表。

《关于正确处理人民内部矛盾的问题》如何形成

这篇论著（以下简称《正处》），源自毛泽东1957年2月27日在最高国务会议上的讲话。讲话前列有简单提纲，但其思路也非一蹴而就。

此前，毛泽东一直在思考，1956年基本完成社会主义改造以后，怎样看待不断出现的社会复杂矛盾。1957年1月27日，他在全国省、自治区、直辖市党委书记会议上的讲话，便谈到了一个月后《正处》所讲的"统筹兼顾""双百方针"和"农业问题"，并从辩证法的角度谈了怎样看矛盾的转化等内容。2月26日，他在只有37人参加的最高国务会议上讲了一下《正处》的基本内容，算是通通气，看一下反映。第二天，他才在有1800多人参加的最高国务会议上，正式以"如何处理人民内部矛盾"为主题发表讲话，一共讲了12个问题。从下午3点讲到傍晚7点，在大家听得兴味正浓时戛然而止了。

在毛泽东看来，凡属特别重大的问题，不是发表一篇讲话，就能统一认识，让问题迎刃而解的。他在2月27日讲完《正处》后，1800多位与会者分组讨论了三个半天，3月1日下午又听取了李济深、章伯钧、黄炎培等16人的大会发言，随后毛泽东作了45分钟的总结讲话，内容有的是对大家所提问题的答复，有的是对《正处》的补充和发挥。

毛泽东觉得，只在最高国务会议上讨论他的《正处》讲话还不够，还需要听取更多人的意见。从3月6日到13日，中央又在北京召开有700多人参加的全国宣传工作会议，还邀请了160多位党外知识分子参加。与会人员听了毛泽东《正处》讲话录音后，分组进行讨论。会议期间，毛泽东召集宣传、教育、文艺、新闻、出版、高等院校和科学各界知识分子，分别举行了六次座谈会，听取意见，讨论对话。3月12日，他针对会议提出的问题再次发表大会讲话。翻译家傅雷听了毛泽东的讲话后，在给儿子的信中说："他的马克思主义是到了化境的，随手拈来，都成妙谛，出之以极自然的态度，无形中渗透听众的心。"

全国宣传工作会议结束后，毛泽东又一路南下，先后在天津、济南、南京、上海等地召集党员干部会议，不断地宣传和阐述《正处》的内容和"双百方针"的主张。

讲完《正处》后开展的这些活动，实际上是印证、宣传、补充和深化《正处》内容的过程，为毛泽东后来整理修改这篇讲话，积累新的素材，促生新的思考。

《正处》是1957年6月19日由《人民日报》正式发表的。在这之前，毛泽东经历了近4个月的脑思、口讲、耳听到手改的过程。

1957年4月25日，毛泽东会见保加利亚新任驻华大使时，对方说："主席的报告（指《正处》）十分重要。我们国内都等着看这个报告。"毛泽东说："全文我正在修改。讲起来很容易，几小时就够了，写成文字就困难了。"毛泽东的修改，保存下来的有15份过程稿,如果加上讲话前拟的提纲,总共有16份文献材料。从第2稿到第15稿,集中在5月7日到6月17日42天中完成。42天的时间,年已64岁的毛泽东,在处理政事之余,孜孜不倦地修改14遍,所持的审慎,倾注的心血,可想而知。一篇口头讲话为什么能够成为经典文献,道理自明。

《在扩大的中央工作会议上的讲话》如何形成

这篇讲话,依然是先讲后改。

1962年1月11日到2月7日召开的扩大的中央工作会议,有7000多人参加,讨论主题渐次变化,最后才集中到分析和总结1958年"大跃进"以来的经验教训。开始,毛泽东主要是听取会议讨论情况,看材料,引导会议进程。直到近20天后的1月30日,才发表大会讲话,讲了6个问题,突出强调坚持贯彻党的民主集中制,在党内党外发扬民主的重要性,以及怎样认识客观世界的问题。

这篇讲话的酝酿思考过程,和前面说的《论十大关系》和《正处》大同小异。这里重点说说他讲完话后是怎样修改的。这次修改特点是:毛泽东本人、"秀才"班子和其他政治家"三管齐下"。

1962年年初扩大的中央工作会议结束后,毛泽东去了外地。离北京前他要田家英整理一下他的这个讲话。2月下旬,田家英带着整理稿到达杭州。毛泽东看后不太满意,让人把原始讲话的录音记录从北京送来,他花了一天工夫改出一稿,请田家英"看一遍,看还有什么错误没有"。从这时起到3月20日,毛泽东先后改了七遍。但他仍然不放心,又把改稿分送刘少奇、周恩来、邓小平、彭真、陈伯达等人,请他们"提出修改意见"。陈伯达收到稿子后,专门约请胡绳、吴冷西、邓力群几位"秀才"读改一遍。毛泽东看后认为"修改得好",然后送请刘少奇和邓小平阅看。1962年4月10日,作为内部文件印发各地。

以上修改只是暂告一段落。

4年后的1966年2月初,毛泽东在武汉又把这篇讲话稿找出来,请王任重修改。对王任重的改稿,毛泽东虽然觉得"修改是好的",但仍不放心,又请彭真和在北京中央常委商量,会同康生、陆定一、陈伯达等人"修改一遍"。毛泽东还说:"看来此问题很大,要真正实现民主集中制,是要经过认真的教育、试点和推广,并经过长期反复进行,才能实现的。"1966年2月9日,毛泽东在武汉对康生、田家英等人说:修改了多次,请大家在此再读一遍,看还有什么要修改的,然后发给党内讨论之后,再公开发表。按照毛泽东的要求,彭真在武汉同康生、陆定一、王任重、田家英、吴冷西、胡绳、邓力群等,一起读改。彭真建议加上"我们的态度是:坚持真理,随时纠正错误"这样一句,并说"这是毛主席在延安时常说的话"。2月12日,毛泽东看了彭真主持改的稿子,批示印发县团级以上干部。

一篇讲话,时隔四年,两番集中修改,两次作为内部文件印发,实属罕见。第二次印发后,刘少奇和邓小平提出公开发表,毛泽东没有同意,理由是刚刚开始的"文化大革命""一定有许多新的经验可以对这篇讲演加以修改,那时再议是否发表不迟"。这体现出毛泽东根据实践发展来修改文稿的审慎态度,也表明他的思路兴奋点已发生变化。因此,这篇讲话直到1978年7月1日,才在《人民日报》公开发表。

口头讲话如何成为经典文献

从上述三篇口头讲话转化为经典文献的过程，不难看出一些重要门道。

第一，讲话都酝酿于形势发展的关键时刻。

《论十大关系》出现在苏共二十大和中共八大之间，苏共二十大暴露出苏联在社会主义建设中的一些问题，中共八大必须回答中国在全面进入社会主义建设时期以后，路子应该怎样走。刘少奇当时正在主持起草党的八大政治报告，听了"十大关系"的讲话后，高兴地对起草组的人说：有了毛主席的这个讲话，我们这个报告的主调就有了。

发表《正处》讲话的背景是，1956年国际社会主义阵营发生了"波匈事件"，国内一些地方也出现了罢工罢课、游行示威现象，文化艺术领域因贯彻"双百方针"，还出现了不少争论。怎样看待这些社会矛盾，必须回答。按斯大林的说法，在社会主义社会是没有人民内部矛盾的，只有敌对矛盾，中国共产党是不是要因循此说？毛泽东讲《正处》，就是为了解开这些思想上的"扣"。

《在扩大的中央工作会议上的讲话》，则是出于总结"大跃进"以来的经验教训的需要。当时，围绕怎样看"大跃进"的某些失误，这些失误与党内的政治生活不正常到底有没有关系，有什么样的关系，在实际工作中究竟应该怎样贯彻民主集中制，出现了不同意见，中央需要表明态度。

三篇讲话的主题，都是形势"逼"的，实践"逼"的，人们希望有"说法"的。都是为了解决新问题，总结新经验，提出新观点，讲于不得不讲。毛泽东以他的政治敏锐及时地发现并紧紧抓住突出而重大的问题，作分析，提判断，拿方针，"做文章"。于是，三篇讲话一出，人们会觉得很及时、很需要、很解渴。

第二，先"听"后讲，观点出自调查研究。

毛泽东在讲话中提出的观点，不是在屋子里想出来的，也不是只看材料琢磨出来的。1956年9月24日接见南斯拉夫外宾时，他专门说道："你们提到的《论十大关系》，这是我和三十四个部长进行一个半月座谈的结果。我个人能提出什么意见呢？我只是总结了别人的意见，不是我的创造。"先"听"，是为了讲得更有把握，讲得切中需要，讲出符合实际的新观点。为此，毛泽东事前总是在不同范围听取意见，对实际情况做深入的调查研究，然后抓住问题的根本，明确讲话的针对性，逐步形成自己的判断。

第三，反复征求意见，补充和完善讲话中的观点。

既是口头讲话，就不能要求一开口就讲得那样精确无误，那样缜密周到，那样天衣无缝。新的理论观点，不是也不可能是一次就讲周全的。毛泽东1954年9月在中央人民政府委员会临时会议上，曾以自己为例说："当主席，说十句话错了六句，错了百分之六十，那他的主席就当不成了。要说一句话都不错，没有那回事。"讲出来的经典文献，常常有多种"文本"。例如，讲话提纲，口头讲话的原始记录，报道讲话的新闻稿，作者自己的改稿，等等。口头讲话不过是诸多"过程稿"之一，不能要求一步到位。毛泽东的《论十大关系》和《正处》，在不同场合多次讲，反复听取各方面的讨论，自己又予以回答总结，这事实上是把自己的观点亮出来和大家讨论的过程，是对话的过程。在这个过程中，自然使自己的认识不断得到补充、修正和完善。据吴冷西回忆，1957年5月，毛泽东在中央政治局常委会上还讲到，"去年4月讲的'十大关系'，已经一年多了，也还不准备发表，将来发表也是'旧闻'。我这个人就是不想冒险,先讲一讲,看一看反应,再作修改,然后发表。有时修改多次还不满意,只好不发表"。

第四,书面修改是确立和表达观点的最重要环节。

动手修改讲话稿,是确立和表达观点的最后环节,最需要下苦功。毛泽东的书面修改,不只润色文字,同时还包括弥补口头讲话不周全、不准确、不充分、不精练的地方。有时还要根据讲话后出现的新情况有针对性地强调一些内容。他不光自己动手反复修改,还请"秀才"或其他领导人帮助修改。1963年11月,毛泽东曾同外宾谈道:"写文章和写诗,不经过修改是很少的。为什么要经过修改,甚至还要从头写?就是因为文字不正确,或思想好,但文字表现不好。有时还要征求别人的意见。别人有不同意见,我就要想一想。"正是这"想一想"的书面修改,把口头讲话锤炼成了经典文献。

修改讲话稿的目的是为了更正确地指导实践。上述三篇讲话的基本内容,当时做了大张旗鼓的宣传,在实践中达到了相应的政策效果。但其中两篇随着毛泽东关注思路的变化,只作为文件印发,他生前没有同意公开发表。公开发表的《正处》,加进了后来形势变化后做出的一些新的判断,虽属必然,但其中个别观点不一定符合实际。看来,好思路、好观点提出不易,坚持和落实也不易。具有战略意义的思路和观点,既然符合实际,又受到欢迎,就不宜轻易搁置,应让它在实践中持续结出果实来。这是谈三篇经典文献形成过程需要补充说明的。

以谦虚之心学习历史的五句名言

毛泽东写过一篇题为《纪念孙中山先生》的文章，称孙中山"是一个谦虚的人"，理由是他注意研究中国历史的情况、当前社会情况和外国的情况，"知道他是很虚心的"。

初读这段论述，有些不解，注意研究历史，怎么就是"谦虚"和"虚心"的表现呢？最近频频读到"历史是什么玩意儿"之类的调侃语，以及把历史本应带给我们的智慧和经验任意消解掉的"著述"，渐有所悟。历史是人类活动的记录和记忆，老老实实地研究和学习它，也就是尊重它和敬畏它，自然是谦虚之举。

毛泽东提倡以谦虚之心学习历史的论述很多。其中有五句话，可视为名言。

"读历史是智慧的事"

1920年12月，毛泽东在给蔡和森等人的一封信中说，他读历史时发现一种有意思的现象，那些干出傻事、蠢事、错事的专制主义者，非等到人家来推倒，绝没有自己肯收场的，原因是其欲望冲动压倒了理性智慧。由此，毛泽东提出，"读历史是智慧的事"，多了解点历史上那些专制主义者的结局，让"智慧指导冲动"，或能少干点傻事、蠢事、错事。此前，袁世凯称帝败亡时，毛泽东也发表过类似的议论，说袁世凯以及劝袁称帝的人，不真正懂得历史,没有汲取"王莽、曹操、司马懿、拿破仑、梅特涅之徒"的教训,乃世间"最愚者"。

把是否读史懂史,同是否具有理性智慧联系起来,是青年毛泽东体悟到的一个重要道理。他一生好史,有多方面的理由、需要和收获,其中定然有益智的成分,有一种获取智慧的求索精神与乐趣。

比如,毛泽东读《三国志》,认为蜀国之误始于此前诸葛亮《隆中对》里的战略构想。因为这个战略提出将来得益州后派一上将守荆州,自己守汉中,大本营设在成都。本来兵少势弱,又如此三分兵力,焉有不误的道理。毛泽东诘问《隆中对》,未必对现实有用,但其中的经验与教训,却完全可能成为使人变得高明的营养。毛泽东后来说,错误和挫折教训了我们,使我们变得更加聪明起来,就是这个意思。了解历史,总结前人和自己过往的经历,最起码的一条,就是尽量不贰过,不重复此前蛮愚的错误。为了澄清党史上的错误思想,毛泽东在延安时亲自主持编辑了党的历史文献集《六大以来》,并说:"同志们读了之后恍然大悟,发生了启发思想的作用。"用"恍然大悟"来形容读史的效果,揭示的就是益智的作用。

"读历史的人,不等于是守旧的人"

如果对自己的过去懵懵懂懂甚至一团漆黑,不会是一个明白人。如果研究历史不是为了今天的需要,一切拘泥于历史,恐怕也不算是一个明白人。对过去和今天都不太明白的人,不见得能做出有光明前景的事业。

毛泽东敬畏历史,但是他从不拘泥于历史。20 世纪 50 年代,有人从毛泽东的一些现实决策中觉得他"轻视过去，迷信未来"。这个话传到毛泽东那里，他在1958年1月28日的最高国务会议上专门做出解释说："历史是要的。要读历史，我赞成郭沫若那个古史研究。读历史的人，不等于是守旧的人。不迷信将来还得了呀！人类就是希望有个将来。"毛泽东承认自己"迷信将来"，至于说他"轻视过去"，恐怕有些冤枉。只不过一向读史的毛泽东，比较看重现实这个立足点，总是希望从现实这个立足点出发去争取一个好的将来罢了。

提出"读历史的人，不等于是守旧的人"，当时可能有自辩之意，却也揭示出了读史的要义，即了解历史是为现实服务的，学习古人是为今人增益的。1942年，毛泽东发表过一篇题为《如何研究中共党史》的讲演，里面说："如果不把党的历史搞清楚，不把党在历史上所走的路搞清楚，便不能把事情办得更好。"很明显，弄清过去，是为了把眼下的事办好。这样做，才是对历史的真正尊重和敬畏。

不能说毛泽东读史没有个人的兴趣好恶，但借史明理，借古喻今，古为今用，却是他读史的常态和目的。许多问题，了解其来龙去脉，处理起来会有更多的思路，也更主动、更有成效。毛泽东习惯于从历史中获取灵感，常信手拈来一些史实，以说明当前工作中需要解决的问题，思考解决这些问题的方法。

这种情况多见诸毛泽东在会议上的讲话和读史批注当中。比如，他读到《史记》记载萧何曾经实行"耕三余一"的政策，就思考："那个时候能够做到这一点，可能是因为地多人少，土地肥沃。现在我们的东北，有些地区也还可以种两三年地，多余出一年的粮食来。但是，全国现在很难做到'耕三余一'，这个问题值得研究一下。"他在《汉书》里读到汉武帝曾经沿汾河乘楼船到闻喜一带，就感慨地说：可见当时汾河水量很大，现在汾河水干了，我们愧对晋民呀！由此赞成"引黄济汾"的设想。凡此种种，立足今天，把历史读活，思想自然会丰富起来，进而把历史与现实、昨天与今天联系起来，自然也就不会滑向"守旧"一路。

"只有讲历史才能说服人"

这句话出自毛泽东1961年6月在中央工作会议上的讲话。起因是他觉得不少干部不懂得什么是社会主义，什么叫按劳付酬、等价交换，于是就说："我们搞了十一年社会主义，现在要总结经验。我今天讲的就是总结经验，我下回还要讲。我们是历史主义者，给人家讲讲历史，只有讲历史才能说服人。"

提出这个命题的认识论意义是很深刻的。现实的经验可以说服人，历史的经验同样可以说服人。历史的经验不过是时间远一些的现实经验而已。历史的经验所以能说服人，原因不外三个，其一，讲历史的要义在于总结经验；其二，历史里有能够为今天的人们受用的经验；其三，了解了历史的经验，就能了解现实经验的来龙去脉，有助于加深对现实经验的了解。程思远先生陪同李宗仁回国后，问过毛泽东共产党取得胜利的原因是什么。毛泽东的回答是：我们是靠经验吃饭的。总结和升华不同历史时期的经验，就是以谦虚之心敬畏历史，目的是寻求和把握事物的规律。对此，刘少奇说过一句名言："历史里边也有普遍真理。"毛泽东敬畏历史，正是因为那里面有理论、规律这些大学问和真学问。他的具体说法是："规律自身不能说明自身。规律存在于历史发展的过程中。……不从历史发展过程的分析下手，规律是说不清楚的。""凡事要从历史和环境两方面考察才能得到真相。""研究问题应该从历史的分析开始。"

讲历史所以能说服人,还因为通过历史现象来揭示、认识和把握规律,比抽象的理论推演更有认识上的冲击力,更易于人们相信和接受,更能够发挥教育人的作用。毛泽东在1956年这样说过:是100多年来帝国主义强国压迫我们,才"教育了我们","我们说不服的人,蒋介石一教,就说得服了"。由此,我们不难理解,毛泽东为什么那样推崇郭沫若的《甲申三百年祭》,将其用为"延安整风教材";又让人把陕北老先生李建侯写李自成兴衰的《永昌演义》抄写一部,说是"以为将来之用"。进北京城的时候,他反复告诫大家"绝不做李自成"。"不做李自成",成为新中国成立前后最能说服和教育党员领导干部保持优良作风的口号。可见,如果把历史这门学问学好用好了,就会像英国著名史学家汤因比说的那样,"古典教育是一种无价的恩惠"。

"看历史,就会看到前途"

这是毛泽东1964年7月会见外宾时说的话。原话是:"亚非拉人民斗争的前途,这是大家关心的问题。如果要看前途,一定要看历史。从亚洲、非洲、拉丁美洲在第二次世界大战以后十几年的历史来看,就知道亚非拉人民将来的前途。凡是压迫亚洲、非洲和拉丁美洲的帝国主义、殖民主义总有一天要走的,只要人民团结起来,加强斗争。……所以,我们看历史,就会看到前途。"1945年抗战胜利时,谈到国民党会怎样对待中国共产党,毛泽东也说过类似的话:"看它的过去,就可以知道它的现在;看它的过去和现在,就可以知道它的将来。"这两个判断,是毛泽东从历史看前途、看未来得出的,也都是应验了的。

还是那句老话：知道了从哪里来，就会更清楚地知道到哪里去。到哪里去，就是对前途、对未来的眺望。有人甚至说，能看见多远的过去，就能看到多远的未来。此话有些极端，意思倒还鲜明。不善于从总结历史中认识和把握社会发展的规律，就不会拥有顺应时代掌握未来的自觉，有了对历史经验和规律的研究与把握，可以更清楚地知道前进的方向和道路，就有可能开辟出事业的新境界。正是在这个意义上，俄国思想家赫尔岑认为："充分地理解过去，我们可以弄清楚现状；深刻认识过去的意义，我们可以揭示未来的意义；向后看，就是向前进。"通向未来的路，不是陡然出现的，其缘由往往藏伏在已经走过的路当中。对于不甚明了的未来方向，适当地"向后看"并非多余，更不是倒退。向后看是为了向前看，为了向前看需要向后看。而且向后看也不是光停留在对过去的知其然上面，还要知其所以然。这样才能知道哪条路可以比较好地通向未来。

唯其如此，毛泽东在井冈山的艰难斗争中，从中国历朝历代对农民起义剿而难灭的历史中，看出红军和红色政权是可以存在的；又从农民起义总是失败或胜利后成为改朝换代工具的历史中，看出只有靠具有先进思想的中国共产党来领导农民才有胜利的前途。

"马克思主义者是善于学习历史的"

1964年1月，毛泽东向巴西客人介绍了中国革命的经验后，提出了这个观点。马克思主义者为什么会善于学习历史？因为马克思主义不仅掌握了辩证唯物主义，同时掌握了历史唯物主义即唯物史观。辩证唯物主义、历史唯物主义作为世界观和方法论，是马克思主义理论的核心内容。马克思和恩格斯甚至认为:"我们仅仅知道一门唯一的科学,即历史科学。"两位经典作家的许多基本观点,大都是通过对自然史和人类史的考察得出的,他们所以把历史科学称作"唯一的科学",意在强调,历史是人类在认识和改造世界的过程中,形成和积累的实践经验、知识智慧、思想方法等的百科全书。这本书需要时常翻阅,而且常读常新。

不光马克思主义者这样认为,近代西方的有识之士,也不乏这样的观点。法国的德·托克威尔就说他发现了一个令人难以置信的现象:"有多少道德体系和政治体系经历了被发现、被忘却、被重新发现、被再次忘却、过了不久又被发现这一连续过程,而每一次发现都给世界带来惊奇,好像他们是全新的,充满了智慧。"当今世界,一些以现代面目出现的观点,往往不过是古老主题的变种。

作为马克思主义者,以谦虚之心敬畏和学习历史,有助于更好地理解和运用马克思主义的基本原理。刘少奇说过,"不学地理、历史,你就'理论不起来'"。周扬在晚年比较毛泽东和王明的不同学风时,有这样的评价:王明这些教条主义者,读了很多马列主义的书,但是读了不能用,"毛泽东和鲁迅对社会有很丰富的了解,有丰富的历史知识,就可以用马克思主义来研究这些问题。如果你没有太多社会、历史知识,你的马列主义就只能变为教条"。谭震林也说,毛泽东"读过大量的中国社会历史著作,对中国农民的问题和中国社会的历史有着深切的了解,因而,一旦接受了马克思主义,他对中国革命的基本问题,很快就具有深刻的正确的见解"。

善于学习历史,是马克思主义政党应该具有的厚重品质和优秀传统。进入改革开放历史新时期,邓小平亲自主持《关于建国以来党的若干历史问题的决议》起草工作，此后又明确说"建设有中国特色的社会主义，这就是我们总结长期历史经验得出的基本结论"。江泽民同志多次讲，不知道历史和现实的联系，不掌握中外历史上的成功与失败、经验与教训，怎么治理国家啊？胡锦涛同志主持的中央政治局集体学习，多次内容都是关于历史的。习近平同志提出，实现中华民族伟大复兴的中国梦，是近代以来中华民族的夙愿。中国梦是历史的、现实的，也是未来的。凡此种种，都体现了我们党以谦虚之心学习历史、敬畏历史、打通历史的优良传统。

毛泽东与"西学"

阅读"西学"的情状

社会上有一种印象，觉得毛泽东读西方著述不多，对西学不了解。确实，毛泽东读中国古代文史著述比读西方著述要多，而且兴趣更大。但不能说他对西学不了解，或不愿意读。事实上，毛泽东不仅对西方著述有兴趣，所读在他那个时代并不算少。

毛泽东自觉地接触西学，那时叫"新学"，是从1910年秋到东山小学堂读书开始的。1912年秋冬之际，毛泽东在湖南长沙定王台图书馆自学了半年，后来谈到自学的内容，他印象最深的，主要是达尔文的进化论，亚当·斯密的经济学著作，孟德斯鸠、卢梭的法律学和政治学著作，约翰·穆勒的逻辑学著作，斯宾塞的社会学著作，等等，基本上都是严复翻译的。应该说这是青年毛泽东一次比较系统的对西学的接触和了解。特别是孟德斯鸠、卢梭的著作，属于18世纪欧洲启蒙思想的代表作，对法国大革命产生了直接影响，是了解西方资本主义国家制度及其成因的必读之书。

毛泽东在1959年5月15日会见智利政界人士时回忆说，我那时相信康德的唯心论、无政府主义，"我崇拜华盛顿、拿破仑、加里波第，看他们的传记。我相信亚当·斯密的政治经济学，赫胥黎的天演论，达尔文的进化论，就是资产阶级的那一套哲学、社会学、经济学"。这说明，读西学著述，在毛泽东青年时代的思想探索中产生了不小的影响。

五四运动前后，毛泽东更加注重阅读译介新思想、新文化、新思潮的书刊。在当时，所谓"新思想""新文化""新思潮"，其实就是西方文化、西方资产阶级思想和西方流行的各种社会政治思潮。毛泽东当时对西方近代思想家、哲学家诸如托尔斯泰、克鲁泡特金、柏格森、杜威、罗素等，很感兴趣。1920年6月7日给黎锦熙的信中，他说自己"近来功课，英文，哲学，报，只这三科。哲学从'现代三大哲学家'（指柏格森、罗素、杜威。——引按）起，渐次进于各家"。1920年经营长沙文化书社，毛泽东也主要向读者推荐译介西学的著述，包括柏拉图的《理想国》，罗素的《政治理想》《社会改造原理》，杜威的《美国之民治的发展》《现代教育趋势》等。毛泽东那一代中国先进知识分子，是在中西方文化激烈碰撞和相互比较过程中，来寻求自己的"精神驿站"的。毛泽东最终选择信仰马克思主义，也是通过对西方各种政治主张和学说进行反复比较后才得以确定。

从延安开始，毛泽东大量阅读马克思主义著作，这是他了解西学的一个重要途径。马克思主义本身就是西学之一种，在成为中国共产党的指导思想后，先辈们才把它从西方思想文化中独立出来。读马列著作，不能不大量涉及西方的哲学、经济、政治、文化、历史；不了解这些领域的西学基本内容，就难以读懂马列，就弄不清楚马列主义产生和发展的来龙去脉。列宁有本《黑格尔〈逻辑学〉一书摘要》，是他读黑格尔《逻辑学》所做的笔记，毛泽东就很喜欢读，经常引用该书的一些话。他在1970年9月19日提出领导干部要加强学习时，就举例说：要使大家知道马列主义是怎么发展起来的,就应该读《拿破仑第三政变记》和《法兰西内战》。

读马列当然不能代替直接读西学。新中国成立后,毛泽东读谈西学,比较从容和宽泛。1949年访问苏联时,他集中看了一批俄国和欧洲的历史人物传记影片,例如《彼得大帝》《拿破仑》《库图佐夫》等。担任翻译的师哲回忆:毛泽东拜会斯大林时,斯大林对他讲,"毛泽东真聪明,有空就看人物传记片,这是了解历史最简捷的办法"。到晚年,毛泽东还让出版机构把一些西学著述印成大字本给他读,包括摩尔根的《古代社会》,海思、穆恩、威兰合著的《世界通史》,法国福尔写的《拿破仑论》,苏联塔尔列写的《拿破仑传》,达尔文的《物种起源》,杨振宁的《基本粒子发现简史》,等等。

毛泽东读西学著述,并非漫无目的。比较起来,他更感兴趣、更为注重和读得更多的,是西方哲学、西方近代史、西方自然科学这样三类。

西方古典哲学"是我们的先生"

对西方哲学,毛泽东了解得比较多的是古希腊哲学、德国古典哲学和现代英美哲学。1964年2月9日在一次同外宾的谈话中,毛泽东梳理过自己对西方古典哲学的认识:

> 苏格拉底注重伦理学,他不是唯物主义者,也不是辩证法的理论家,但是他注意研究伦理学和宪法,同敌人作斗争。他的一辈子过得不开心,结果死得也很惨。柏拉图是彻底的唯心主义者。后来的亚里士多德批评了他的唯心主义。

亚里士多德是一位大学者,比前面两人的水平高,他对于自然科学的许多方面有研究,批评了柏拉图的唯心主义,创立了形式逻辑。欧洲在中世纪时,对亚里士多德是很崇拜的。康德的老师就是亚里士多德。康德也是一位了不起的人,天文学中的星云学说是他创立的,此人还搞了十二个范畴,这十二个范畴都是对立的统一,但他不能解释这些问题,他说事物的本质是不可知的,他是一个不可知论者。黑格尔的先生就是康德。黑格尔是唯心主义者,他大大地发展了唯心主义的辩证法,即客观的辩证法。他是马克思、恩格斯的先生,也是列宁的先生,也是我们的先生。没有康德、黑格尔和费尔巴哈的德国古典哲学,就不会有马克思主义的哲学。

这段话的核心意思,是强调研究马克思主义哲学,不能割断它和西方哲学史的联系。

毛泽东对近代德国哲学的了解,有个实例值得一提。德国生物学家和哲学家恩斯特·海克尔,在自然科学领域是唯物主义代表和无神论者。毛泽东1920年经营长沙文化书社时读过一本《赫(海)克尔一元哲学》。新中国成立后,翻译出版了海克尔的代表作《宇宙之谜——关于一元论哲学的通俗读物》。1975年10月30日,毛泽东会见德意志联邦共和国总理施密特时,对他讲:我对黑格尔、费尔巴哈、康德,还有海克尔的书感兴趣。接着问在座的外宾,是否看过海克尔的著作,结果只有施密特说看过,其他的外宾有的说没有看过,有的还不知道海克尔其人,中文翻译甚至将海克尔译成了黑格尔,毛泽东立刻纠正,"是恩斯特·海克尔"。

正是在阅读西方哲学的过程中，毛泽东深切感受到哲学作为认识工具和理论武器，总是为现实服务的，并反映和支持着现实政治的需要。他在1959年年底1960年年初读苏联《政治经济学（教科书）》的谈话中，颇有体会地说："资产阶级哲学家都是为他们当前的政治服务的，而且每个国家，每个时期，都有新的理论家，写出新的理论。英国曾经出现了培根和霍布斯这样的资产阶级唯物论者；法国曾经出现了'百科全书派'这样的唯物论者；德国和俄国的资产阶级也有他们的唯物论者。"虽然都是唯物论，但"各有特点"。没有对西方近代各国哲学的了解，不会有这样具体的认识。这段话的意思也很明显，就是强调马克思主义哲学，也要适应中国的现实需要来发展和创新。

"要搞革命，需要了解几个国家的革命史"

毛泽东1970年5月1日会见西哈努克亲王时，提出："要搞革命，需要了解几个国家的革命史，美国革命、法国革命、德国革命。"毛泽东注重阅读西方近代史，原因大体如此。

在毛泽东看来，西方近代的资产阶级革命和中国新民主主义革命，在一些内容和过程上有相近的地方，前者的经验可作参考。比如，如何解决反对封建主义的任务问题，如何解决农民土地问题，革命总是从弱到强的问题，等等。美国记者白修德在《不可磨灭的印象》一文中，有段回忆，说毛泽东在延安同他谈话时，"精确地论述西欧的土地占有情况和封建主义"，"他又进而把我在延安所看到的中国情况同一位外国记者在瓦利福奇会晤华盛顿所看到的美国革命情况相比较。他说：在外国人看来，也许延安各方面的情况都很落后，就像他们当年也许只看到了华盛顿简陋的司令部而没有认识到华盛顿的主张能使他取得胜利一样。他问道：乔治·华盛顿有机器吗？乔治·华盛顿有电力吗？没有。英国人虽然拥有这些东西，可是华盛顿胜利了，因为人们拥护他"。

1950年6月中旬，刘少奇在全国政协会议上作了一个《关于土地改革问题的报告》，其中谈到西方近代史上的一些土地改革问题。毛泽东看到这个报告后，觉得西方的事情很复杂，资产阶级革命在西方各国的方式及结果，并不完全一样，因此对于西方近代土地所有制的变革和中国进行的土地改革，不好笼统类比。于是给刘少奇写信说：

> 资本主义国家，只有法国在拿破仑第一时代及其以前比较彻底地分配了土地。英国是经过资本主义侵入农村破坏了封建的土地所有制，并不是我们这样的土地改革。德国、意大利大体也是如此，但比英国还不彻底，还保存了许多封建遗踪。日本则封建的土地制一直严重地存在，直至日本投降后才由美国人进行一种极不彻底的"土地改革"，现在仍有严重的封建主义。美国则从来没有封建主义，由欧洲移民进去一开始就生长资本主义的农业，故农村市场特别广大。只有林肯时代解放美国南部几州的农奴，是一种反奴隶制的斗争。各国历史既如此复杂，大都和我国现在这样先进行土改，后发展工业的情况不相同，故以不写国际历史一段为宜。

毛泽东阅读西方近代史，不仅从政治角度把西方资产阶级革命作为中国革命实践的必要对照，还注意了解资本主义社会生产力的发展过程和经验。1962年7月15日，会见巴基斯坦驻华大使时谈到东西方社会的差距，毛泽东说：我们都读过西方国家的历史和西方国家的小说。西方国家在17世纪、18世纪还是落后的。18世纪，他们的小说中还没有提到铁路、火车、电灯、汽车，他们那时还没有这些东西。到了19世纪，他们的这些东西也还不多。巴黎公社起义时的工人阶级，也主要是手工业工人，是规模比较大的作坊，好几十个人在一个作坊劳动，主要是手工劳动，机器不多。西方社会生产力的发展是这100多年的事。毛泽东由此得出结论：在经济上，在自然科学和技术上，我们亚非国家比他们落后。但是只要我们共同努力，经过几十年，我们可以改变这种落后状态。

自然科学方面"东方人要向西方学习"

毛泽东读西方自然科学，比较感兴趣的是天体史、地球史、生物史、人类进化史等方面的代表性论著。关于康德和拉普拉斯的星云学说，关于达尔文的进化论，关于遗传学领域摩尔根学派和米丘林学派的争论，关于土壤学，关于物理学界的基本粒子新概念，关于杨振宁、李政道提出的宇称不守恒定律，毛泽东都曾花工夫去阅读和了解。

毛泽东读西方自然科学，有一个明显特点，注重从哲学角度来理解和发挥。比如，读了日本物理学家坂田昌一的《基本粒子新概念》后，他提出：世界在时间和空间上都是无穷无尽的。宇宙从大的方面来看是无限的，从小的方面来看也是无限的，不但原子可分，原子核也可分，电子也可以分，而且可以无限地分割下去。再如，1974年5月30日会见美籍华裔物理学家李政道，当李政道解释他和杨振宁1956年提出的宇称不守恒定律时,毛泽东的理解是:就好比我的肩膀,一边高一边低;好比我的眼睛,一个好一个不好。意思是事物在对称中有不平衡。李政道现场演示了物理学上的平衡和对称不是一个意思后,毛泽东还发挥说:古希腊的欧几里得三元宇宙它是不动的,物体是不动的。它是专讲空间,不讲时间。时间是运动的,是空间的属性,没有空间是不运动的。

法国的拉普拉斯在1796年发表的《宇宙体系论》一书,提出了关于太阳系起源的星云假说,由于和康德的学说基本论点一致,后人称为"康德—拉普拉斯学说"。苏联数学家、天文学家、地球物理学家施密特(今译施米特)在20世纪40年代提出了太阳系起源的"陨星说",又称"俘获学说"。毛泽东对这两种学说都很关注。1969年5月19日同李四光谈话时表示:我不大相信施密特,我看康德、拉普拉斯的观点还有点道理。不知为什么,毛泽东常常讲起拉普拉斯的贡献。比如,1973年6月22日会见马里国家元首穆萨·特拉奥雷,大概因为马里是法语国家,毛泽东对他讲,"拉普拉斯,巴黎大学的数学家,天文学家。他对康德的学说大有发展,建立了星云学说,就是说,整个宇宙开始都是云雾状的,后来慢慢凝结,形成火球,变成现在的太阳系这个样"。

在自然科学研究上,毛泽东始终承认西方走在了前面,并力主向他们学习。当然,他也主张破除对西方的迷信,但破除迷信和向西方发达国家学习,在他看来并不矛盾。对此,在1960年3月18日会见尼泊尔首相柯伊拉腊时,毛泽东讲得很清楚:我们现在还在当学生,如尖端科学,苏联、美国、英国有,我们没有,这就要学习他们。每个民族都有长处和缺点。破除迷信与向他们学习并不矛盾。我们可以派留学生，进口他们的没备，仿制外国的产品等。我不是反对西方的一切，而只是反对那些压迫人、欺侮人的东西。他们的文化科学我们要学习。东方人要向西方学习，要在破除迷信的条件下学习西方。

为什么喜谈拿破仑和法国近代史

西方的历史，毛泽东最熟悉的是法国近代史。在法国近代史中，他最感兴趣的是法国大革命和巴黎公社两段，最喜欢谈论的历史人物是波拿巴·拿破仑。据粗略统计，从1910年到1973年，毛泽东读谈拿破仑，不下40次。

根据毛泽东的回忆，他最早知道拿破仑的事迹，应该是在十四五岁时，从表兄文运昌那里借的郑观应《盛世危言》里看到的。这本书多次谈到拿破仑在内政外交上的一些政策主张。有关拿破仑的传记，清末民初有不少编译版本。仅1903年便有益新译社和上海文明书局发行的两种版本的《拿破仑》。商务印书馆在1916年、1917年和1919年印行了三种版本的拿破仑传记，其中钱智修编译的《拿破仑》，经当时的教育部审定，曾作为学生课外必读书。毛泽东曾回忆说，在信仰马克思主义之前，"我崇拜华盛顿、拿破仑、加里波第，看他们的传记"。他当时阅读的，不外上面说的这几个版本。

新中国成立后，毛泽东读过多种版本的"拿破仑传"。据毛泽东身边的两位工作人员分别回忆："有一次，他要看拿破仑传，选了几种翻译过来的本子。跟他一起读的同志一本还没有看完，他却三本都看完了。""直到70年代主席还读过《拿破仑传》《戴高乐回忆录》等书籍。而且对《拿破仑传》，他找过很多国家版本加以对照。"

到晚年，在接见外宾特别是法语国家的外宾时，毛泽东常常主动谈起自己对法国近代史和拿破仑的研读情况。1968年6月21日，他对坦桑尼亚总统尼雷尔说："我研究法国历史时读过《拿破仑传》，一个俄国人写的。实际上是吹库图佐夫。"1970年5月1日，又同柬埔寨国王西哈努克谈道：我读过"法国社会主义者马蒂叶（今译马迪厄）写的法国革命史，有朝气"，"写法国革命史的人很多，我也看过一个苏联人写的，太简单。还看过一个英国人写的，英国人写法国的事，总是要骂娘的了。但是我看的那个英国作家写的书，还是比较实事求是的"。

毛泽东评点的这几本书，有苏联历史学家塔尔列（1875—1955）写的《拿破仑传》，法国历史学家马迪厄（1874—1932）写的《法国革命史》，英国作家霍兰·罗斯（1855—1942）写的《拿破仑一世传》，都是20世纪在中国比较流行的关于法国大革命和拿破仑的权威读本。此外，萧乾夫人文洁若在其《我与萧乾》一书里谈到，毛泽东晚年想看一本名为《拿破仑论》的书，此书无中译本，急着找人从英文翻译过来。有关部门便找到了萧乾，把他从干校调回北京，几个人夜以继日地赶译，大致一周的时间就出了大字本，送给毛泽东阅读。

毛泽东对法国大革命和拿破仑的熟悉程度，让一些法国人也感到惊讶。担任过法国驻华大使的马纳克曾回忆："毛泽东对法国18世纪以来的历史，对于法国革命，对于19世纪相继进行的革命，对于巴黎公社，都有深刻的理解，他认为法国革命是一个很重要的历史性运动的起点。此外，他对波拿巴特别了解，甚至了解那些细节问题。"

马纳克说的是他亲身经历的事情，涉及他和毛泽东的一次"学术争论"。

1970年10月14日，马纳克陪同法国前总理德姆维尔和毛泽东见面时，毛泽东突然问："拿破仑究竟害了什么病死的，后来总也没有搞清楚。也可能是胃溃疡，也可能是胃癌。"德姆维尔说："可能是胃癌。"毛泽东说："他自己遗嘱中还说是要解剖的。当时医生也没有搞清楚。"随后，毛泽东同马纳克又讨论起法国大革命来。毛泽东说：英国人曾经占领法国的土伦港。而马纳克则说英国和西班牙的军队"没有占领土伦"。毛泽东仍坚持说："我看到的拿破仑的传记上说，拿破仑是攻下土伦的，那时候英国人已经占领了。"马纳克也坚持说："我记得英国是从海路上攻打土伦的，包围了它，但好像没有占领。还要再核实一下。"德姆维尔只好出来打圆场："将来我们大使就此写一个备忘录交给中国政府。"事实上，毛泽东的记忆是对的。1793年6月，法国保皇党人将土伦要塞和法国地中海舰队拱手交给英国、西班牙联军。这年12月，法国革命阵营的炮兵中校拿破仑率部从英国和西班牙军队手里夺回土伦港，一战成名，由此登上法国大革命的政治舞台。

1972年7月10日，毛泽东又同来访的法国外长舒曼详细讨论起法国大革命的历史细节。他谈到法国大革命砍了路易十六的头，全欧洲进攻法国的事情；谈到山岳党领袖罗伯斯庇尔，是一个乡下小律师，初到巴黎时说话结结巴巴，他就依靠那个长裤党干了起来；谈到拿破仑占领了差不多整个欧洲，但后头犯了错误，政策不大对了；谈到拿破仑的战略失误在于第一不该去占西班牙，第二不该去打俄国；谈到为什么不该打俄国的原因，是那里不能过冬，而选择打莫斯科而不是彼得堡，没有一下子把沙皇抓住，这也是失算，等等。

1973年6月22日，毛泽东会见马里国家元首穆萨·特拉奥雷时，大概因为马里曾经是法国的殖民地，毛泽东又和特拉奥雷讨论起拿破仑来。毛泽东说："拿破仑是1769年生，1821年死的。他是资产阶级的代表。他是害胃溃疡还是胃癌死的，不清楚。"特拉奥雷告诉毛泽东，最近有一篇文章说，化验了拿破仑的头发，证明是被毒死的。毛泽东对此很感兴趣，提出一连串的问题："是不是拿破仑本人的头发？""怎么解释拿破仑长期以来总是胃疼的现象？""是什么人毒他呢？英国人吗？"随后，毛泽东又谈起法国数学家、天文学家拉普拉斯的学术贡献，称他关于太阳系起源的"星云学说"发展了康德的观点。然后又讲："拉普拉斯教过拿破仑的书。现在的一些法国人，把他们的祖宗忘了，我说英国人占领了土伦军港，他们说没有。拿破仑是学炮兵的，他第一次立功就是收复土伦军港。拿破仑就不是法国人，他是科西嘉人，属意大利，刚刚割让给法国没两年，他就变成所谓的法国人了。他很不满意他的父亲投降法国。"

讨论这些问题，很像是历史学家在进行学术探讨。但毛泽东毕竟是政治家，而且是集革命家与军事家于一身的政治家，他对法国大革命和拿破仑这样一些历史上的重大事件和重要人物的议论，不能简单视为"闲坐说玄宗"式的个人兴趣和排遣，实有共鸣之心。

为什么喜欢读谈法国近代史，毛泽东有时也透露出一些缘由。比如，1964年1月30日会见法国议员代表团时，毛泽东说："法国出了一批唯物论者，除了《民约论》作者卢梭及伏尔泰，还有法国的山岳党。拿破仑对我们很有影响。他的一些著作，我都看过，法国的文化对中国也有很多影响。还有你们的巴黎公社，《国际歌》也出自你们的国家；还有《马赛曲》，我从前会唱《马赛曲》；还有你们国家有社会主义倾向的傅立叶、蒲鲁东。"1970年10月14日会见法国前总理德姆维尔时,毛泽东明确表示:"我对于你们法国大革命这一段历史看起来还有兴趣。关于路易十四,路易十六,以至后来的大革命。以后是拿破仑统治时代,拿破仑第三,巴黎公社,你们的国歌《马赛曲》,也是在过去大革命年代产生的。《国际歌》,都不是音乐家创作的。《马赛曲》也并不是在马赛创作的。在莱茵河前线,有一位将军创作的,后头因为马赛人的军队援助前线到了巴黎,这些人很喜欢唱这支歌曲,所以就叫《马赛曲》。"1972年7月10日会见法国外长舒曼时,毛泽东又讲:"对于西方历史,我是比较熟悉你们法国,法国18世纪末的大革命。"

以上几次谈话表明,毛泽东对法国近代史感兴趣的内容,主要涉及启蒙主义思潮、大革命进程、拿破仑的影响和空想社会主义及巴黎公社传统。为什么说"法国大革命这一段历史看起来还有兴趣",为什么说"拿破仑对我们很有影响",为什么说"法国的文化对中国也有很多影响",虽然没有做具体解释,但从他常常谈及的内容看,可以体会到以下几点。

第一,以伏尔泰、孟德斯鸠和卢梭为代表的法国启蒙主义思潮,直接催生了法国资产阶级大革命,是马克思主义诞生前最先进的理论思潮。毛泽东早年研读过孟德斯鸠的《论法的精神》和卢梭的《社会契约论》这类著作。在半殖民地半封建的中国,一些关心国家和民族命运的知识分子是先受到西方资产阶级进步思想的影响,后来才又逐步接受马克思主义的。即使信仰马克思主义,如果不了解法国启蒙主义这些思潮,也难以真正读懂马克思、恩格斯的原著。所以,毛泽东在1944年回答英国记者斯坦因的提问时表示,"我们信奉马克思主义是正确的思想方法,这并不意味着我们忽视中国文化遗产和非马克思主义的外国思想的价值","其中有我们必须接受的、进步的好东西"。1965年8月5日在会见外宾时他引用列宁的话讲得更为明确:"不读资产阶级唯物主义的书,不能成为共产主义者。"

第二,在西方资产阶级革命史上,法国大革命过程之复杂,形态之剧烈,内容之彻底,影响之广泛,无出其右。唯其如此,可以从中看出更多的社会演进规律和特点,还可以看出中国革命和法国革命在复杂、剧烈、反复、彻底的程度等方面比较接近。这是毛泽东感兴趣的原因。人们常常引用狄更斯以法国大革命为背景创作的小说《双城记》开头一句话:"这是最好的时代,这是最坏的时代。"实际上,在这部小说中,狄更斯还有一句名言也很深刻:"法国大革命威胁着世界秩序,英国的常识维护着文明的体系。"把这两句话组合起来,可以体会到法国大革命的复杂性和它带给人们的思想冲突之剧烈,由此彰显出法国大革命在社会演进中拥有的特殊地位。如此特殊的重大事件,怎么会不引起探究历史发展规律的革命家、政治家们的兴趣呢?这就不难理解毛泽东1973年9月12日会见法国总统蓬皮杜时所说的话:"法国人的历史,我们感兴趣,特别是对法国大革命。"

第三,拿破仑是西方资产阶级革命的典型代表,研究拿破仑,可以说是了解法国近代历史和世界资产阶级革命进程的最佳窗口。同时代的德国哲学家黑格尔曾经称拿破仑为"马背上的世界灵魂",足见其对世界历史进程的影响。从20世纪40年代到70年代,毛泽东回忆自己早年的思想经历时,反复谈到他曾经崇拜华盛顿和拿破仑,他对拿破仑的评价,在不同时期的重点也各有不同。青年时期,主要从圣贤理想角度来援引和评论拿破仑的人格形象,称其为"豪杰";延安时期,主要是立足抗战需要来探讨拿破仑军事指挥的战略战术,称其为"以少击众"的军事天才;新中国成立后,是从国内外形势出发总结法国大革命和拿破仑的革命经验;到了晚年,毛泽东则是立足中国面临的国际环境来思考当年拿破仑在国际战略上的失误及其教训。总之,毛泽东对拿破仑是抱有浓厚的研究兴趣的。1973年6月22日毛泽东会见马里国家元首穆萨·特拉奥雷时说:"拿破仑,无论怎么样,使后人向他表示学习。你不要说我是天才,你说拿破仑好了。那个人相当聪明。"

第四,法国空想社会主义思潮和巴黎公社实践,在社会主义运动史上具有特殊地位。众所周知,空想社会主义思潮是马克思主义的三大来源之一。毛泽东也多次讲,没有空想社会主义,就没有科学社会主义。巴黎公社是工人阶级建立第一个政权的尝试。法国在19世纪受社会主义思潮的影响很深,那里的工人运动也比较激烈,不是偶然的。其中比较突出地反映了社会进步过程中的一些规律,有不少经验和教训值得总结。所以,1968年法国发生"五月运动"后,毛泽东在当年6月3日的一次谈话中,还曾表示:法国是巴黎公社的传统,你们搞点参考资料看看。

毛泽东注重研读法国近代史,除了以上四点缘由外,还有明显的现实考虑。新中国成立后,中国与法国的关系有着一些不同于其他西方国家的特殊之处。毛泽东1964年1月30日会见法国议员代表团时就讲:"我们之间有共同点,第一,反对大国欺侮我们;第二,就是使两国间互相往来,在商业上,在文化上。"法国在戴高乐时期,一直奉行同美国保持一定距离的外交政策,并且是西方国家中第一个和新中国建交的,戴高乐还曾多次计划访问中国。1964年8月17日会见阿尔及利亚驻中国大使时,毛泽东再一次谈到中法两国在对美问题上有共同需要。他说:"在反对美帝国主义这一点上,我们同戴高乐有共同点,他也需要我们。"可以这样说,注意研究法国近代史,也是毛泽东深入了解当代法国进而促进中法关系的一种方式和现实需要。

读天下奇书，新胸中日月
——与毛泽东相关的"二十七个书目"

择书："读书要为天下奇"

毛泽东早年常说：读书要为天下奇，即读奇书，创奇事。作为伟大的革命家、战略家和理论家，毛泽东风云一生，书剑双修，相得益彰。所谓"剑"者，不单指军事，还包括对书本的运用之妙，以及思想和实践的力量。读书既然是为了磨剑、亮剑，当然不能漫无边际地阅读，那样反倒会减弱思想和实践之剑的力度。因此人们总是希望读好书，读大有益于人生境界和做事本领的"奇书"。这样一来，何为奇书，怎样择书之事，便冒了出来。

毛泽东是22岁那年遭遇这个问题的。作为师范生，他当时潜心古籍。但汗牛充栋的古籍押上一生也读不完。于是，他在给好友萧子升的信中开列了77种经、史、子、集书目，直言："中国应读之书止乎此。"这是目前知道的毛泽东第一个择书而读的举动。可惜，这封信唯独没有留存下来他开列的77种典籍书目。事实上，他早年的择读书目大多没有保存下来，这是一件憾事。

也有幸运的意外。毛泽东1917年下功夫读过的一本《伦理学原理》，因为被同学借走得以保存。说其幸运，是因为借书的同学在1950年完璧归赵时，毛泽东才发现，10万字左右的书，他竟写了12000字左右的批语，尽情抒发了做什么人、怎样做人的阅读体会。人们择读之书，总能反映特定的兴趣爱好和阅读期待，并于潜移默化中涵养品性。毛泽东读《伦理学原理》的批语突出强调，一个人做济人之急、成人之美和舍生取义的事情，不是为别人，不源于外在义务，更非沽名钓誉，而是出于内心的精神需求和实现自我价值的需要，"盖吾欲如此，方足以安吾之心"。这种追求，多少透露出别具一格的英雄主义人格气象。《伦理学原理》能激发青年毛泽东如此独特的主张，算得上他精神旅途中有幸遭遇的"奇书"。

有了择书而读的体验，毛泽东在投身革命去奋力"创奇事"后，便把读书、择书、荐书当作必不可少的工作。根据他留下的文字或当事人的一些记载，可归纳出他一生阅读、推荐和编拟的27个书目。

1920年10月写的文化书社销售的重要书目（19种）；
1920年11月写的文化书社重要书目广告（62种）；
1921年4月写的文化书社销售的重要书目（47种）；
1926年主持编写的"国民运动"丛书书目（60种）；
1926年主持编写的"农民问题"丛刊书目（26种）；
1936年至1938年阅读的军事书籍（8种）；
1936年至1941年批注的哲学书籍（7种）；
1941年1月寄送毛岸英、毛岸青的书目（21种）；
1941年9月为中央和高级干部研究组开列的书目（4种）；
1941年11月为各地高级学习组开列的书目（10种）；
1942年4月提议和审定的整风学习文件（22个）；
1941年至1943年主持编辑的中共党史文献书籍（3种）；
1945年4月在七大上提议干部阅读的马列书目（5种）；
1949年3月在七届二中全会上提议和审定的干部阅读

书目（12 种）；

1954 年 1 月提请中央领导阅读的中外宪法文献（10 种）；

1958 年 3 月为在成都召开的中央工作会议编选的《诗词若干首（唐宋人写的有关四川的一些诗和词）》（47 首）、《诗若干首（明朝人写的有关四川的一些诗）》（18 首）；

1959 年提议编选出版的"逻辑"丛刊（11 种）；

1959 年 10 月南下视察前开列带走的书籍（100 种以上）；

1963 年提议和审定的中高级干部阅读的马列著作（30 种）；

1970 年提议和审定的中央委员和候补中央委员阅读的马列著作（9 种）；

1972 年至 1975 年嘱印阅读的大字线装本古代文献（86 篇）；

新中国成立后阅读和收藏的不同版本的《红楼梦》线装书（20 种）；

《毛泽东读文史古籍批语集》所收新中国成立后阅读的文史古籍（40 种）；

晚年阅读和收藏的逻辑学书籍（86 种）；

晚年嘱印阅读的大字线装本中外书籍（128 种）；

晚年爱看的字帖、墨迹（123 种）；

手书的历代诗词曲赋（句）（45 篇）。

这 27 个书目所列，少则 3 种，多则 100 种以上，涉及上千种书。这当然远非毛泽东一生阅读的全部。他逝世后，有人统计，发现他在中南海住地的藏书达 9 万多册，都是新中国成立后根据他的需要陆续配置的。还有，他当学生时记的《讲堂录》上所载老师讲授或要求课余阅读的书目，1957年一次性索要的十几种注释和研究《老子》的书籍，1959年前后为纠正"大跃进"失误在不少会议上反复推荐的苏联《政治经济学（教科书）》等一批书籍，晚年从200多种各类笑话集中选择的几十种，凡此种种，都是可以通过考证整理出书目来的，这里均未计入他的择书之举。当然，列入这27个书目的，也不能说毛泽东都详细读过或读完了，但大部分毕竟是他选择出来的，对于有"奇书"之效的经典，还详加批注。即使专做学问的人，一生读千种书，也属不易，何况毛泽东的主要精力还在革命和建设的实践呢。

最可"奇"者，不在择读之量，而在择读的内容和效果。毛泽东的择读，排在前三位的是哲学、马列和文史。对与他的实践活动关系不大的书籍，他也多有阅读。他同来访的法国政治家讨论拉普拉斯《宇宙体系论》与康德星云学说的关系，连对方也感到陌生。1958年，他要求领导干部们读一读苏联威廉斯写的《土壤学》，说"从那里面可以弄清楚作物为什么会增长"。他提出增进农作物产量的"农业八字宪法"，与阅读此书明显有关。所谓用书之"奇"，由此可窥一斑。

择书而读的动力，不外两端：实践倒逼和兴趣所致。一个是由行而思的激发，一个是由内而外的延伸。与毛泽东有关的27个书目，较具体地反映了他在不同时期自己阅读和希望人们阅读的重点，每个重点都折射出他当时集中处理的现实要务或特别感兴趣的问题。

实践倒逼的卖书、编书和寻书

1920年，毛泽东在上海同准备建党的陈独秀建立联系后，回长沙做的第一件事,就是创办股份制书店,目的是"愿以最迅速、最简便的方法,介绍中外各种最新书报杂志,以充青年及全体湖南人新研究的材料"。在选进什么样的书刊来卖的问题上,毛泽东说了算。从1920年10月到1921年4月,他先后撰写了三个售书目录,在每个目录前都申明,所列均是"书之重要者"或"比较重要的"。择书而卖之意,尽在其中矣。

毛泽东由开列阅读书目切入的政治实践,在国共合作的大革命时期,有了新的景象。他先后担任国民党中央宣传部代理部长和广东农民运动讲习所所长,推动工作的重要方式是编丛书。他亲拟编纂计划和具体书目,编了"国民运动"丛书和"农民问题"丛刊两个系列。前者涉及国际政治经济、世界革命运动、国民党思想及其策略、苏俄研究、国内政治经济5个方面的内容。后者计划出版52种,实际出了26种,有《列宁与农民》《中国农民问题研究》《土地与农民》等。

从卖书到编书,共同之处是要先读书、择书,不同之处是从被动择书到主动择书,从泛泛的思想传播到有针对性的政治宣传,从推动思想变化到推动实践变革。毛泽东主持编辑这两套书,是为动员和教育革命前线的人们,因此不能长篇大论。当时,他对书该怎么编纂,要求非常具体。

如果说毛泽东的阅读生涯有过什么苦恼的话,那就是在1927年上井冈山后的很长一段时间里无书可读。这种局面,一直到1932年4月红军打下福建漳州才得以改善。毛泽东在漳州一所中学图书馆里挑选出几担书运回苏区,其中有列宁的《两种策略》和《"左派"幼稚病》,以及恩格斯的《反杜林论》。读这些书,使毛泽东在众声喧哗中涵养内功和识见,逐步实现思想升华。1933年,他将《两种策略》送给彭德怀,并附信说:"此书要在大革命时读，就不会犯错误。"不久又向彭推荐《"左派"幼稚病》："你看了以前送的那一本书，叫作知其一而不知其二；你看了《"左派"幼稚病》才会知道，'左'与右同样有危害性。"

毛泽东说这个话，正是他遭受打击，靠边赋闲，心里苦楚无人领会的时候。他的实践创新不被看重，还被戴上了"狭隘经验论"的帽子，被说成"山沟沟里出不了马列主义"。与苏联留学回来的一些年轻革命家相比，毛泽东当时的马列理论水平确实有待提高，对苏联党内的理论纷争也缺少了解。心里憋了一口气的毛泽东，是带着《国家与革命》和《反杜林论》上路长征的，不少同行者后来都谈到他在担架上读这两本书的事情。

择读军事与哲学，实现身份跨越

到了陕北，毛泽东迎来了阅读黄金期。他不断写信给在国统区的同志，要他们购书带回陕北。有时还开列具体书目。大概在1936年秋，毛泽东同时收到两批书，如久旱逢甘霖。一批来自上海，是鲁迅病中托冯雪峰转送的；一批来自北平，是一个叫王林的人托人购买带到陕北的。直到1965年，毛泽东还在一次谈话中说："最困难的时候，王林同志给我带来了好些书。"记忆如此之深，可见那时寻书何等急切，真个是如早望雨。

当时毛泽东择读的重点，一为军事，一为哲学。毛泽东后来几次回忆，"到陕北，我看了八本军事书"，"还看了苏联人写的论战略、几种兵种配合作战的书等等"，"看了克劳塞维茨的，还看了日本的《战斗纲要》，看了刘伯承同志译的《联合兵种》"。他当时择读的是军事理论和战略书籍，这是他作为战略家的显著特点。1937年10月22日给刘鼎的信中，毛泽东明确提出："买来的军事书多不合用，多是战术技术的，我们要的是战役指挥与战略的，请按此标准选买若干。"初到陕北，如此集中阅读军事书籍，不仅因为军事战略是全面抗战爆发前后的第一要务，更在于他下决心总结中国革命战争的经验教训。

至于毛泽东当时择读并写有大量批语的哲学书籍，保存下来的，有苏联西洛可夫、爱森堡等人的《辩证法唯物论教程》，米丁等人的《辩证唯物论与历史唯物论》，艾思奇的《哲学与生活》，艾思奇编的《哲学选辑》，李达的《社会学大纲》等7种。写在《辩证法唯物论教程》上的批语就有12000字左右，最长的一条有1200字左右。《哲学选辑》他连读3遍，分别用黑铅笔、毛笔和红蓝铅笔作了批注。批语主要有3类：原著内容提要、对原著观点的评论发挥和结合中国实际发出的议论。

事实上，毛泽东当时批注的哲学书，远不止7种。他可能还在艾思奇的《大众哲学》等书上留下了批注。1936年底，莫文骅向毛泽东借阅《大众哲学》，发现书上有许多圈画。随即找人刻蜡版，因为缺纸，就用废旧文件的背面油印了该书，每个学习组发了一本。但这本布满毛泽东批语的《大众哲学》，此后却下落不明。毛泽东为什么如此集中读哲学？他1937年8月同郭沫若谈哲学时径直道出了原因："抗日战争有许多新情况、新问题要研究，没有理论武器不行。"

毛泽东发愤研究哲学，根本上还是为总结土地革命时期的经验教训。因为只有掌握理论工具，占领思想制高点，才能澄清和揭示饱读马列的教条主义者为何屡犯"左"倾错误。他为《哲学选辑》写的批语中，道出一个刻骨铭心的结论："一切大的政治错误没有不是离开辩证唯物论的。"那么，什么样的思想方法才对头呢？大道至简，毛泽东把他读哲学所得，概括为八个字：实事求是，对立统一。

作为一名卓越的政治家，毛泽东追求的是掌握"工具"来认识和改造世界。他择读军事和哲学书籍，并结合中国革命的实践进行思考，在1941年以前写出了《中国革命战争的战略问题》《实践论》《矛盾论》《论持久战》和《新民主主义论》等文章，有对土地革命经验教训的总结，有对抗日战争规律的揭示，有对思想方法的澄清和标举，有对整个新民主主义革命的分析和阐述，接连不断地向党内吹来与教条主义迥然相异的思想新风。

中国共产党对领袖的选择和认可，比较注重理论。随着一套新的理论话语逐渐为全党接受，毛泽东也完成了身份跨越：从1935年10月长征到达陕北时的军事领袖，到1938年10月六届六中全会成为政治领袖，再到1941年开始成为思想领袖。对此，革命老人吴玉章在回忆录里说："《论持久战》的发表，使毛泽东赢得了全党同志发自内心的、五体投地的赞许、佩服甚至崇拜，从而最终确立了在党内无可替代的领袖地位和崇高威望。"这种认同与拥戴，"与一般的组织安排不可同日而语"。这种感受，在当时的党内高层比较普遍。陈云1941年10月8日在中央书记处会议上说，"过去我认为毛泽东在军事上很行"，"毛泽东写出《论持久战》后，我了解到毛泽东在政治上也是很行的"。任弼时1943年11月4日写的整风笔记也讲，他过去只觉得毛泽东"有独特见解、有才干"，"读了《论持久战》《新民主主义论》和《中国革命战争的战略问题》，认识到毛泽东的一贯正确是由于坚定的立场和正确的思想方法"。可以看出，结合实际的择读和理论创新，在确立毛泽东领袖地位的最后一段路程上，起到了多么重要的作用。

新中国成立后，在美国的胡适想弄清一个问题：毛泽东为何能带领中国共产党取得成功？他找来毛泽东的论著阅读，感觉有些发现，于1951年5月31日给蒋介石的信中献策："盼我公多读一点近年中共出版的书报。"《中国革命战争的战略问题》"作于红军'长征'之后，最可以看出毛泽东以文人而主持中共红军的战略"。这最后一句，多少道出大战略家毛泽东的读书人本色。

荐书是种领导方式

毛泽东1939年说过一段话："我们队伍里边有一种恐慌，不是经济恐慌，也不是政治恐慌，而是本领恐慌。过去学的本领只有一点点，今天用一些，明天用一些，渐渐告罄了。好像一个铺子，本来东西不多，一卖就完，空空如也，再开下去就不成了，再开就一定要进货。"所谓"进货"，就是读书。从延安整风开始，向党内领导干部荐书"进货"，是毛泽东习惯的领导方法。在27个书目中，有11个书目是在不同时期为解决本领恐慌、适应新形势、纠正不良倾向、统一党内认识，而推荐给党内同志阅读的。

延安时期，毛泽东推荐了4批书目。主要有《"左派"幼稚病》《联共（布）党史简明教程》，以及党的一些现实文件。他还从《鲁迅全集》中找出一篇《答北斗社杂志问》，编入《宣传指南小册》，列入整风学习的文件中，以期改变党内文风。为澄清党史的一些是非，又阅读大量文献，主持编辑了《六大以来》《六大以前》和《两条路线》，称为"党书"，要求参加整风的高级干部认真阅读。

从1945年党的七大开始，毛泽东先后4次集中向党内干部推荐马列著作，每次都有特定的时代背景。在七大上推荐《共产党宣言》和《社会主义从空想到科学的发展》等5本，是为迎接抗战胜利后的新局面，打牢马列主义的基础。在1949年七届二中全会上推荐的12本，特意列入了《列宁斯大林论社会主义建设》和苏联列昂节夫的《政治经济学》等，用意很明显：共产党人不应该只是善于破坏一个旧世界，还应该善于建设一个新世界，为此要学习新的本领。1963年，毛泽东又推荐30本，大概与他当时想让全党深入总结中国社会主义革命和建设的实践有关。

除了宏大的政治背景外，毛泽东荐书有时也是为推动和解决某个具体领域的工作。1954年1月，他主持起草新中国第一部宪法的时候，为初稿出来后便于中央领导层讨论，给大家开列了一个中外宪法书目，要求阅读。这是中央领导层第一次大规模研读各国宪法，同时也说明，"五四宪法"不是凭空产生的。当然，毛泽东荐书未必总与实际工作直接相关。1958年3月，他在成都召开的中央工作会议期间，从各种古代诗词中挑出65首作品，编成两个小册子发给与会者。有人不解，毛泽东解释，"我们中央工作会议，不要一开会就说汇报，就说粮食产量怎么样，要务点虚，要务虚和务实结合"，"要拿一点时间来谈谈哲学，谈谈文学，为什么不行呢？"。看来，其意在使会议气氛活泼一些，思路开阔一些，思想解放一些。

27个书目中，1941年寄送给远在苏联的毛岸英和毛岸青的21种书，很有意思。其中除了当时一些中学国文和历史教材外，其余16种都是《精忠岳飞传》这类章回体小说。想来，是希望自小生活在异国的两个孩子多了解中华文化。向个人荐书，毛泽东的针对性总是很具体。他让许世友读《红楼梦》，是想这位将军增加点"文气"；他让江青读李固的《遗黄琼书》，是告诉她"人贵有自知之明"；他让王洪文读《后汉书·刘盆子传》，则是提醒他：凭资历、能力，你做党的副主席还不够格，若不学习长进，早晚要像刘盆子一样倒台。这些推荐，透露出或期待或隐忧诸般人事心曲。

落花时节读华章

1959年10月23日外出前，毛泽东开列了要带走的书目，这个书目反映了他在新中国成立后的自读风景。这个书目中，直接写出书名的有19种马列书，17种中国古代文史书，20多种古今中外哲学和政治经济学书。只列作者未列书名的，有王夫之、黑格尔、费尔巴哈、欧文、傅立叶、圣西门、杨献珍，以及"从古典经济学家到庸俗经济学家的一些主要著作"。这份书单还开列有"《逻辑学论文选集》（科学院编辑）、耶方斯和穆勒的名学（严译丛书本）"。喜欢读哲学的人涉猎逻辑学是很自然的事，但毛泽东却是近乎痴迷地阅读逻辑学著作。1957年，他三次邀请一些逻辑学名家到中南海搞专题座谈；1959年又提议把中国近代以来的逻辑学论著，"不管内容如何"，均汇编出版；他晚年阅读和收藏的逻辑学书籍，达86种之多。

毛泽东晚年个性化的择读，还表现在对中国文史的偏好上。仅《红楼梦》便阅读和收藏了20种不同版本的线装书。阅读经典，绝非简单浏览，而是反复细致地阅读。毛泽东反复阅读《红楼梦》，读《资治通鉴》17遍，盖缘于此。他对人讲，自己读《共产党宣言》至少100遍，也缘于此。

晚年随着视力不断减退，毛泽东用自己的稿费印了不少大字线装书。据不完全统计，从1972年读《鲁迅全集》起，到1976年8月读《容斋随笔》止，他阅读过、有的还作过圈画和批注的新印大字线装的中外书籍多达128种。这还不包括他专门让人校点注释并按他的提示写出内容提要的86篇古代文史作品。这些个性化择读，思接千载，神游八荒，或从历史中汲取经验，表达对现实问题的看法（读《拿破仑传》分析苏联在20世纪70年代初的国际战略）；或在与古人的精神对话中，排遣挥之不去的忧患心情（读庾信《枯树赋》多次流泪）。具有历史感和文学感的政治家，常常也是有文化智慧和人性温度的政治家。

毛泽东年轻时写诗明志："胸中日月常新美。"阅读使他做到了这点。阅读的佳境是由内向外的延伸：通过阅读，积累和营造"胸中日月"，延伸为通过实践，积累和创造"人间天地"。这是一个读有所得，得而能用，用而生巧的过程。27个书目，虽只是毛泽东一生攀缘书山，在一些景点的驻足痕迹，却可以从中看出他的"胸中日月"和"人间天地"相互影响的精神伏线。他的阅读，同他的轰轰烈烈的革命和建设实践，就这样融合在了一起。

从《毛泽东年谱（1949—1976）》，看中国道路

300万字的《毛泽东年谱（1949—1976）》出版了。中央文献研究室组织人力，耗时10年才编写完这套大书。连同1993年出版的《毛泽东年谱（1893—1949）》，毛泽东一生"行谊"，都按日子排列在了读者的面前。

写年谱不像写传记。写传记对史实材料可以按作者认识作比较灵活的取舍，写年谱的自由度则少了很多。一些众所周知的事情，你回避不了；毛泽东流传很广的批示、文章、谈话、书信等，无论你有怎样看法，也回避不了。回避了，或概括引述的角度不准确，可信性就会打折扣。

《毛泽东年谱（1949—1976）》迎难而上。书中比较全面地记述了毛泽东从新中国成立到他逝世的27年间的思想和实践，大量引用了他的原始谈话记录，还原了他处理重大事件或围绕某个决策所进行的思考过程。这是该书规模达到300万字的一个重要原因。当然，也给阅读者带来困难，读完它，很不容易。

这就需要结合当前的认识去抓重点。重点是什么，我以为是毛泽东与中国道路的关系。

中国道路，就是中国特色社会主义道路。党的十八大报告明确指出，毛泽东那一代党的中央领导集体，为中国特色社会主义的开创，"奠定了根本政治前提和制度基础"，"提供了宝贵经验、理论准备、物质基础"。习近平同志在毛泽东诞辰120周年纪念

座谈会上的讲话中,进一步讲,新中国成立后确立社会主义基本制度,全面展开社会主义建设,取得基础性成就,"为我们探索建设中国特色社会主义道路积累了经验和提供了条件",为中国赶上时代发展的潮流"创造了根本前提,奠定了坚实的理论和实践基础"。毛泽东思想"为新的历史时期开创和建设中国特色社会主义发挥了重要作用"。

这些论断,从不同角度揭示了以毛泽东为核心的党的第一代中央领导集体,在新中国成立后领导人民所进行的探索奋斗,同今天我们坚持发展的中国特色社会主义之间的历史和逻辑关联。由此说明,改革开放前后"两个三十年"绝不能互相否定,毛泽东与中国道路的关系不可分割。谈毛泽东在新中国成立后的探索,只有不离开中国道路这个方向,才能更深切地体会他作为伟大的战略家,在新中国成立后所做探索的内涵和价值;反过来,谈中国道路的探索和开创过程,不离开毛泽东那一代人积累的成果,才能更深切地体会到走出中国道路何等不易。

要让人接受这样的论断,必须端出充分的文献材料依据。《毛泽东年谱(1949—1976)》,适应了这个需要。书中端出了大量新的史料,有些虽不是首次披露,但以编年体的形式呈现出来,使毛泽东的道路探索,脉络更为清晰。

道路与决策

道路的探索和选择,常常是和一系列重大决策联系在一起的。这部年谱客观记录了毛泽东在建国后做出重大决策的来龙去脉。

社会主义是什么,应该怎样去建设,总是在实践中摸索出来的。决策是实践的先导，没有决策，不敢作决策，就不会有实践的摸索。但作决策并不是件容易的事情，要有观察和判断的艰难过程。有的决策，放在历史发展的长河中，其意义会更清楚。

这里列举《毛泽东年谱（1949—1976）》写得很充分的两个例子。

一个例子是对资本主义工商业进行和平改造的重大决策。

1952年9月，毛泽东最早提出向社会主义过渡的问题时，对于如何过渡，特别是对资本主义工商业如何进行改造的问题，并没有详细说明。但是这时他已敏锐地觉察到，新中国经济经过头三年的发展，特别是经过公私合营、加工订货、工人监督、资本技术厂务公开等手段，私营工商业的性质已经变了，属于"新式的资本主义"，"他们已经挂在共产党的车头上，离不开共产党了"。这一定性和判断很重要，为此后确立对资本主义工商业进行和平改造的决策，提供了现实依据。

进入1953年，毛泽东开始考虑向社会主义过渡的手段和步骤。2月中下旬，他离京外出视察。2月19日在武汉同中南局、湖北省委、武汉市委负责同志谈到社会主义改造问题时，明确提出，"对民族资产阶级，可以采取赎买的办法"。和平赎买，马克思、恩格斯和列宁曾经设想过，但没有付诸实行。如何搞？需要调查研究。1953年四五月间，中央统战部部长李维汉率领调查组赴武汉、上海等地调研，总结工业方面发展国家资本主义的经验。6月15日和29日，毛泽东两次主持召开中央政治局会议，确定了经过国家资本主义改造资本主义工商业的方针。这当中，私营商业与私营工业的情况有所不同。怎样改造私营商业呢？毛泽东和党中央最早的想法是采取逐步排挤和消灭的办法。但很快，毛泽东发现这种政策行不通。8月6日，他在一次谈话中说:"商业有一百八十万店员,加上夫妻店、摊贩有五百万户、一千万人口,不能统统挤掉,要想办法把其中一部分变为国家的零售店(经过国家资本主义方式)。"9月7日,他在约请部分民主党派和工商界人士谈话时,强调对私营商业不能采用"排挤"的办法,明确指出:"有了三年多的经验,已经可以肯定:经过国家资本主义完成对私营工商业的社会主义改造,是较健全的方针和办法。"到这时,才最终全面确立了对资本主义工商业采取和平改造的政策。

《毛泽东年谱(1949—1976)》很清晰地记录了这一重大决策的具体过程。细细品味这一过程,不难看出,对资本主义工商业采取和平改造这个创造性决策,大方向来自马克思主义的基本原理,具体做法则来自中国的实际国情,并且是在调查研究和反复权衡中逐步清晰起来的。所谓马克思主义与中国实际相结合,此为一例。正是因为有了这样符合中国国情的决策,才能够以很小的代价完成社会主义革命,确立社会主义基本经济制度,为中国道路奠定制度基础。

再一个例子是毛泽东在"文革"中重新起用邓小平的决策。这部年谱翔实地记录了邓小平在"文革"初期被打倒后,毛泽东从1967年1月17日到1969年4月23日中共九大召开时,关于邓小平同志的20次评价,内容均是正面的。其中谈到,党的九大"可以选他(邓小平)当中央委员","九大谁可当选中央委员,邓小平是一个标兵",还反复强调要把邓小平和刘少奇区别开来。从这些评价中,我们可以看出,在林彪事件后,毛泽东做出邓小平同志复出的决策,并委以重任,不是偶然的。他对邓小平的认识和评价比较一贯。

从历史的发展角度看,道路探索的逻辑常常是一环紧扣一环。邓小平复出后,在1975年大刀阔斧地主持整顿工作,事实上成为后来改革的先声,埋下了邓小平在毛泽东逝世后再次复出的伏线。而邓小平1977年的再次复出对中国道路的开创,意味着什么,不难体会。由此,毛泽东对邓小平的一贯评价,包括安排他复出,支持他对各方面工作进行整顿,邓小平再次被打倒后坚持保留他的党籍,这些看起来并非偶然的决策与中国道路的逻辑关系,也就比较清楚了。

道路与经验

道路的探索和选择,总是同总结和积累经验联系在一起的。这部年谱真实呈现了毛泽东在建国后探索中国社会主义建设道路的历史经验。

有了决策,有了实践,并不一定能找到正确的道路。道路探索的复杂性在于,在理论上、认识上还不很清楚的情况下,现实总会逼着你这样试一下,那样试一下。正是在试的过程中,留下大量正反两个方面的经验。

毛泽东从井冈山时期开始,之所以能够逐步摸索出一条正确的中国革命道路,即新民主主义革命道路,正是因为他善于汲取正反两个方面的经验。新中国成立后,毛泽东探索社会主义建设道路,既有丰富经验,也有沉重教训。他的一个特点是,随时总结经验,坚持对的,改正错的,以适应新的形势。

毛泽东说过,从他讲这十大关系开始,"开始提出自己的建设路线",透露出这篇讲话在道路探索上的初衷。

今天的人们都认为《论十大关系》讲得好,但那些观点不是毛泽东脑子里自动跑出来的,是从建国头7年的经济社会建设实践当中总结出来的。《毛泽东年谱（1949—1976）》就详细记载了毛泽东1956年年初连续用40多天的时间，听取34个部门工作汇报的具体情况。他是边听边讲，渐渐得出处理经济社会建设的十大关系。比如，谈到经济建设和国防建设的关系，毛泽东就讲，"第一个五年计划期间，军政费用占国家预算全部支出的百分之三十。这个比重太大了。第二个五年计划期间，要使它降到百分之二十左右，以便抽出更多的资金，多开些工厂，多造些机器"。谈到中央和地方的关系，毛泽东讲："现在几十只手插到地方，使地方的事情不好办。立了一个部就要革命，要革命就要下命令。各部不好向省委、省人民委员会下命令，就同省、市的厅局连成一线，天天给厅局下命令。这些命令虽然党中央不知道，国务院不知道，但都说是中央来的，给地方压力很大。表报之多，闹得泛滥成灾。这种情况，必须纠正。"

今天的人们也认为《关于正确处理人民内部矛盾的问题》讲得不错，那同样不是毛泽东的头脑里自动跑出来的。这篇讲话总结了苏联在看待社会主义社会的矛盾问题上的失误（不承认人民内部矛盾，一有分歧，均视为敌对矛盾），总结了1956年以来中国社会一些地方出现罢工、罢课、游行示威、请愿的现象，才得出社会主义社会不光有敌对矛盾，还有非对抗性的人民内部矛盾这个看法，而且，处理人民内部矛盾同处理敌对矛盾的方法，是不一样的，主要靠说服教育。

毛泽东1957年在《关于正确处理人民内部矛盾的问题》中说，"经济建设我们还缺乏经验，因为才进行七年，还需要积累经验"。"我们要求在取得经济建设方面的经验，比较取得革命经验的时间要缩短一些，同时不要花费那么高的代价。"到1960年，他又写《十年总结》，明确承认，"我们对于社会主义时期的革命和建设，还有一个很大的盲目性"。可见，在道路探索上取得经验之难，正确地总结经验更为不易。

毛泽东总结经验的一个鲜明特点是，一旦发现并且认识到某些做法是错误的，就会反复地讲。"大跃进"运动出现严重失误后，面对经济建设中"左"的错误和国民经济困难局面，毛泽东在此后一段不短的时间里，反复讲经验教训。他当时总结的社会主义建设经验教训有很多方面，这里举几个例子。

一是提出社会主义建设不能超越阶段。针对"大跃进"刮"共产风"和"穷过渡"的做法，毛泽东强调，必须以一定程度的生产力发展为基础，划清集体所有制和全民所有制的界限。

二是提出搞社会主义建设要有耐心。针对"大跃进"运动生产建设盲目冒进的做法，毛泽东在1958年11月10日第一次提出"不要急"的想法。他说："我们搞革命战争用了二十二年，曾经耐心地等得民主革命的胜利。搞社会主义没有耐心怎么行？没有耐心是不行的。"此后他多次讲，搞社会主义建设"十分急了办不成事，越急就越办不成"。

三是提出社会主义建设要量力而行，留有余地。针对"大跃进"的高指标和浮夸风，毛泽东发现后讲得最多的就是"要量力而行，留有余地"。他还说，这不只是个经济问题，也是个政治问题。1965年制订第三个五年计划时，有关部门搞了1000亿元的投资总额计划，毛泽东不满意，说搞这么大的计划盘子，老百姓怎么受得了。

总结经验，是为了更好地推进道路探索的实践。毛泽东在道路探索上的实践，又积累成正反两个方面的经验，启示着后人对道路的探索。对此，邓小平在1980年谈到如何看待毛泽东留下的经验教训时，有一个非常深刻的总结，而且是直接把它们同改革开放初期探索中国道路需要做的事情，紧密联系在了一起。邓小平说："从许多方面来说，现在我们还是把毛泽东同志已经提出，但是没有做的事情做起来，把他反对错了的改正过来，把他没有做好的事情做好。今后相当长的时期，还是做这件事。当然，我们也有发展，而且还要继续发展。"

道路与理论

　　道路的探索和选择，总是和理论探索紧密联系在一起，并且以理论探索为灵魂。这部年谱充分反映了毛泽东在建国后围绕社会主义问题进行的理论思考。

　　中国共产党成为执政党后，什么是社会主义，怎样搞社会主义，是一个全新的时代课题；在思想认识和理论建构上，大家并不很清楚。但是，不清楚不等于不思考、不探索。在社会主义问题上，毛泽东是党内领导层作理论探索最多的。1956年年初，鉴于苏联在社会主义建设中暴露出的问题，毛泽东强调"最重要的是要独立思考"，提出要推动马列主义同中国实际"进行第二次结合"，"找出在中国怎样建设社会主义的道路"。"第二次结合"这个命题，非常了不起，为此后的理论思考打开了闸门。

　　从《毛泽东年谱（1949—1976）》的记录看，毛泽东探索中国社会主义建设道路的独创性理论贡献，以及这些贡献为后来中国道路的形成所做的理论准备，大致有这样一些内容：

　　　　（一）提出把党和国家的工作重点转到社会主义建设和技术革命上来，开启以经济建设为中心的先声。（二）提出走自己的路，独立自主探索中国社会主义建设道路，揭示了中国社会主义道路能够不断前进的真谛和动力。（三）系统阐发社会主义社会的基本矛盾和主要矛盾，为改革和完善社会主义制度，确立社会主义社会的根本任务，提供了理论依据。（四）提出社会主义社会分为发达的和不发达的两个阶段，社会主义现代化建设分两个步骤，成为后来确立社会主义初级阶段及其发展战略的思想来源。（五）提出社会主义社会还存在商品生产和商品交换，要大力发展商品生产，尊重价值法则，为最初设想的经济体制改革目标提供了认识准备。（六）在《论十大关系》《关于正确处理人民内部矛盾的问题》等论著中，系统论述了社会主义建设中带有全局性的事业布局，提出要统筹兼顾，处理好一系列重大关系，这仍然是今天推动经济社会全面协调发展的思想资源。（七）提出正确处理人民内部矛盾的重要命题，对于今天处理好新形势下的人民内部矛盾，提高群众工作水平，具有重要借鉴意义。（八）提出搞好民主集中制，造成又有集中又有民主的生动活泼的政治局面，对于今天推进社会主义民主政治建设具有重要启发。（九）提出"百花齐放，百家争鸣""古为今用，洋为中用"的文化建设方针，仍然是今天繁荣发展文化科学的重要原则。（十）提出保持"两个务必"、密切党和人民群众血肉联系等一系列加强执政党建设的重要思想，仍然是我们今天迎接"历史性考试"的基本要求。

梳理这些观点，会发现几个共同的特点：一是提出新的理论创见是一个痛苦的过程，它不是一蹴而就的；二是理论创见总是由现实引发和倒逼出来的;三是从理论创见到真正落实到实践当中必须有一个过程,并且是一件不很容易的事情,常常会出现反复的情况;四是符合历史发展的理论创见,不会被历史的发展所湮没。

从《毛泽东年谱(1949—1976)》看毛泽东与中国道路的关系,可以梳理的内容还有很多。但归结起来,主要还是要落到他对一些重大事件的决策上面,落到他对一些探索经验包括教训的总结上面,落到他对一些重大理论课题的论述和创见上面,进而分析这些决策、经验和理论在走出中国道路过程中发生的影响。

当然,这当中也包括毛泽东错误的重大决策(如"大跃进""文化大革命"),错误的经验总结(如"阶级斗争,一抓就灵"),错误的理论观点(如"无产阶级专政下继续革命")。对这些留下深刻教训的错误,年谱也如实反映,作为反面经验加以记取。从中也可看出毛泽东那个时代道路探索的曲折所在。

读《毛泽东传》，读什么

由中央文献研究室编写，逄先知和金冲及主编的《毛泽东传》，分"1893年至1949年"和"1949年至1976年"两个部分，是一部反映毛泽东生平和思想的政治传记。其特点有三，一是所引原始文献资料异常丰富，超过所有同类书籍，所引当事人的记录和回忆，也经细致甄别；二是始终把毛泽东的活动放在中国革命和建设历史进程的大背景中来叙述和分析；三是突出了毛泽东在重大历史关头的决策过程，即不光写他做了什么，还写他为什么这样做和怎样做的。这三点，正是权威人物传记所要求的客观性。

《毛泽东传》（以下简称《毛传》）全书200余万字，篇幅大了一些。由此尚需梳理，读此书应该关注哪些问题，即读什么。

从《毛传》内容看，我觉得可有三读。

一读党史。

美国记者埃德加·斯诺1936年采访毛泽东个人经历时，曾有这样一个体会：毛泽东的叙述，开始越出"个人历史"的范畴，并且以某种方式不知不觉地把个人历史融于一个伟大运动的历程之中，虽然他在这个运动中保持着主导作用，但不再是"我"而是"我们"了，不再是毛泽东而是红军了，不再是个人经历的主观印象而是一个观察家的客观记载了，而这个观察家所关心的，是作为历史的人类集体命运的转变。

斯诺的这个体会，比较真切地传达出毛泽东和中共党史的关系，以及毛泽东根据历史唯物主义观点来回忆"我"和"我们"、个人和历史关系的情况。《毛传》遵循了这个原则，没有把毛泽东作为一个孤立的领袖人物来叙述，而是通过他和历史的互动，展示出中国革命和建设生动而曲折的行程。诸如，可以从毛泽东接受马克思主义的过程，看出五四运动前后的现实气氛；从毛泽东担任国民党中央宣传部代部长期间的活动，看出大革命时期国共合作的真实图景；从毛泽东在秋收起义失败后率部上井冈山的过程，看出中国革命面临的向何处去的大思考、大选择；从毛泽东在中央苏区时期的遭遇，看出党内"左"倾教条主义的实质和危害；从毛泽东在遵义会议上的复出，看出党和红军的命运处在怎样的生死存亡关头……顺此下去，我们还可以理出很多，一直到毛泽东晚年从支持邓小平主持的整顿到"反击右倾翻案风"的过程。把这些连接起来，事实上就是一部线索清楚、主题明了的党史。读《毛传》即读党史，实为顺理成章之事。

二读经验。

所谓经验，无非是纷繁复杂的历史进程和个人活动中挟带的对后人有用的启示。《毛传》从毛泽东的探索中所展示的经验，一是理论经验，即马克思主义中国化的规律和特点；一是实践经验，即中国新民主主义革命、社会主义革命的规律和特点，以及探索中国社会主义建设规律的特点。这两个方面的经验，又非孤立凸显，而是互相催生和互相影响的。

《毛传》分别把毛泽东在各个时期重要的理论探索单独成章作了叙述和分析。诸如，"反对本本主义""总结历史经验""新民主主义理论""《论十大关系》到八大""《关于正确处理人民内部矛盾的问题》和整风反右"以及"中苏论战"等，通过具体实践活动来叙述的毛泽东的理论思考，在书中就更多了。把这些内容连接起来，也就体现了马克思主义中国化的理论进程，即毛泽东思想的形成和发展过程，表明中国革命和建设的实践是怎样不断地提出重大问题，毛泽东是怎样回答并把它们总结和升华为理论成果的。反过来，还可以看出，党的基本理论又是怎样反映在党的政策和策略当中，成为指导实践的思想工具的。

该书除了展示正面的经验外，也反映了一些反面的教训。诸如，党在幼年时期的一些不成熟的思考，革命年代我们党为什么连续三次出现"左"倾错误，"大跃进"运动是怎样违背经济建设规律的，特别是毛泽东为什么会犯发动和领导"文化大革命"这样的错误，等等。书中对当时条件下出现这些错误的原因，也作了客观的叙述和分析。可见，读《毛传》，对全面了解和正确认识党在各个时期所积累的正反两个方面的经验，都是很有裨益的。

三读个性。

如果一本政治传记没有反映传主和同时代其他人，特别是和他的同事们的不同特点，不能算是成功的传记。《毛传》的传主即为毛泽东，他当然是书中的主角，所有重大历史事件都是围绕他的经历、思考和决策来展开叙述的，从中不难读出毛泽东的一些个性化内容。诸如，大革命失败后党领导的起义，都先后遭受挫折，为什么是毛泽东而不是其他人，在遭受挫折后率先把队伍拉向山里，由此探索出中国革命的道路；毛泽东在党内几经沉浮，他是怎样对待个人不平遭遇的；他不是打仗出身，为什么在游击战争中能够那样快地成长为卓越的军事家；中国革命和建设的实践那样丰富和曲折，在党内熟悉马克思主义理论的人也不少，有的比毛泽东还要熟悉，为什么是毛泽东而不是其他人那样善于从理论的高度进行阐发；新中国成立后，毛泽东在领导恢复国民经济、实现社会主义改造、探索中国社会主义建设道路过程中，是怎样进行重大决策和深入思考的，他的领导方法和思想方法有什么特别之处；在我们党应对各种严重挑战与困难时，他体现了怎样的巨大勇气和政治智慧；他晚年对中国的现实和未来的思考陷入了什么样的迷雾，以及陷入这些迷雾后，他既要纠正"文革"弊端又要坚持"文革"路线的矛盾心境；凡此种种，在书中均有所反映，有所分析。读出一个有个性特点的毛泽东，也非难事。

关于《毛传》，有此三读，即可矣。

后 记

走近毛泽东，就像是看一幅丰富生动的油画。只在近处，你看到的常常是颜料细节，站远一些，格局、气势、意境就品味出来了。这就是人们常说的"大历史观"。拥有宏观视野，当然不能拒斥细节感受。有时候，品味细节，还有助于宏观理解。对油画家来说，营造丰富深远的意象，毕竟是从运用颜料、经营细节开始的。

有关毛泽东的随笔性文字，大概就属于站在近处观赏油画的心得体会。集腋成裘，从小布局看大格局，或许有助于理解毛泽东的整体形象。

2009年，我把有关毛泽东的随笔性文字，集成《读毛泽东札记》，出版后受到读者认可。老实说，我有些意外。自那以后，我又陆续写了一些。2013年中央文献研究室编写的《毛泽东年谱（1949—1976）》公开出版，洋洋300万字，披露了大量新鲜生动的材料，一般读者难以尽读。我因参与这部年谱的编写，便和同事们担负起研究推荐的任务，由此集中写成一批文字。承蒙出版社好意，汇成《读毛泽东札记二集》出版。编辑过程中，为方便读者阅读，对一些篇目的标题和行文做了修改，还对原来比较长的几篇文章做了分拆。本书的责任编辑唐明星同志及中央党史和文献研究院的李振同志，付出了辛劳，特此致谢。

陈 晋

2018年12月